教科書
ガイド

啓林館 版

ランドマーク
English Communication Ⅱ

T E X T

B O O K

G U I D E

文研出版

はしがき

本書は，啓林館発行の高等学校・コミュニケーション英語IIの教科書「LANDMARK English Communication II」に準拠した教科書解説書として編集されたものです。教科書の内容がスムーズに理解できるよう工夫されています。予習や復習，試験前の学習にお役立てください。

 本書の構成

各 Lesson	
単語・熟語チェック	教科書の新出単語・熟語を，用例付きで教科書の出現順に掲載。 使用する記号： 名 名詞　代 代名詞　形 形容詞 副 副詞　動 動詞　助 助動詞 前 前置詞　接 接続詞　熟 熟語 間 間投詞　接頭 接頭辞　表 表現
ポイント	本文の内容把握に役立つ質問を提示。
教科書本文	教科書各 Part の本文とフレーズ訳を掲載。 使用する記号： ・スラッシュ (/)　意味上の区切れや語句のまとまりを示す。 ・①②③ …　　　　文の通し番号
構成&内容チェック	本文の構成や概要を空所補充問題で確認。
教科書 Q のヒント	正解を導くためのヒントとして，質問文の日本語訳と本文の該当箇所を提示。
読解のカギ	本文を理解する上で説明を要する部分をわかりやすく解説。 また，関連問題に挑戦できる Q を設置。
Comprehension ヒント More Information ヒント	正解を導くためのヒントを掲載。
Grammar	新出文法事項をわかりやすく解説。 +α では発展・応用内容を掲載。
定期テスト予想問題	定期テストの予想問題を掲載。 各 Lesson 範囲の文法事項や本文の内容を問う問題を出題。

※本書では，教科書本文の全訳や問題の解答をそのまま掲載してはおりません。

Contents

Lesson 1 : A Swedish Girl's Discoveries in Japan

オーサ・イェークストロム著『北欧女子オーサが見つけた日本の不思議①④⑤』KADOKAWA, 2015, 2018, 2020

単語・熟語チェック

PART ①

gain A	動 A を 獲 得 す る[得る]	The company failed to **gain** a market share. その会社は市場のシェアを獲得するのに失敗した。
understanding	名 理解	His **understanding** of me was wrong. 彼の私に対する理解は間違っていた。
Nordic	形 北欧(人)の	The **Nordic** boy was looking for his mother. その北欧人の男の子は母親を探していた。
author	名 作者，著者	She is the **author** of more than 30 books. 彼女は 30 冊以上もの本の著者だ。
Swedish	形 スウェーデン (人[語])の	It is a letter written by a **Swedish** man. それはあるスウェーデン人の男性が書いた手紙だ。
guardian	名 保護者，守護者	After his parents' death, his grandmother became his **guardian**. 彼の両親の死後，彼の祖母が彼の保護者になった。
illustration	名 イラスト	The **illustration** made him famous. そのイラストは彼を有名にした。
surround A	動 A を囲む	She lived **surrounded** by many flowers. 彼女は多くの花に囲まれて暮らしていた。
fascinating	形 魅力的な	What a **fascinating** country Japan is! 日本はなんて魅力的な国だろう！
come to do	熟 ～するように なる	People **came to** value peace after the war. 人々は戦争のあとで平和を尊重するようになった。
motivate A	動 A をやる気 にさせる	How can parents **motivate** their children? 親はどうしたら子どもをやる気にさせられるのか。
motivate A to do	熟 A を～する 気にさせる	Teachers **motivate** their students **to** do their best. 教師は生徒を全力を出す気にさせる。
discovery	名 発見	Scientists make **discoveries** that help society. 科学者は社会の役に立つ発見をする。

PART ②

unwrap A	動 A の包装を 開ける	Don't **unwrap** the present until he comes. 彼が来るまでプレゼントの包装を開けないで。
overjoy A	動 A を大喜び させる	She was **overjoyed**. 彼女は大喜びだった。
sticker	名 ステッカー， シール	Tell me how to get this **sticker** off the glass. このステッカーをどうやってガラスからはがすか教えて。
container	名 入れ物，容器	The **container** is made of plastic. その容器はプラスチック製だ。
lid	名 ふた	The **lid** is too hot to touch. そのふたは熱すぎて触れない。
thoughtful	形 思いやりのあ る	What a **thoughtful** boy he is! 彼はなんと思いやりのある少年だろう！
notice A	動 A に気づく	She will not **notice** such a small difference. 彼女はそんな小さな違いに気づかないだろう。

wrap A	動 A を包む	These items must be **wrapped** carefully. これらの品物は注意深く包まれなければならない。
throw away A [A away]	熟 A を捨てる	You should **throw** this **away** and buy a new one. これを捨てて新しいものを買ったほうがいいよ。
amaze A	動 A を驚かせる	The herd of dolphins **amazed** me. そのイルカの大群は私を驚かせた。
ATM	名 ATM	Are there any **ATMs** around here? この辺りに ATM はありますか。
politely	副 丁寧に，礼儀正しく	She poured coffee into my cup **politely**. 彼女は丁寧に私のカップにコーヒーを注いだ。
appreciate A	動 A を高く評価する	Parents **appreciate** the teachers at the school. 親たちはその学校の教師を高く評価している。
generous	形 寛大な，寛容な	It's **generous** of you to forgive him. 彼を許すなんて，あなたは寛容ですね。

<!-- PART 3 -->
Swede	名 スウェーデン人	There were some **Swedes** on the train. 電車内にはスウェーデン人がいた。
leisure	名 余暇，娯楽	My favorite **leisure** activity is going on trips. 私の好きな余暇の活動は旅行に行くことだ。
reservation	名 予約	I'll make a **reservation**. 私が予約しましょう。
remark A	動 A と述べる [言う]	He **remarked** to them, "I'll help you." 彼は彼らに「私があなたたちを手伝います」と述べた。
Sweden	名 スウェーデン	I have never been to **Sweden**. 私はスウェーデンに行ったことがない。

<!-- PART 4 -->
see A as B	熟 A を B とみなす [だと思う]	Many people **see** him **as** a great cartoonist. 多くの人が彼を偉大な漫画家だと思っている。
considerate	形 察しのよい，思いやりがある	She is always so **considerate** of the children. 彼女はいつも子どもたちをとても思いやっている。
hardworking	形 よく働く，勤勉な	Some Japanese people are too **hardworking**. 勤勉すぎる日本人もいる。
go along with A	熟 A と協調する [に賛成する]	It is difficult to **go along with** his plans. 彼の計画に賛成することは難しい。
describe A	動 A を描写する	The movie **describes** the lifestyle in the Meiji Era. その映画は明治時代の生活様式を描写している。
frame	名 コマ，フレーム	How many **frames** are there in the cartoon? その漫画には何コマありますか。
widen A	動 A を広くする	His words will **widen** his influence. 彼の発言は彼の影響力を広げるだろう。
perspective	名 視点，見方	I want someone else's **perspective** on it. 私はそれに対するほかの人の視点がほしい。
expose A	動 A を触れさせる	She'll be **exposed** to different cultures in the US. 彼女はアメリカでさまざまな文化に触れるだろう。
value	名 価値(観)	She acts on her **values**. 彼女は自分の価値観に従って行動する。
previously	副 以前に	She **previously** worked as a store manager. 彼女は以前，店長として働いていた。

| unaware | 形 気づかない,
意識しない | They weren't **unaware** of the big chance.
彼らは大きなチャンスに気づいていなかった。 |

PART ①

ポイント　北欧女子オーサはどのように日本文化に興味を持ったのか。

① There are many things / in the Japanese culture / that people from overseas /
たくさんのものがある / 日本文化には / 海外から来た人々が /

are surprised to see. // ② Through their eyes, / we may gain / a new
見て驚く // 彼らの目を通して / 私たちは得るかもしれない / 新たな

understanding / of Japan. // ③ As an example, / let me introduce / the journal
理解を / 日本についての // 一例として, / 紹介させてください / 〜という日記

comic series, / *Nordic Girl Åsa Discovers the Mysteries of Japan.* // ④ The author
漫画シリーズを / 『北欧女子オーサが見つけた日本の不思議』 // 著者は〜だ

is / Åsa Ekström, / a Swedish manga artist. //
/ オーサ・イェークストロム / スウェーデン人の漫画家 //

⑤ When Åsa was 13 years old, / she watched / the Japanese animation / *The*
オーサが13歳のとき / 彼女は見た / 日本のアニメである /

Guardian Sailor Moon / on TV / in her country. // ⑥ It was surprising / for her /
『美少女戦士セーラームーン』を / テレビで / 母国で // 驚きだった / 彼女にとって /

to learn / that all the female characters were strong. // ⑦ She had never seen that /
知るのは / 女性のキャラクターがみんな強いと // 彼女はそんなものを一度も見たことがなかった /

before. // ⑧ From that moment on, / she felt a strong connection / with Japan /
以前に // その瞬間からずっと / 彼女は強いつながりを感じた / 日本との /

and began to dream / of becoming a cartoonist. // ⑨ She had / some experience
そして夢見始めた / 漫画家になることを // 彼女にはあった / イラストを

drawing illustrations and writing stories. // ⑩ She gradually hoped / to live her life /
描いたり物語を書いたりした経験が // 彼女は徐々に望むようになった / 生活を送ることを /

surrounded by Japanese animation and cartoon characters. //
日本のアニメや漫画のキャラクターに囲まれた //

⑪ Åsa often came to Japan / and visited various areas / to get to know / this
オーサはたびたび日本にやって来た / そしてさまざまな地域を訪れた / 知るために / この

fascinating country / better. // ⑫ The only Japanese words / she had known /
魅力的な国を / もっとよく // 唯一の日本語は / 彼女が知っていた /

before she came to Japan / were "geisha" and "samurai." // ⑬ As she came to
彼女が日本に来る前に / 「ゲイシャ」と「サムライ」だった // さらに多くを知る

know more / about Japan, / she discovered / more and more of its wonders. //
ようになると / 日本について / 彼女は発見した / ますます多くの驚きを //

⑭ Her journey throughout Japan / motivated her / to draw comics about her
日本中を巡る旅は / 彼女を〜する気にさせた / 自分の発見について漫画を

discoveries. //
描く //

✔ **構成&内容チェック**   本文を読んで，（　）に合う日本語を書きなさい。

①～③ 本レッスンの導入部分。

（1.　　　　　　　）の人々が見て驚く日本のものの一例として，北欧女子オーサが述べたものを紹介しようとしている。

↓

④～⑩ オーサ・イェークストロムを紹介している。

彼女はスウェーデン人の漫画家である。日本の(2.　　　　　)を見て，漫画家になることを夢見始め，彼女は日本の(2)や漫画のキャラクターに囲まれた生活を望むようになった。

↓

⑪～⑬ オーサの日本訪問について述べている。

「ゲイシャ」と「(3.　　　　　　　)」しか日本語を知らなかったオーサは，日本のさまざまな地域を訪れ，驚きを発見した。

↓

⑭ オーサの日記漫画を描くきっかけについてまとめている。

オーサは日本中を巡る旅を通して，自分の発見を漫画として描く気になった。

❶ **教科書 Q のヒント**

Q1 Why was Åsa surprised when she watched a Japanese animation on TV?
（なぜオーサはテレビで日本のアニメを見たときに驚いたのですか。）　→本文⑥

Q2 What motivated her to draw comics about her discoveries?
（何が彼女を自分の発見について漫画を描かせる気にさせましたか。）　→本文⑭

🔑 **読解のカギ**

① **There are <u>many things</u> ... [<u>that</u> people from overseas are surprised to see].**
　　　　　　　先行詞 ⌐＿＿＿＿＿┘ 関係代名詞

➡ 目的格の関係代名詞 that で始まる節が先行詞の many things を後ろから修飾している。

③ **As an example, <u>let me introduce</u> the journal comic ....**
　　　　　　　　　let ＋ O ＋動詞の原形

➡ let me introduce は〈使役動詞 let ＋ O ＋動詞の原形〉の形になっていて，「O に（許可して）～させる」という意味を表している。

🖊 **Q1. 日本語にしなさい。**

Let me give you some examples.

（　　　　　　　　　　　　　　　　　　　　　　　　　　　　　　　　）

✔ **構成&内容チェック** の解答　1. 海外　2. アニメ[アニメーション]　3. サムライ

⑥ **It was surprising for her (to learn that all the female characters were strong).**
　　形式主語　　　　　意味上の主語　　真の主語

➡ It は形式主語。不定詞句 to learn ... strong が真の主語になる形式主語構文。

➡ her は不定詞の意味上の主語。不定詞の意味上の主語を示す場合は〈for +(代)名詞〉を不定詞の直前に置く。

➡ learn に続く that 節は learn の目的語で，知った内容を表している。

⑦ **She had never seen that before.**
　　　　　　〈had +過去分詞〉

➡ had (never) seen は〈had +過去分詞〉の形の過去完了形。never と before から〈経験〉を表している。「(過去のある時点までに)一度も～したことがなかった」という意味。

⑨ **She had some experience drawing illustrations and writing stories.**

➡ experience (in) *doing* で「～する経験」という意味。本文では in が省略されている。

➡ and は drawing illustrations と writing stories をつないでいる。

Q2. ＿＿＿ を埋めなさい。

私はロンドンで働き始める前，一度もそこを訪れたことがなかった。

I ＿＿＿＿＿ never ＿＿＿＿＿ London before I started to work there.

⑫ **The only Japanese words [she had known before she came to Japan]**
　S（先行詞）　　関係代名詞の省略┘　　〈had +過去分詞〉

were "geisha" and "samurai."
　　V　　　　　　　　C

➡ words のあとに目的格の関係代名詞 that[which]が省略されている。she ... Japan までが関係代名詞節で，先行詞である主語の The only Japanese words を説明している。

➡ had known は過去完了形。「彼女が日本に来た」という過去のある時点よりも以前のことを表している。

Q3. 並べかえなさい。

私は彼女がくれた情報を彼に伝えなかった。

I didn't tell him (had / she / me / given / the information / to).

I didn't tell him ＿＿＿＿＿＿＿＿＿＿＿＿＿＿＿＿＿＿＿＿.

⑬ **As she came to know more about Japan, she discovered more and ....**

➡ come to *do* は「～するようになる」という意味。

⑭ **Her journey throughout Japan motivated her to draw comics about ....**

➡ motivate *A* to *do* は「A を～する気にさせる」という意味。

読解のカギ Q の解答　**Q1.** あなたにいくつか例を示させてください。　**Q2.** had, visited
Q3. the information she had given to me

PART ❷-1

ポイント　オーサはコンビニのおにぎりやカップヌードルからどんなことに気づいたか。

① Åsa finally came to live / in Japan / in 2011. //
オーサはついに住むようになった／　日本に　／　2011年に　//
② We will now look at / some
これから見てみよう　／　日本に

of her discoveries of Japan / through her eyes. //
ついてのいくつかの発見を　／　彼女の目を通して　//

③ *The Wonders of Rice Balls and Cup Noodles* //
おにぎりとカップヌードルの不思議　　　　//

④ "I love convenience store rice balls, / but / I hated to unwrap them / because
「私はコンビニのおにぎりが大好きだ／しかし／それらの包みを開けるのは大嫌いだった／

it took a lot of time. // ⑤ When I discovered how to unwrap them, / I was
多くの時間がかかるので　//　　　それらの包みの開け方を発見したとき　／　私は

overjoyed! // ⑥ It was so easy / and convenient. // ⑦ Foreign people / are not
大喜びした！//　それはとても簡単で／　便利だった　//　　外国人は　／

used to such convenience. // ⑧ I also love cup noodles, / but / I didn't know /
そのような便利さに慣れていない　//　私はカップヌードルも大好きだ／しかし／知らなかった／

there is a sticker on the bottom of the container / to hold the lid down. // ⑨ How
容器の底にシールがあることを　／　ふたを押さえつけるための　//　なんと思いやりが

thoughtful! // ⑩ I think / every Japanese product has a little kindness / in it. //
あるのだろう！//　私は思う／　すべての日本製品には小さな親切があると　／　その中に //

⑪ Sometimes / it's so little / that we cannot even notice it." //
時には／それはとても小さくて／私たちは気づくことさえできないが」//

✓ 構成＆内容チェック　本文を読んで，（　）に合う日本語を書きなさい。

①・② オーサの発見を紹介するという導入。
2011年に日本に住むようになったオーサの目を通した日本の発見を紹介していく。

↓

④〜⑦ コンビニのおにぎりを通したオーサの発見を説明している。
オーサはコンビニのおにぎりの包みを(1.　　　　　)のは，時間がかかるため好きではなかったが，正しいやり方を知って大喜びした。外国人はこのような(2.　　　　　)に慣れていない。

↓

⑧〜⑪ カップヌードルを通したオーサの発見を説明している。
カップヌードルの容器の底にシールを発見し，すべての日本製品には小さな(3.　　　　　)があると思った。

❓ 教科書Qのヒント
Q3 What did Åsa find on the bottom of the cup noodles container?
（オーサはカップヌードルの容器の底に何を見つけましたか。）　→本文⑧

✓ 構成＆内容チェック の解答　1. 開ける　2. 便利さ　3. 親切

🎵 読解のカギ

④ **... but I hated to unwrap them because it took a lot of time.**

→ hate *A* は「A を（ひどく）嫌う」という意味。名詞的用法の不定詞を続けた hate to *do* で「〜することが大嫌い」という意味を表す。like と同様に，動名詞を目的語にとることもできる。

→〈It takes＋時間〉で「〜（時間）がかかる」という意味を表す。ここでは過去形 took を使っている。

⑤ **When I discovered how to unwrap them, I was overjoyed!**

→〈how to＋動詞の原形〉で「〜する方法」という意味。

→ them は④の convenience store rice balls を指す。

⑦ **Foreign people are not used to such convenience.**

→ be used to *A* で「A に慣れている」という意味を表す。この to は不定詞の to ではなく前置詞の to なので，「〜することに慣れている」は be used to *do*ing で表す。

🎵 Q1. 日本語にしなさい。

I'm not used to my new job.

(　　　　　　　　　　　　　　　　　　　　　　　　　　　　)

⑧ **... there is a sticker on the bottom of the container (to hold the lid**
　　　　　 V　　 S └─────────────────────┘ 不定詞

down).

→ to hold は形容詞的用法の不定詞。to hold the lid down が a sticker を後ろから修飾している。

⑨ **How thoughtful!**

→〈How＋形容詞[副詞]（＋S＋V）!〉の形で「なんと〜だろう！」という意味を表す感嘆文。ここでは S＋V が省略されている。

⑪ **Sometimes it's so little [that we cannot even notice it].**
　　　　　　　　　　 so ＋形容詞＋ that 節

→〈so＋形容詞[副詞]＋that ...〉は「とても〜なので…」という〈結果〉を表す。that 節は文末の it まで続く。

→ 2つの it は⑩の a little kindness「小さな親切」を指している。

🎵 Q2. 並べかえなさい。

私はとても眠かったので，宿題を終わらせられなかった。

(couldn't / so / I / I / finish / was / that / sleepy) my homework.

_____ my homework.

PART ❷-2　英文を読む前に，初めて習う文法を含んだ文を確認しましょう！ → p.13 ⑮

🔖ポイント　オーサは日常生活を通してどんなことに気づいたか。

⑫ *The Wonders of Daily Life //*
　　　日常生活の不思議　　　//

　　⑬ "The staff at Japanese department stores / wrap / everything I buy /
　　　　「日本のデパートの店員さんは　　　 / 包んでくれる / 私が買うすべてのものを /

beautifully / with great care. // ⑭ I like it, / but / I think / it's a waste of paper. //
きれいに / 細心の注意を払って // 私はそれを気に入っている / しかし / 私は思う / それは紙の無駄づかいだと //

⑮ I don't keep the goods wrapped, / but throw away the wrapping paper / as
私は品物を包んだままにしておくのではなく / 包装紙を捨ててしまう　　　　 /

soon as I return home. // ⑯ It also amazes me / that staff stand in front of the
家に戻るとすぐに　　 //　　　 私はまた驚かされる　 /　　　　　 銀行の ATM の前に職員が

ATMs at banks / and politely bow to customers. // ⑰ I appreciate / such a
立って　　　 / 利用客に丁寧におじぎをすることに // 私は高く評価している /

generous attitude. // ⑱ It really shows / how important service and manners are /
そのような寛大な態度を // それは実際表している / サービスやマナーがどれだけ大切かを /

in Japan, / but / I don't think / the Japanese need to go so far." //
日本で / しかし / 私は思わない / 日本人はそこまでする必要があると」 //

✔ 構成＆内容チェック　本文を読んで，（　）に合う日本語を書きなさい。

⑬〜⑮ デパートの店員さんの丁寧さについて説明している。
　オーサは日本のデパートの店員さんが買ったものをきれいに，そして細心の
　(1.　　　　　　　)を払って包んでくれるのを気に入ってはいるが，それを紙の無駄
　づかいだとも感じている。

↓

⑯〜⑱ 銀行の職員の ATM 利用客への対応の丁寧さについて説明している。
　オーサは職員が利用客に丁寧に(2.　　　　　　　)をしていることに驚かされる。彼女
　はそのような態度を評価し，それが日本でのサービスやマナーの重要さを表していると
　考えている。しかし，日本人はそこまでする必要はないと思っている。

❗教科書 Q のヒント

Q4 What amazes her in front of an ATM?
（ATMの前で何が彼女（＝オーサ）を驚かせますか。）　→本文⑯

✏ 読解のカギ

⑬ ... wrap everything [I buy] beautifully (with great care).
　　　　　先行詞　　 └─関係代名詞の省略　　 with ＋抽象名詞
　➡ I の前に目的格の関係代名詞 that[which]が省略されていて，I buy が everything を
　　修飾している。

✔ 構成＆内容チェック の解答　1. 注意　　2. おじぎ

→ with care のような〈with＋抽象名詞〉が副詞の働きをすることがある。with care は副詞 carefully「慎重に」とほぼ同意。care に great がついて「細心の注意を払って」という意味を表している。

⑮ I don't <u>keep the goods wrapped</u>, but throw away the wrapping paper
　　　　　　keep + O + C

[as soon as I return home].
3語で接続詞
として働く

→ 〈keep＋O＋C〉で「O を C の状態にしておく」という意味を表す第5文型の文。C が現在分詞ならば「O を〜している状態にしておく」，C が過去分詞ならば「O を〜されている状態にしておく」という意味を表す。　　　文法詳細 p.22

→ as soon as は「〜するとすぐに」という意味を表し，接続詞として働いている。

Q1. ＿＿ を埋めなさい。

私はその機械を作動させておいた。

I kept the machine ＿＿＿＿＿.

⑯ **It also amazes me [that staff stand in front of the ATMs at banks ...].**
　　形式主語　　　　　　　　　真の主語

→ It は形式主語で，後ろにある that で始まる節がこの文の真の主語。it を形式的に主語の位置に置き，真の主語である that 節を後ろに回している。

→ ここでの staff は複数扱いをする集合名詞なので，stands と三人称単数現在形にしない。

Q2. 日本語にしなさい。

It is said that Ms. Green will leave Japan soon.

(　　　　　　　　　　　　　　　　　　　　　　　　　　　　)

⑰ **I appreciate <u>such a generous attitude</u>.**

→ 〈such（＋a[an]）＋形容詞＋名詞〉で「そのような〜な…」という意味。語順に注意。

⑱ **It really shows [how important service and manners are in Japan], but I**
　　　　　　　　間接疑問：疑問詞＋形容詞＋S＋V

don't think the Japanese need to <u>go so far</u>.

→ how important service and manners are in Japan は shows の目的語になる間接疑問。how important が疑問詞＋形容詞，主語が service and manners，動詞が are。

→ go so far で「そこまでする」という意味。go ではなく do を使わないように注意する。

Q3. 並べかえなさい。

そのグラフは私たちが毎晩どのくらいの間睡眠をとっているのかを示している。

The graph (sleep / long / shows / night / we / how / every).

The graph ＿＿＿＿＿＿＿＿＿＿＿＿＿＿＿＿＿＿＿＿＿＿＿＿＿＿＿.

読解のカギ Qの解答　**Q1.** working[running]　**Q2.** グリーンさんはもうすぐ日本を去るだろうと言われている。
Q3. shows how long we sleep every night

PART **3**　英文を読む前に，初めて習う文法を含んだ文を確認しましょう！ → p.16 ⑪

♪ポイント　日本人とスウェーデン人の仕事に対する考え方にはどのような違いがあるか。

① What is / the most important thing in life? //　② Many Japanese would
　　何ですか　/　　人生でいちばん大切なものは　　 //　　　多くの日本人はおそらく

probably answer / this question / with "my work." //　③ However, / many Swedes
答えるだろう　　/　　この質問に　/　「自分の仕事」だと //　　しかし / 多くのスウェーデン人は

just do their work / for the purpose of enjoying their leisure. //　④ We can see / in
仕事をするだけだ　/　　余暇を楽しむという目的のために　　// 私たちは見ることができる /

the cartoon on the next page / the different ways of thinking about work. //
次のページの漫画の中に　　　/　　　仕事についてのいろいろな考え方を　　　//

　⑤ The Swedes say / that they do their work / so that they can take time off for
　スウェーデン人は言う /　　仕事をするのだと　/　　余暇に時間を取ることができるように

leisure. //　⑥ They do not work / on weekends, / they take long vacations, / and
　　　　//　　彼らは働かない　/　　週末に　/　　長い休暇を取り　/

look forward to their retirement. //　⑦ Nobody works / during the summer
退職後の人生を楽しみにしている　　//　　だれも働かない　/　　　夏季休暇の間

vacation. //　⑧ Even if Åsa calls a hotel in May / to make a reservation for August, /
　　　　//　たとえオーサが5月にホテルに電話したとしても /　　8月の予約を取るために　/

it is very hard / to find a room. //　⑨ The reply / she usually gets / is that the
とても困難だ　/　部屋を見つけるのは //　　返答は　/　彼女がたいてい受け取る /　　夏前は

rooms are fully booked before summer / and that she should call again after the
部屋は予約でいっぱいだというもの　　/　そして，8月の休暇後にもう一度電話したほうが

August holidays. //
いいというものだ　//

　⑩ The Japanese, / on the other hand, / have a very different view of work. //
　日本人は　/　　一方　/　仕事についてとても異なった考えを持っている //

⑪ Åsa was surprised to hear / a 70-year-old taxi driver remark, / "I kept working
　オーサは聞いて驚いた　/　70歳のタクシー運転手が〜と言うのを /　　「退職後も働き

after retirement / because life without work is boring." //　⑫ In Sweden, / elderly
続けました　/　　仕事のない人生は退屈なので」　//　スウェーデンでは / 年配の

people / do not work. //
人たちは / 働かない　//

✓ **構成&内容チェック**　本文を読んで，（　）に合う日本語を書きなさい。

①〜④ 日本人とスウェーデン人の仕事に対する考え方について述べている。
多くの日本人にとって仕事は人生でいちばん大切なものであるのに対し，多くのス
ウェーデン人にとって仕事は(1.　　　　　　　　)を楽しむためのものである。

↓

⑤～⑦　スウェーデン人の仕事の目的を説明している。

スウェーデン人は週末は働かず，長い休暇を取り，(2.　　　　　　　　)を楽しみにしている。また，夏季休暇の間はだれも働かない。

⑧・⑨　スウェーデン人が夏季休暇を楽しんでいることを述べている。

たとえ(3.　　　　　　　)月に 8 月の予約をしようとホテルに電話しても，部屋を見つけるのは難しい。ホテル側の返事はたいてい，夏前は予約でいっぱいで，8 月の休暇後にもう一度電話したほうがいいというもの。

⑩～⑫　⑤～⑨と比較して，日本人の仕事に対する考えを述べている。

スウェーデン人のオーサは 70 歳の日本人のタクシー運転手が，「仕事のない人生は退屈なので，退職後も働き続けた」と述べたことに驚いた。

🛑 教科書 Q のヒント

Q5 What do many Swedes do their work for?
（多くのスウェーデン人は何のために仕事をするのですか。）　→本文③

Q6 Why was Åsa surprised to see a 70-year-old taxi driver?
（オーサはなぜ70歳のタクシー運転手に会って驚いたのですか。）　→本文⑫

🗝 読解のカギ

② **Many Japanese would probably answer this question with "my work."**
　➡ この助動詞 would は will の過去形ではなく，will よりも可能性の低い推測を表している。
　➡ this question は①の What is the most important thing in life? を指している。

⑤ **The Swedes say that they do their work so that they can take time off**
　for leisure.　　　　　　　　　　　　　so that + S + can
　➡ 2 つの they は文頭の The Swedes を指している。
　➡ 〈so that＋S＋can ～〉は「S が～できるように」という〈目的〉の意味を表す。

　🎵 Q1.　＿＿＿ を埋めなさい。
　　私は友だちと英語で話せるよう，英語を勉強してきた。
　　I've studied English ＿＿＿＿＿ ＿＿＿＿＿ I ＿＿＿＿＿ talk with my friends in English.

⑦ **Nobody works during the summer vacation.**
　➡ nobody は「だれも～ない」という否定の意味を含むので，後ろに続く動詞には not を使わない。また，三人称単数扱いなので，続く動詞 works は三人称単数現在形になっている。

⑧ **Even if Åsa calls a hotel in May to make a reservation for August, ...**
　➡ make a reservation で「予約する」という意味。

✔ **構成＆内容チェック** の解答　1. 余暇　　2. 退職後の人生　　3. 5

⑨ The reply [she usually gets] is [that the rooms are fully booked before summer]
　S　　└─関係代名詞の省略　V　　　　　　　　　　　　C₁

(and) [that she should call again after the August holidays].
　　　　　　　　　　　　C₂

→ reply のあとに目的格の関係代名詞 which[that]が省略されていて，she usually gets が先行詞 The reply を説明している。

→ is に続く，and でつながれた2つの that 節は The reply she usually gets is 〜 .「彼女がたいてい受け取る返答は〜である」という文の補語になっている。

⑩ **The Japanese, on the other hand, have a very different view of work.**

→ on the other hand は「一方(では)」という意味を表し，すでに述べられた事柄に対し，〈対比〉となる事柄を述べる場合に使う表現。対比となる事柄は⑤〜⑨を指す。

⑪ **Åsa was surprised to** hear a 70-year-old taxi driver remark, "I kept working
　　　　　　　　　　　　　　hear + O +動詞の原形　　　　　　S　V　C(現在分詞)

after retirement because life without work is boring."

→ 〈知覚動詞 hear + O +動詞の原形〉の形で「O が〜するのを聞く」という意味を表す。

→ 〈keep + C〉で「C の状態に保つ」という意味を表す第2文型の文。第2文型 SVC の文において，C に分詞が使われることがある。C が現在分詞の場合は S と C は能動の関係(〜している)を表し，C が過去分詞の場合は，S と C は受動の関係(〜される)を表す。　　　　　　　　　　　　　　　　　　　　文法詳細 pp.22〜23

Q2. ＿＿ を埋めなさい。

そのレストランは昨日まで閉められたままだった。

The restaurant kept ＿＿＿＿＿ until yesterday.

PART ④

ポイント　スウェーデンの言葉「ラーゴム」は日本人にどう作用するか。

① Åsa sees / the Japanese / as kind and considerate. // ② The sticker /
オーサは思っている / 日本人を / 親切で思いやりがあると // シールが /

provided to hold down the lid of a cup noodles container / is a good example. //
カップヌードルの容器のふたを押さえつけるために提供されている / よい例だ //

③ She also thinks / of the Japanese / as serious and hardworking, / like the bank
彼女はまた考えている / 日本人のことを / まじめで働き者だと / 銀行の職員の

staff. // ④ However, / she notes / that the Japanese tend to / go along with others
ような // しかし / 彼女は指摘する / 日本人は〜する傾向があると / 他人と協調したり

and / think too much about the people around them. //
/ 周囲の人々のことを考えすぎたりする //

⑤ "A Swede like me / is always thinking of / happiness for myself. // ⑥ It is not
「私のようなスウェーデン人は / いつも〜のことを考えている / 自分のための幸福 //

important / to care about / what others think of me and / how different I am from
重要ではない / 〜を気にすることは / 他人が私をどう考えているのかや / 私が他人とどれほど違っている

others. // ⑦ Let me introduce / a Swedish word, *lagom*. // ⑧ It means / 'just the
のかを // 紹介させてください / ラーゴムというスウェーデンの言葉を // それは意味する /

right amount of happiness.' // ⑨ In other words, / 'it's not too much, / and not too
『適度な幸せ』を // 言い換えれば / 『多すぎず / 少なすぎない』という

little.' // ⑩ We use *lagom* / as in 'It is *lagom* today' / when talking about / the
ことだ // 私たちはラーゴムを使う / 『今日はラーゴムだね』のように / 〜について話しているとき /

weather, work, feelings...just about anything. // ⑪ I think / Japanese people
天気や仕事や気分…まさにどんなものについても // 私は思う / 日本人は時に熱心に

sometimes work too hard and play too much. // ⑫ *Lagom* would be a good word /
働きすぎたり遊びすぎたりすると // ラーゴムはよい言葉だろう /

for them." //
彼らにとって」//

⑬ In her comics, / Åsa describes / her various discoveries in Japan / from the
漫画の中で / オーサは描写している / 日本におけるさまざまな発見を / 文化の

differences in culture / to small things around us. // ⑭ In her four-frame cartoons, /
違いから / 私たちの周囲にある些細なことまで // 彼女の4コマ漫画の中で /

we see / things that are amazing to her, / but that seem natural to us. // ⑮ It is
私たちは見てとれる / 彼女にとっては驚くべきことを / しかし私たちには自然に思えることを //

important / for us / to widen our perspective / through being exposed to different
大切だ / 私たちにとって / 視野を広げることは / 異なる価値観に触れることを通して

values / and becoming aware of things / we were previously unaware of. //
/ また物事に気づくようになることを通して / 以前は気づかなかった //

✔ **構成＆内容チェック** 　本文を読んで，（　）に合う日本語を書きなさい。

①～④ 発見したことからオーサがとらえた日本人の特徴を述べている。

オーサは，日本人は親切で思いやりがあり，まじめで働き者だと考えている。しかし，日本人は他人と(1.　　　　　　　　)し，周囲の人々のことを考えすぎる傾向があると指摘している。

↓

⑤・⑥ ①～④と対比し，スウェーデン人の特徴を述べている。

スウェーデン人はいつも自分の(2.　　　　　　　　)について考えており，他人が自分のことをどう考えているのか，他人とどれほど違っているのかを重要視しない。

↓

⑦～⑫ 「ラーゴム」というスウェーデンの言葉が紹介されている。

「ラーゴム」は「適度な幸せ」，言い換えると「多すぎず，少なすぎない」ということ。(3.　　　　　　　　)すぎたり遊びすぎたりする日本人にぴったりだとオーサは考える。

↓

⑬～⑮ オーサの日本での発見を通し，視野を広げる大切さを述べている。

日本でさまざまな発見をしてそれらを描写したオーサのように，異なる(4.　　　　　　　　)に触れ，視野を広げることは大切だ。

🔵 **教科書Qのヒント**

Q7 What does the Swedish word *lagom* mean?

（ラーゴムというスウェーデンの言葉は何を意味しますか。）　→本文⑧・⑨

Q8 What do we see in Åsa's four-frame cartoons?

（私たちはオーサの4コマ漫画の中で何を見てとれますか。）　→本文⑭

🎸 **読解のカギ**

① **Åsa sees the Japanese as kind and considerate.**

➡ see *A* as *B* で「A を B とみなす[だと思う]」という意味。

③ **She also thinks of the Japanese as serious and hardworking, ….**

➡ think of *A* as *B* で「A を B だと考える」という意味。

④ **However, she notes that the Japanese tend to go along with others ….**

➡ go along with *A* で「A と協調する[に賛成する]」という意味。

⑥ **It is not important to care about [what others think of me] (and)**
　　　　　　　　　　　　　　　　　　　　疑問詞　S₁　V₁

[how different I am from others].
疑問詞　　　　　S₂ V₂

➡ and でつながる疑問詞 what, how で始まる節は，〈疑問詞(＋形容詞)＋S＋V〉の語順の間接疑問。間接疑問は名詞節として働き，ここでは前置詞 about の目的語となる。

♪ Q1. 並べかえなさい。

ドレスを着た私がどのように見えるか教えてください。

(me / how / in / look / please / I / tell) the dress.

_____ the dress.

⑨ **In other words, 'it's not too much, and not too little.'**
➡ in other words は「言い換えれば」という意味を表す。⑧の just the right amount of happiness を言い換えている。

we are の省略
⑩ **We use** *lagom* **as in 'It is** *lagom* **today' when talking … anything.**
➡ when のあとに we are が省略されている。when や while などで導かれる節の中の主語が主節の主語と同じ場合，when[while]節中の〈S＋be 動詞〉が省略されることがある。
➡ when から文末の anything までは現在分詞 talking で始まる分詞構文と考えることもできる。分詞構文ではふつう，主節と主語が一致している場合，接続詞と主語は省略されるが，「～するとき」という〈時〉をはっきりと表すために接続詞が残されることがある。

⑭ **… we see things [that are amazing to her], but [that seem natural to us].**
　　　　　　先行詞　　　　関係代名詞　　　　　　　　　　関係代名詞
➡ that から始まる2つの関係代名詞節が，先行詞 things を修飾している。but でつながっているので，「～する，しかし～する」という意味の修飾をしている。

⑮ **… through being exposed to different values and becoming aware of**
　　　前置詞　　　動名詞の受動態　　　　　　　　　　　　　　　　動名詞
things [we were previously unaware of].
　　　　　関係代名詞の省略
➡ 前置詞 through の目的語として，and でつながる動名詞が2つあり，「～することと～することを通して」という意味を表している。
➡ being exposed to は expose *A* to *B*「A を B に触れさせる[さらす]」を動名詞の受動態にしたもの。

♪ Q2. ＿＿ を埋めなさい。

私はだれかに触られるのが好きではない。

I don't like _____ _____ by someone.

🅲 Comprehension ❶ヒント

Fill in the blanks to complete the information about a Swedish girl's discoveries in Japan.

(下線部に適切な語を入れて, スウェーデン人の少女の日本での発見に関する情報を完成させなさい。)

1 彼女は日記漫画シリーズ『北欧女子オーサが日本の不思議を発見(邦題：北欧女子オーサが見つけた日本の不思議)』の何か。
  (教 p.10, ℓℓ.4~7)

2 彼女は日本の何が理由で日本に興味を持ったか。
  (教 p.10, ℓℓ.8~10)

3 彼女は日本に来て, 日本での生活を通してたくさんの何を発見したか。
  (教 p.11, ℓℓ.4~6)

4 彼女はコンビニのおにぎりをどうする方法を発見したか。
  (教 p.12, ℓℓ.6~7)

5 彼女はカップヌードルの容器の底に何があるのに気づいたか。
  (教 p.12, ℓℓ.9~11)

6 彼女は, デパートが買うものすべてを包装することを紙の何だと思ったか。
  (教 p.13, ℓℓ.2~4)

7 彼女はATMの前に立っているだれが利用客に丁寧におじぎをすることを予想していなかったか。
  (教 p.13, ℓℓ.6~7)

8 日本人は人生で何がいちばん大事だと考えているか。
  (教 p.14, ℓℓ.1~3)

9 スウェーデン人は何を楽しむ目的で仕事をしているか。
  (教 p.14, ℓℓ.3~4, ℓℓ.7~8)

10 スウェーデン人はいつもだれのための幸せのことを考えているか。
  (教 p.16, ℓℓ.8~9)

11 日本人は時に働きすぎたり遊びすぎたりするので, 彼らには何がよい言葉か。
  (教 p.16, ℓℓ.15~17)

ⓘ More Information ❗ヒント

Questions

1. 🎓 p.22 で紹介されている，ユニバーサルデザインの標示(ピクトグラム)を見て，驚くことや新しい発見の有無，その理由について答える。

   ➡ It surprises me that ～「～ということが私を驚かせる」などの表現を使って書くとよい。

2. 海外からの人々が日本を訪れるとき，どのような標示が彼らの役に立つと思うかを答える。

   ➡ 自分の考えを述べるので，I think (that) ～ (can[will]) help(s) them.「私は～が彼ら(＝海外からの人々)の役に立つと思う」などの表現を使って書くとよい。

Development

・日本にある既存の標示(ピクトグラム)の問題点を示し，その標示を海外からの人々が理解しやすくするためにどのように改善できるかを考える。また，これらの人々にとってその標示をより利用しやすいものにする代案を提案する。

   ➡ 🎓 p.23 の表中の質問に対するあなたの答えを書く。また，既存の標示とその代案となる標示を描く。

・Why is the design a problem for people from abroad?

   ➡ 具体的な標示を 1 つ挙げて，「なぜそのデザインは海外からの人々にとって問題なのか」を答える。because などを使って書くとよい。

   ➡ 標示は言語を介さずに形や色で意味を伝えるものである。したがって，その問題点としては，たとえば，日本独特の文化に焦点を当ててデザインされた標示は，日本のことを知らない海外からの人々には理解されなかったり，別の意味に勘違いされてしまったりする可能性があるという点が挙げられる。

   ➡ shape「形」，color「色」，unique「独特な」，unknown「知られていない」，culture「文化」，gesture「ジェスチャー」，misunderstand「誤解する」，face「～に直面する」，accident「事故」，dangerous「危険な」などの語を使ってもよい。

・How could you change the design?

   ➡ 「そのデザインをどのように変えうるか」を答える。

   ➡ どのようなデザインにすれば問題点を解決できるかを述べる。

・Existing signs

   ➡ 問題点のある既存の標示を描く。

・New signs

   ➡ その問題点を解決した新しい標示を描く。

   ➡ 標示は言語を使わなくても意味を伝えられるものという前提があるので，新しい標示に文字を付け加えないように注意する。

📖 Grammar

G-1 SVOC（C＝分詞）

・分詞(句)が目的語の補語(C)の働きをする。
・第5文型(SVOC)では O＝C の関係が成り立つ。

SVOC の C が現在分詞

She kept me waiting for an hour. [me＝waiting]の関係
S　V　　O　C（現在分詞）
(彼女は私を1時間待たせた。)

➡ 〈S＋V＋O＋現在分詞〉の文。〈keep＋O＋C〉は「Oを～の状態にしておく」。
➡ I was waiting(私は待っていた)という関係が成り立っており，現在分詞は目的語を説明する働きをしている。目的語は分詞の動作を「する側」であり，目的語と分詞は能動の関係にある。

SVOC の C が過去分詞

Don't leave anything half done. [anything＝(half) done]の関係
　　　V　　anything　C（過去分詞）
(何でも半分だけ終わったままにしておいてはいけない。)

➡ 〈S＋V＋O＋過去分詞〉の文。〈leave＋O＋C〉は「Oを～の状態のままにしておく」。
➡ anything is (half) done(何でも(半分だけ)終わっている)という関係が成り立っており，過去分詞は目的語を説明する働きをしている。目的語は分詞の動作を「される側」であり，目的語と分詞は受動の関係にある。
➡ half はここでは「半分(だけ)」という意味の副詞で，過去分詞 done を修飾している。

G-2 SVC（C＝分詞）

・分詞(句)が主語の補語(C)の働きをする。
・第2文型(SVC)では S＝C の関係が成り立つ。

SVC の C が現在分詞

He came running to us. [He＝running]の関係
S　V　C（現在分詞）
(彼は走って(＝走りながら)私たちのところに来た。)

➡ 〈S＋V＋現在分詞〉の文。〈come＋現在分詞〉は「～しながら来る」という意味。
➡ He was running(彼は走っていた)という関係が成り立っており，現在分詞は主語の状態を説明する補語の働きをしている。主語は分詞の動作を「する側」であり，主語と分詞は能動の関係にある。

SVC の C が過去分詞

The mall will remain closed until Thursday. [The mall = closed] の関係
　S　　　　V　　　　C（過去分詞）

(そのショッピングモールは木曜日まで閉められたままだろう。)

➡ 〈S＋V＋過去分詞〉の文。〈remain＋C〉は「～の状態のままでいる」という意味。
➡ The mall will be closed(そのショッピングモールは閉められているだろう)という関係が成り立っており、過去分詞は主語の状態を説明する補語の働きをしている。主語は分詞の動作を「される側」であり、主語と分詞は受動の関係にある。

＋α

自動詞＋分詞

They stood talking for a long time. [They = talking]の関係
　S　　V　　C（現在分詞）

(彼らは長い間、話しながら立っていた。)

He sat surrounded by his children. [He = surrounded]の関係
　S　V　　C（過去分詞）

(彼は子どもたちに囲まれて座っていた。)

➡ come「来る」以外にも、stand「立っている」、sit「座っている」、lie「横になっている」、などの自動詞と分詞を組み合わせることができる。
➡ 現在分詞を使うならば「～しながら…する」、過去分詞を使うならば「～されて…する」という意味になる。

＋α

open と close

Keep your eyes open. [your eyes = open]の関係
　V　　O　　C（形容詞）

(目を開けたままでいなさい。)

Keep your eyes closed. [your eyes = closed]の関係
　V　　O　　C（過去分詞）

(目を閉じたままでいなさい。)

➡ この open は動詞ではなく形容詞である。形容詞の open は「開いている」という状態を表し、動詞の open は「開く」という動作を表す。
➡ 「閉じている」という状態を表す形容詞の用法は close にはない。したがって〈keep＋O＋C〉の形で「～を閉じたままで」という状態を表す場合には、過去分詞の closed を使う。

定期テスト予想問題

解答 ➡ p.26

1 日本語に合うように，___に適切な語を入れなさい。

(1) 知識を得るために，本を読みなさい。

Read books ＿＿＿＿＿＿＿ ＿＿＿＿＿＿＿ you can get knowledge.

(2) 私は年をとるにつれてその食べ物が好きになった。

I ＿＿＿＿＿＿＿ ＿＿＿＿＿＿＿ like the food as I got older.

(3) どのように息子を熱心に勉強する気にさせることができるでしょうか。

How can we ＿＿＿＿＿＿＿ our son ＿＿＿＿＿＿＿ study hard?

(4) 私はそこまでする必要はあるでしょうか。

Do I have to go ＿＿＿＿＿＿＿ ＿＿＿＿＿＿＿?

2 （　）内の語句のうち，適切なものを選びなさい。

(1) We kept all the windows (close, closing, closed) all day.

(2) I will keep (to try, trying, tried) and never give up.

(3) He remained (stand, standing, stood) for hours.

(4) Don't leave children (play, to play, playing) near this river.

3 日本語に合うように，（　）内の語句を並べかえなさい。

(1) 先生は生徒に周りを囲まれて座っていた。

(surrounded / sat / his students / the teacher / by).

＿＿＿＿＿＿＿＿＿＿＿＿＿＿＿＿＿＿＿＿＿＿＿＿＿＿＿＿.

(2) 車をロックしたままにしておいたのですか。

(locked / car / did / leave / your / you)?

＿＿＿＿＿＿＿＿＿＿＿＿＿＿＿＿＿＿＿＿＿＿＿＿＿＿＿＿?

(3) たくさんの人々がその光景を見ながら立っていた。

(stood / many / at / looking / people) the sight.

＿＿＿＿＿＿＿＿＿＿＿＿＿＿＿＿＿＿＿＿＿＿ the sight.

4 次の英語を日本語にしなさい。

(1) I'm sorry for keeping you waiting alone.

(　　　　　　　　　　　　　　　　　　　　　　　　　)

(2) The boy came crying to his mother.

(　　　　　　　　　　　　　　　　　　　　　　　　　)

(3) They lay talking until midnight.

(　　　　　　　　　　　　　　　　　　　　　　　　　)

5 次のオーサ(Åsa)の話を読んで，あとの問いに答えなさい。

The Wonders of Rice Balls and Cup Noodles

"I love convenience store rice balls, but I hated to unwrap them because it took a lot of time. When I discovered how to unwrap them, I was overjoyed! It was so easy and convenient. ①Foreign people are not (　　) (　　) such convenience. I also love cup noodles, but I didn't know there is a sticker on the bottom of the container to hold the lid down. (　②　) thoughtful! I think every Japanese product has a little kindness in it. ③Sometimes it's so little that we cannot even notice it."

(1) 下線部①が「外国人はそのような便利さに慣れていない」という意味になるように，(　)に適切な語を入れなさい。
　　＿＿＿＿＿＿＿ ＿＿＿＿＿＿＿

(2) (　②　)に適切な疑問詞を入れなさい。
　　＿＿＿＿＿＿＿

(3) 下線部③の英語を日本語にしなさい。
　　(　　　　　　　　　　　　　　　　　　　　　　　)

(4) 次の質問に英語で答えなさい。
　　Why did Åsa hate to unwrap convenience store rice balls?
　　＿＿＿＿＿＿＿＿＿＿＿＿＿＿＿＿＿＿＿＿＿

6 次のオーサ(Åsa)の話を読んで，あとの問いに答えなさい。

①She also thinks (　ⓐ　) the Japanese (　ⓑ　) serious and hardworking, like the bank staff. However, ②she notes that the Japanese tend to (　　) (　　) with others and think too much about the people around them.

"A Swede like me is always thinking of happiness for myself. It is not important to ③care about (am / of / others / me / what / different / think / and how / I / from) others."

(1) 下線部①が「彼女はまた日本人のことをまじめで働き者だと考えている」という意味になるように，(　)に適切な前置詞を入れなさい。
　　ⓐ＿＿＿＿＿＿＿　　ⓑ＿＿＿＿＿＿＿

(2) 下線部②が「彼女は，日本人は他人と協調する傾向があると指摘する」という意味になるように，(　)に適切な語を入れなさい。
　　＿＿＿＿＿＿＿ ＿＿＿＿＿＿＿

(3) 下線部③が「他人が私をどう考えているのかや，私が他人とどれほど違っているのかを気にする」という意味になるように，(　)内の語句を並べかえなさい。
　　care about ＿＿＿＿＿＿＿＿＿＿＿＿＿＿＿＿ others

オーサ・イェークストロム著『北欧女子オーサが見つけた日本の不思議①④⑤』KADOKAWA, 2015, 2018, 2020

📝 **定期テスト予想問題　解答**　　pp.24~25

1 (1) so that　　(2) came to　　(3) motivate, to　　(4) so far
2 (1) closed　　(2) trying　　(3) standing　　(4) playing
3 (1) The teacher sat surrounded by his students(.)
　(2) Did you leave your car locked(?)
　(3) Many people stood looking at
4 (1) あなたを一人で待たせて[待たせたままにして]ごめんなさい。
　(2) その少年は泣きながら彼の母親のところへ来た。
　(3) 彼らは夜中[午前 0 時]まで話しながら横になっていた。
5 (1) used to　　(2) How　　(3) 時にはそれはとても小さくて，私たちは気づ
くことさえできない。　　(4) 例 Because it took a lot of time.
6 (1) ⓐ of　　ⓑ as　　(2) go along
　(3) what others think of me and how different I am from

💡 **解説**

1 (1) 〈so that＋S＋can ～〉は「S が～できるように」という〈目的〉の意味を表す。
(2) come to *do* は「～するようになる」という意味。　(3) motivate *A* to *do* は「A
を～する気にさせる」という意味。　(4) go so far は「そこまでする」という意味。

2 (1) 〈keep＋O＋C〉の形の文。「すべての窓」は「閉められる」ので，過去分
詞を選ぶ。　　(2) 〈keep＋C〉の形の文。「私が努力し続ける」という意味にな
るように現在分詞を選ぶ。　　(3) 〈remain＋C〉の形の文。「彼が立ったまま」
という意味になるように現在分詞を選ぶ。　　(4) 〈leave＋O＋C〉の形の文。「子
どもたち」が「遊んでいる」ので，現在分詞を選ぶ。

3 (1) 〈sit＋C〉の形の文。「先生は囲まれて」という意味になるように C に過
去分詞を置く。　　(2) 〈leave＋O＋C〉の形の文。「車」が「ロックされる」ので，
C に過去分詞を置く。　　(3) 〈stand＋C〉の形の文。「たくさんの人々」が「見
ながら」という意味になるように C に現在分詞を置く。

4 (1) for 以下が〈keep＋O＋C〉の形。C が現在分詞なので，「O を～させてお
く」。　　(2) 〈come＋C〉の形の文。C が現在分詞なので，「～しながら来る」。
(3) 〈lie＋C〉の形の文。C が現在分詞なので，「～しながら横になっている」。

5 (1) be used to *A* は「A に慣れている」という意味。　(2) 〈How＋形容詞[副
詞]!〉は「なんと～でしょう！」という意味の感嘆文。　　(3) 〈so ～ that＋S＋
cannot ...〉で「とても～なので…できない」という意味。　　(4)「なぜオーサは
コンビニのおにぎりの包みを開けるのが嫌いだったのですか」という質問。

6 (1) think of *A* as *B* で「A を B だと考える」という意味。　(2) go along with
A は「A と協調する[に賛成する]」という意味。　　(3) about の目的語として
what と how から始まる間接疑問の節を and でつないで置く。

Lesson 2 A Message from Emperor Penguins

単語・熟語チェック

PART ①

penguin	名 ペンギン	This character is based on a **penguin**. このキャラクターはペンギンがもとになっている。
never fail to *do*	熟 必ず～する	He **never fails to** call me on my birthday. 彼は必ず私の誕生日に私に電話してくれる。
praise *A*	動 A をほめる	I wanted my coach to **praise** me. 私はコーチにほめてほしかった。
supportive	形 支えになる，協力的な	My parents were always **supportive** of me. 私の両親はいつも私の支えになってくれた。
emperor	名 皇帝	The man wanted to become an **emperor**. その男性は皇帝になりたかった。
dive	動 潜る	The bird can **dive** into water quickly. その鳥はすばやく水に潜ることができる。
enough to *do*	熟 ～するのに十分に	He's rich **enough to** buy the house. 彼はその家を買うのに十分に裕福だ。
Antarctica	名 南極大陸	I'm interested in animals living in **Antarctica**. 私は南極大陸に生息している動物に興味がある。
life-threatening	形 命にかかわる	It was once a **life-threatening** disease. かつてそれは命にかかわる病気だった。
blizzard	名 ブリザード，猛吹雪	Luckily, the **blizzard** stopped. 幸運にも，猛吹雪はやんだ。
wisdom	名 知恵，英知	He has both **wisdom** and courage. 彼には知恵も勇気もある。
interestingly	副 興味深いことに	**Interestingly**, he remembered nothing. 興味深いことに，彼は何も覚えていなかったのだ。
behavior	名 行動	Don't do such silly **behavior**. そんな愚かな行動をするな。

PART ②

collective	形 集団的な，共同の	The invention was a **collective** effort. その発明は共同の［集団的な］努力によるものだ。
cooperation	名 協力，援助	Thank you so much for your **cooperation**. あなたがたの協力に感謝します。
chick	名 ひな	The **chick** wanted some food. ひなは食べ物を欲しがっていた。
breeding	名 繁殖，飼育	It was a **breeding** ground for horses. それは馬の繁殖地だった。
flat	形 平らな	We were running on a **flat** road. 私たちは平らな道路を走っていた。
protect *A* from *B*	熟 B から A を守る	The special roof **protects** the house **from** snow. その特別な屋根が雪からその家を守っている。
killer whale	名 シャチ	Can we see **killer whales** there? そこではシャチが見られるのですか。

seal	名 アザラシ	I took some pictures of the **seal**. 私はそのアザラシの写真を何枚か撮影した。
lay an egg	熟 卵を産む	We saw turtles **laying eggs**. 私たちはカメが卵を産んでいるところを見た。
feed *A*	動 A に食べ物を与える	Please don't **feed** the animals. 動物に食べ物を与えないでください。
huddle	動 身を寄せ合う 名 集団	Let's **huddle** together. 一緒に身を寄せ合いましょう。
freezing	形 凍てつくような	It was a **freezing** winter night. それは凍てつくような冬の夜だった。
rotate	動 回転する，交替する	The menu **rotates** weekly. メニューは週ごとに替わる。
take turns *doing*	熟 順番に~する	They **took turns** taking care of their sister. 彼らは順番に妹の世話をした。
recover	動 回復する	How long will it take him to **recover**? 彼が回復するのにはどのくらいかかるでしょうか。
exhaustion	名 消耗，（極度の）疲労	My father fell down from **exhaustion**. 父は極度の疲労で倒れた。
stay behind	熟 残る	Why did he **stay behind** in the office? 彼はなぜ事務所に残ったのですか。
hatch	動 （卵が）かえる[孵化する]	Have the eggs **hatched** yet? もう卵は孵化しましたか。
nutritious	形 栄養のある	I want only **nutritious** and delicious food. 私は栄養があっておいしい食べ物しか欲しくない。
squeeze *A*	動 A を搾る	First, cut the oranges in half and **squeeze** them. まずはオレンジを半分に切って，それらを搾りましょう。
squeeze *A* out of *B*	熟 B から A を搾り出す	I **squeezed** the glue **out of** the tube. 私はチューブからのりを搾り出した。
strength	名 力，強さ	It took all my **strength** to carry the box. その箱を運ぶのに私の力のすべてが必要だった。
weight	名 重さ，体重	Please write down your age, height, and **weight**. あなたの年齢，身長，体重を記入してください。
literally	副 文字どおりに	She is **literally** a walking dictionary. 彼女は文字どおり歩く辞書[生き字引]だ。
extinction	名 絶滅	The animals are facing **extinction**. それらの動物は絶滅の危機に直面している。
according	副 〈according to で〉~によれば	**According** to the map, his house is near here. 地図によれば，彼の家はこの辺りだ。
expert	名 専門家	The man is a reliable **expert**. その男性は信頼できる専門家だ。
current	形 今の，現在の	I'm proud of my **current** job. 私は現在の仕事を誇りに思っている。
rate	名 ペース，割合，（比）率	The death **rate** of the disease is high. その病気の死亡率は高い。
entire	形 全体の，全部の	I spent the **entire** day in my bed. 私は丸一日ベッドで過ごした。

PART ❸

PART ❹

decline	名 減少，減退	There are many reasons for the **decline** in sales. 売り上げの減少には多くの理由がある。
least	名 最小（量）のこと	The **least** I can do is to listen to you. 私にできる最小のことはあなたの話を聞くことだ。
at least	熟 少なくとも	There were **at least** 50 people at the party. そのパーティーには少なくとも 50 人はいた。
halve	動 半減する	The number of foreign tourists **halved** that year. その年，外国人観光客の数は半減した。
decrease	名 減少	The graph shows a **decrease** in consumption. そのグラフは消費量の減少を示している。
threaten A	動 A をおびやかす	Climate change is **threatening** the earth. 気候変動が地球をおびやかしている。
plumage	名 羽毛	The bird is famous for its beautiful **plumage**. その鳥はその美しい羽毛で有名だ。
waterproof	形 防水の，耐水性の	Is your smartphone **waterproof**? あなたのスマートフォンは耐水性がありますか。
thus	副 このように	**Thus**, he became a popular singer. このように，彼は人気の歌手になった。
charming	形 すてきな，魅力的な	My mother is a **charming** person. 私の母はすてきな人だ。

PART ❶-1　英文を読む前に，初めて習う文法を含んだ文を確認しましょう！ → p.31 ⑨

ポイント　「コウペンちゃん」のモデルになったコウテイペンギンとはどんな動物なのか。

① "Awesome!" // ② "You did it!" // ③ A cute penguin called "Kopen-chan" /
「すごーい！」 // 「えらーい！」 // 「コウペンちゃん」と呼ばれるかわいいペンギンは /

never fails to praise you. // ④ Have you ever used his stamps / on social media? //
必ずあなたのことをほめてくれる // あなたは今までに彼のスタンプを使ったことがあるか / SNS で //

⑤ He is a supportive penguin. // ⑥ He is a baby emperor (or *kotei*) penguin. //
彼は支えとなってくれるペンギンだ // 彼は赤ちゃんのエンペラー(つまりコウテイ)ペンギンだ //

⑦ What kind of penguins / are emperor penguins? // ⑧ Do you know anything /
どのようなペンギンなのか / コウテイペンギンとは // あなたは何か知っているか /

about them? //
彼らについて //

⑨ Emperor penguins are / larger than any other penguin on earth. // ⑩ Some
コウテイペンギンは / 地球上のほかのどのペンギンよりも大きい // 何匹かは成長

can grow / up to 130 cm (centimeters) tall. // ⑪ They have / the ability to dive /
することもある / 体長 130 cm(センチメートル)にまで // 彼らは持っている / 潜る能力を /

as deep as 500 meters and / stay under water for up to 18 minutes. // ⑫ In fact, /
500 メートルもの深さまで / 18 分までの間水中にとどまる // 実際 /

their size and ability / make them great enough to be called "emperors." //
彼らの大きさと能力は / 彼らを「コウテイ」と呼ばれるのに十分に偉大にしている //

✔ **構成＆内容チェック**　本文を読んで，（　）に合う数字を書きなさい。

①〜⑧ 本レッスンの導入部分。
「コウペンちゃん」のモデルのコウテイペンギンについて問いかけている。

↓

⑨〜⑫ コウテイペンギンの基本的な身体能力を紹介している。
体長(1.　　　　　　　)センチメートルになることもある。また，500 メートルもの
深さまで潜り，(2.　　　　　　　)分までの間水中にとどまれる。

🔊 **教科書 Q のヒント**

Q1 What abilities do emperor penguins have?
（コウテイペンギンはどんな能力を持っていますか）　→本文⑪

✔ **構成＆内容チェック** の解答　1. 130　2. 18

🎵 **読解のカギ**

③ <u>A cute penguin</u> (called "Kopen-chan") never fails to **praise you.**

　過去分詞＋語

➡ 過去分詞 called ～「～と呼ばれている」が"Kopen-chan"という語を伴い，A cute penguin を後ろから修飾して，A cute ... "Kopen-chan"が文の主語になっている。

➡ never fail to *do* で「必ず～する」という意味。fail to *do*「～しそこなう」が強い否定 never とともに使われてこのような意味になっている。

🎵 **Q1. ＿＿ を埋めなさい。**

私は週に1度必ず母にメールを送る。

I never ＿＿＿＿＿＿ ＿＿＿＿＿＿ send my mother an e-mail once a week.

⑨ **Emperor penguins are** <u>larger than any other **penguin on earth.**</u>

比較級＋ than any other ＋単数名詞

➡ larger than any other penguin on earth「地球上のほかのどのペンギンよりも大きい」は，比較級を使って最上級の意味を表している。最上級に書き換えると the largest penguins on earth となる。　　　　　　　　　　文法詳細 p.46 ▶

🎵 **Q2. 日本語にしなさい。**

Mt. Fuji is higher than any other mountain in Japan.

（　　　　　　　　　　　　　　　　　　　　　　　　　　　　）

⑩ **Some can grow up to 130 cm (centimeters) tall.**

➡ up to *A* で「*A* まで」という上限を表す。

➡ 〈数字＋単位＋tall〉で「～の高さ」という意味で，身長などを表す。

⑪ **... the ability** (to dive (as deep as 500 meters) and stay ... 18 minutes).

不定詞　〈as ＋副詞［形容詞］＋ as ＋数量〉

➡ to dive と (to) stay は形容詞的用法の不定詞で，the ability を修飾している。

➡ 〈as ＋副詞［形容詞］＋ as ＋数量〉で「…もの～」という意味。数量の程度を強調する表現。

⑫ **... their size and ability** make them great enough to be called "emperors."

make　O　C　　〈to be ＋過去分詞〉

➡ make them great は〈make ＋ O ＋形容詞〉「O を～にする」という第5文型の文。

➡ enough to *do* は「～するのに十分に」という意味の熟語で，enough の前に形容詞や副詞がくる。

➡ 〈to be ＋過去分詞〉の形は不定詞の受動態。

🎵 **Q3. 並べかえなさい。**

彼はそのパーティーに招待されるほど有名だ。

(enough / he / to / to / invited / is / famous / be) the party.

＿＿＿＿＿＿＿＿＿＿＿＿＿＿＿＿＿＿＿＿＿＿＿＿＿ the party.

🎵 **読解のカギ** Q の解答　**Q1.** fail to　　**Q2.** 富士山は日本にあるほかのどの山よりも高い。
　　　　　　　　Q3. He is famous enough to be invited to

PART **1**-2

┌──┐
│ **ポイント**　コウテイペンギンはどんな環境で生活しているのか。
│
│ ⑬ They live / in Antarctica. // ⑭ As you can imagine, / they have to live / under
│ 彼らは生息している / 南極大陸に //あなたが想像できるように / 彼らは生活しなければならない /
│
│ life-threatening conditions / such as extreme cold and blizzards. // ⑮ The
│ 命にかかわる環境の下で　　　/　　　極度の寒さや猛吹雪のような　　　//
│
│ temperature there / falls to −60℃（degrees Celsius）/ in winter. // ⑯ How can
│ そこでの気温は　　/　　氷点下60度(摂氏)まで下がる　/　冬には // どうやって彼らは
│
│ they live / in such severe conditions? // ⑰ Do they have some special wisdom /
│ 生活できるのか / そのような厳しい環境の中で　//　　彼らには特別な知恵があるのだろうか　/
│
│ that allows them to live in Antarctica? // ⑱ Interestingly, / they have developed /
│ 彼らが南極大陸で生きることを可能にする　//　興味深いことに　/　彼らは発達させてきた　/
│
│ some unique and fascinating behaviors / to survive there. //
│ 　　　　独自の魅力的な行動を　　　　/ そこで生き残るために //
└──┘

✓ **構成&内容チェック**　本文を読んで，（　）に合う日本語を書きなさい。

⑬～⑮ コウテイペンギンが生活する環境について説明している。
　彼らは冬には−60℃になる極度の寒さや(1.　　　　　　)のような命にかかわる環
　境の下で生活しなければならない。

↓

⑯～⑱ そのような環境で生活するための知恵や行動について説明している。
　コウテイペンギンは生き残るために，独自の魅力的な(2.　　　　　　)を発達させて
　きた。

 教科書Qのヒント

Q2 What is the lowest temperature in Antarctica in winter?
（冬の南極大陸の最低気温は何度ですか。）　→本文⑮

🎵 **読解のカギ**

⑭ **As you can imagine, they have to live under life-threatening conditions such as extreme cold and blizzards.**

➡ 文頭の As はここでは「(〜する)ように」という意味の様態を表す接続詞。

➡ under 〜はここでは「(〜の条件・事情)の下で」という意味を表す。

➡ *A* such as *B* は「B のような A」という意味。B が A の具体例になっている。

🎵 **Q1. 日本語にしなさい。**

The children have to live under dangerous conditions.

(　　　　　　　　　　　　　　　　　　　　　　　　　　　　)

🎵 **Q2. 並べかえなさい。**

私は東京のような大きな都市に住みたい。

I (Tokyo / live / to / in / such as / want / a big city).

I ＿＿＿＿＿＿＿＿＿＿＿＿＿＿＿＿＿＿＿＿＿.

⑮ **The temperature there falls to − 60 ℃ (degrees Celsius) in winter.**

➡ there は⑬の in Antarctica を指す。

　　　　　　　　先行詞 ┌────────┐ 関係代名詞

⑰ **Do they have <u>some special wisdom</u> [<u>that allows them to live in Antarctica</u>]?**

　　　　　　　　　　　　　　　　　　allow　*A*　to ＋動詞の原形

➡ that は主格の関係代名詞で，that 以下が some special wisdom を修飾している。

➡ allow *A* to *do* で「A が〜することを可能にする，A に〜させる」という意味を表す。

🎵 **Q3. ＿＿＿ を埋めなさい。**

インターネットは私たちがどこからでも働くことを可能にした。

The Internet has ＿＿＿＿＿ us ＿＿＿＿＿ work from anywhere.

⑱ **Interestingly, they <u>have developed</u> some unique and fascinating**

　　　　　　　　　　　　〈have ＋過去分詞〉現在完了形

behaviors <u>to survive</u> there.

　　　　　副詞的用法の不定詞

➡ Interestingly「興味深いことに」はここでは文全体を修飾する副詞。

➡ have developed は〈have ＋過去分詞〉の形の現在完了形で，ここでは完了の意味を表す。

➡ to survive は副詞的用法の不定詞で，「〜するために」という目的を表している。

PART ②

ポイント コウテイペンギンは生き残るためにどんな集団行動をしているか。

① Emperor penguins are sometimes seen / moving in a group / on TV. // ② In
コウテイペンギンがときどき見られる / 集団で移動しているのが / テレビで //

fact, / they like collective behavior. // ③ They catch food / by working together in
実際 / 彼らは集団行動を好む // 彼らは食べ物を捕る / 一致協力して

cooperation. // ④ They also raise / their chicks / in a large group. //
動くことで // 彼らはまた育てる / ひなを / 大きな集団で //

⑤ Surprisingly, / in their breeding season in autumn, / they walk / 100–200 km
驚くことに / 秋の繁殖期に / 彼らは歩く / 100~200 km

(kilometers) / away from the sea / toward the land. // ⑥ It takes them / more than
（キロメートル）/ 海から離れ / 陸地へ向けて // 彼らにはかかる / 2 週間

two weeks. // ⑦ Then they make / a "colony," / a large breeding place, / on the
以上 // それから彼らは作る /「コロニー」/ つまり大きな繁殖地を / 平らな

flat sea ice. // ⑧ Why do they move / such a long distance? // ⑨ It is because /
海氷の上に // どうして彼らは移動するのか / そんなに長い距離を // それは~だからだ /

they can protect themselves there / from their natural enemies / such as sharks,
彼らがそこで自分たちを守ることができる / 天敵から / サメ，シャチ，

killer whales, and seals. // ⑩ In their colony, / they lay eggs, / feed their chicks, /
アザラシのような // コロニーの中で / 彼らは卵を産み / ひなに食べ物を与え /

and stay safe. //
そして安全を保つ //

⑪ Another type of collective behavior / emperor penguins do / is "huddling." //
もう 1 つの種類の集団行動は / コウテイペンギンが行う /「ハドリング」だ //

⑫ This is important / for them / to survive the freezing cold. // ⑬ When the
これは重要だ / 彼らにとって / 凍てつく寒さを生き残るために // 気温が氷点下

temperature falls lower than −10℃, / all the penguins begin / to get closer to
10 度を下回ったとき / すべてのペンギンが始める / お互いに

each other / and huddle together. // ⑭ They rotate / from the outside of the
接近し / そして一緒に身を寄せ合うことを // 彼らは交替する / ハドル（集団）の

huddle to the inside / to take turns warming up. // ⑮ This behavior is particular /
外側から内側へ / 順番に温まるために // この行動は特有のものだ /

to emperor penguins. //
コウテイペンギンに //

✔ **構成＆内容チェック** 　**本文を読んで，（ ）に合う日本語や数字を書きなさい。**

①・② コウテイペンギンは(1.　　　　　　　)を好むと述べられている。
テレビでも集団で移動している様子を見ることがある。

③・④ （1）の例を述べている。
コウテイペンギンは一致協力して食べ物を捕り，大きな集団でひなを育てる。

⑤〜⑩ （1）の例として，繁殖のための大移動とコロニーについて述べている。
コウテイペンギンは秋の繁殖期，2週間以上かけて100〜200キロメートルを，
(2.　　　　　　　)から身を守るため陸地に向けて歩く。それから，産卵やひなの世
話，安全の確保のためにコロニーという大きな(3.　　　　　　)を海氷の上に作る。

⑪〜⑮ （1）の例として，ハドリングについて述べている。
気温が氷点下(4.　　　　　　)度を下回ったとき，すべてのペンギンがお互いに接
近し，身を寄せ合う。順番に温まるために，集団の外側から内側へ交替する。この「ハ
ドリング」はコウテイペンギン特有の（1）である。

🕮 **教科書 Q のヒント**

Q3 Why do emperor penguins move 100–200 km toward the land?
（なぜコウテイペンギンは陸地に向けて100〜200キロメートルを移動するのですか。）　→本文⑨

Q4 What do emperor penguins do when the temperature falls lower than − 10℃?
（気温が氷点下10度を下回ったら，コウテイペンギンはどうしますか。）　→本文⑬・⑭

🔑 **読解のカギ**

① **Emperor penguins are sometimes seen moving in a group on TV.**
　　　　　S　　　　〈be 動詞＋過去分詞〉（受動態）　現在分詞

➡ Emperor penguins are sometimes seen moving は〈知覚動詞 see ＋O＋現在分詞〉
「O が〜しているのを見る」の，O が S になった受動態の形〈S ＋ be 動詞 ＋ seen ＋ 現
在分詞〉で，「S が〜しているのを見られる」という意味を表す。

⑥ **It takes them more than two weeks.**
　　It　takes ＋ O ＋時間

➡ 〈It takes ＋ O ＋ 時間（＋ to *do*）.〉で「O が（〜するのに）（時間）がかかる」という意味。
ここでは to *do* にあたる語句が省略されているが，⑤の walk 100–200 km (kilometers)
away from the sea toward the land を受けている。

✏ **Q1. 日本語にしなさい。**

It will take us about an hour to cook curry.

(　　　　　　　　　　　　　　　　　　　　　　　　　　　　　　　)

⑨ It is because **they can <u>protect</u> <u>themselves</u> there <u>from</u> <u>their natural enemies</u>**
protect　　　A　　　　from　　　　B

(such as sharks, killer whales, and seals).

➡ It is because 〜 . は「それは〜だからだ」という意味。⑧ Why do they move such a long distance?「どうして彼ら(＝コウテイペンギン)はそんなに長い距離を移動するのか」の答えになっている。

➡ protect *A* from *B* は「B から A を守る」という意味。

➡ 〜 such as ...は「…のような〜」という意味で，…は〜の具体例を示している。

Q2. ＿＿＿ を埋めなさい。

そのライオンは自分の赤ちゃんをほかのライオンから守ろうとした。

The lion tried to _____ its baby _____ other lions.

⑩ **In their colony, they lay eggs, feed their chicks, and <u>stay</u> <u>safe</u>.**
V　　C

➡ lay eggs[an egg]は「卵を産む」という意味。lay は不規則動詞で，過去形・過去分詞形ともに laid。

➡ 〈stay＋形容詞〉で「〜の状態のままでいる」という意味で SVC の第 2 文型の文。

Q3. ＿＿＿ を埋めなさい。

そのカメは産卵したあと死んでしまった。

The turtle died after she _____ _____.

⑭ **They rotate from the outside of the huddle to the inside to take turns**
〈目的〉を表す不定詞

warming up.

➡ to take は「〜するために」という目的を表す不定詞で rotate を修飾している。

➡ take turns *do*ing で「順番に〜する」という意味。

Q4. 日本語にしなさい。

Why don't we take turns driving to the sea?

(　　　　　　　　　　　　　　　　　　　　　　　　　　　)

PART ③

ポイント 過酷な環境でペンギンはどのような子育てをするか。

① Chick-raising conditions for emperor penguins / are known / to be among
コウテイペンギンにとっての子育て環境は / 知られている / 最も困難な

the most difficult / in the world. // ② In emperor penguin society, / the males, not
ものの1つであると / 世界で // コウテイペンギンの社会では / メスではなく

the females, / keep the eggs warm. // ③ The females, / on the other hand, / go
オスが / 卵を温める // メスは / 一方 / 海に

out to sea / after laying their eggs, / and do not return for weeks. // ④ They need
出かける / 卵を産んだあと / そして何週間も戻らない // 彼女たちには食べ物が

food / to help themselves recover / from the exhaustion of laying their eggs / and
必要だ / 回復するのを助けるための / 産卵による消耗から / そして

to feed their future babies. // ⑤ While the females are away, / the males stay
未来の赤ちゃんに食べさせるための // メスがいない間 / オスは残って

behind / and keep the eggs warm / for nine weeks / without eating anything. //
/ 卵を温める / 9週間 / 何も食べずに //

⑥ After the eggs hatch, / and if the females have not returned yet, / the male
卵がかえったあと / もしメスがまだ戻っていない場合 / オスの

penguins / give their babies / a nutritious white liquid / called "penguin milk." //
ペンギンは / 赤ちゃんに与える / 栄養のある白い液体を / 「ペンギンミルク」と呼ばれる //

⑦ They squeeze it out of their bodies / to feed the babies. // ⑧ When the female
彼らは自分の体からそれを搾り出す / 赤ちゃんに食べさせるために // メスのペンギンが

penguins return / with their stomachs full of food for their babies, / the males can
戻って来ると / 赤ちゃんのための食べ物で胃をいっぱいにして / オスは

at last / go and get their own food. // ⑨ However, / some males do not reach the
やっと / 自分の食べ物を捕りに行くことができる // しかし / 中には海にたどり着かないオスも

sea / because they have used up all their strength. // ⑩ As they have not eaten
いる / すべての力を使い果たしたために // 彼らは何も食べていない

anything / for up to four months, / their weight is about 40% less than normal /
ので / 最長4か月間 / 彼らの体重は通常より約40%少ない /

at this point. // ⑪ They literally sacrifice themselves / to bring up their babies. //
この時点で // 彼らは文字どおり自らを犠牲にする / 赤ちゃんを育てるために //

✓ 構成&内容チェック 本文を読んで，（　）に合う日本語や数字を書きなさい。

①～⑤ 卵がかえるまでのペンギンの行動について伝えている。

オスペンギンが(1.　　　　　　)週間，何も食べずに卵を温める。メスペンギンは卵を産んだあと，その疲労から回復するため，また，赤ちゃんに(2.　　　　　　)ための食べ物を捕りに海に出かけて何週間も戻らない。

↓

⑥〜⑪ 卵がかえったあとのペンギンの行動について述べられている。

メスが海から戻らない場合，オスは「ペンギン(3.　　　　　　　)」と呼ばれる栄養
のある白い液体を体から搾り出して赤ちゃんに与える。メスがお腹をいっぱいにして
戻ってきたら海に自分の食べ物を捕りに行くが，海にたどり着かないオスもいる。

教科書Qのヒント

Q5 Why do the female penguins go out to sea after laying their eggs?
（なぜメスのペンギンは卵を産んだあとに海に出かけるのですか。）　→本文④

Q6 When can male penguins go to get their own food?
（オスのペンギンはいつ自分の食べ物を捕りに行くことができますか。）　→本文⑧

読解のカギ

① **Chick-raising conditions for emperor penguins are known to be among the most difficult in the world.**
　　be known to *do*
→ be known to *do* で「〜すると知られている」。ここでは to be となっているので，「〜であると知られている」という意味になる。
→ among the most difficult は「最も難しい[困難な]もの[こと]の１つで」という意味。

② **... the males, not the females, keep the eggs warm.**
　　　　　　S　　　　　　　　　　　　V　　O　　C
→〈keep＋O＋C（形容詞）〉の第５文型の文で「OをCの状態に保つ」という意味。

Q1. 並べかえなさい。

部屋を暖かくしておくために，窓を閉めなさい。
(the room / the window / to / warm / close / keep).

_____

④ **They need food to help themselves recover from the exhaustion of laying**
　　　　　　　　　不定詞の形容詞的用法①
their eggs and to feed their future babies.
　　　　　　不定詞の形容詞的用法②
→ to help と to feed は「〜する（ための）」という意味の不定詞。ここではどちらも food を修飾している。
→ and は to help ... eggs と to feed ... babies の２つの不定詞句をつないでいる。
→〈help＋O＋動詞の原形〉で「Oが〜するのを手伝う」という意味。

⑤ **... the males stay behind and keep the eggs warm ....**
　　　　　　S　　　　V₁　　　　　V₂　　O　　C
→ stay behind は「残る」という意味。
→ and は stay behind と keep the eggs warm をつないでいる。
→ keep the eggs warm は〈keep＋O＋C（形容詞）〉の第５文型の文で「OをCの状態に

保つ」という意味を表す。

Q2. ＿＿＿を埋めなさい。

私は彼に，あとに残るように言った。

I told him to ＿＿＿＿＿ ＿＿＿＿＿.

⑥ **... if the females** <u>have not returned</u> **yet, <u>the male penguins</u> <u>give</u> their**
have not ＋過去分詞　　　　　　　　　　　S　　　　　　V

<u>babies</u> <u>a nutritious white liquid</u> (called "penguin milk.")
O₁　　　　　　O₂　　　　　　　　　過去分詞＋語句

➡ have not returned は，〈完了・結果〉を表す現在完了形の否定形。

➡ 主節は〈give＋O₁(人)＋O₂(もの)〉の第 4 文型。ここでは O₁(人) に their babies が使われている。

➡ 過去分詞 called が語句を伴って a nutritious white liquid を修飾している。

⑦ **They <u>squeeze it out of</u> their bodies to feed the babies.**

➡ squeeze A out of B で「B から A を搾り出す」という意味。

Q3. ＿＿＿を埋めなさい。

レモンから汁を搾り出してください。

Please ＿＿＿＿＿ juice ＿＿＿＿＿ of a lemon.

⑧ **When the female penguins return (<u>with</u> their stomachs <u>full</u> of food for**
付帯状況を表す with┘　　　O　　　C

their babies), the males can at last go and get their own food.

➡ with their stomachs full は〈with＋O＋C(形容詞)〉の形の付帯状況を表す表現。「O が C の状態で」という意味。full of ～は「～でいっぱい」という意味。

➡ at last は「ついに，やっと」という意味。

➡ go and get は「捕りに行く」という意味。go and do で「～しに行く」という意味を表す。

⑩ **As they <u>have not eaten</u> anything for up to four months, their weight is**
have not ＋過去分詞

about 40% less than normal at this point.

➡ As はここでは「～なので」という理由を表す接続詞。

➡ have not eaten は，継続を表す現在完了形の否定形。

➡ up to ～は「(最大)～まで」という意味を表す。

➡ less than A は「A より少ない」という意味を表す比較の表現。

読解のカギ Q の解答 Q1. Close the window to keep the room warm(.) **Q2.** stay behind **Q3.** squeeze, out

PART **4**-1 　英文を読む前に，初めて習う文法を含んだ文を確認しましょう！ → p.41 ⑥

ポイント 　コウテイペンギンはどのような危機的状況にあるのか。

① "Emperor penguins are marching / to extinction." // ② What do you think /
　　「コウテイペンギンは進んでいる　　/　　絶滅に向けて」　//　　あなたはどう思うか　/

when you hear this? // ③ According to experts, / if global warming continues / at
これを聞いたときに　//　　　専門家によれば　　/　　もし地球温暖化が続けば　/

its current rate, / the entire population of emperor penguins / in Antarctica / could
現在のペースで　　　　　　コウテイペンギンの全個体数が　　/　　南極大陸の　/　減るかも

fall / by as much as 86% / by the year 2100. //
しれない /　　86%も　/　　2100年までに　//

④ With the warming climate, / sea ice will gradually disappear. // ⑤ This will
　　温暖化する気候により　　/　　海氷は徐々に消滅するだろう　//　　これは〜に

lead to / a decline of penguin colonies / in size and number. // ⑥ It is expected /
つながるだろう /　ペンギンのコロニーの減少　/　　規模と数の　　//　　予測されている /

that at least / two-thirds of the colonies / will have halved in size / by the end of
少なくとも　/　　3分の2のコロニーは　　/　　規模が半減するだろうと　/　　　今世紀末

this century. //
までに　　//

✓ **構成＆内容チェック** 　本文を読んで，（　）に合う日本語を書きなさい。

①〜③　コウテイペンギンが直面している問題について述べられている。
　コウテイペンギンは(1. 　　　　　　　)に向けて進んでいると言われている。このペ
　ースで地球温暖化が進めば，2100年までに南極大陸のコウテイペンギンの全個体数
　が86%も減るかもしれないと専門家は言っている。

↓

④〜⑥　①〜③で述べられた危機についてさらに詳しく説明している。
　温暖化により海氷が徐々に消滅していき，ペンギンのコロニーの(2. 　　　　　　)
　と数が減少するだろう。具体的には，(3. 　　　　　　)までに3分の2のコロニー
　は(2)が半減するだろうと予測されている。

教科書Qのヒント

Q7 If the sea ice gradually disappears, what is expected to happen?
（もし海氷が徐々に消滅していったら，どんなことが起こると予測されていますか。）　→本文⑤・⑥

🔑 **読解のカギ**

③ **According to experts, ..., the entire population of emperor penguins in Antarctica could fall by as much as 86% by the year 2100.**

                could（推量）

➡ According to ～は「～によれば」という意味。

➡ 助動詞 could は「～かもしれない」という意味で, 現在または未来に関する推量を表している。

➡ by ～は数量を伴って, 「～だけ, ～ほど」という程度の差を表す。

➡ as much[many] as ～は「～も(の)」という意味で, 量や数が多いことを強調している。

⑤ **This will lead to a decline of penguin colonies in size and number.**

➡ This は④の内容を指している。

➡ lead to A で「A へ導く, A につながる」という意味。

➡ in size and number は, 「規模と数において」という意味。冠詞をつけたり複数形にしたりすることはない。

    ┌ 形式主語 ────────┐ ┌ 真の主語

⑥ **It is expected [that at least two-thirds of the colonies will have halved**
    be 動詞＋過去分詞   will + have ＋過去分詞

(in size by the end of this century)].

➡ It is expected that ～は It が形式主語で, that 節が真の主語となる形式主語構文。It に続く is expected が「予測されている」という意味の受動態なので, 「～ということが予測されている」という意味の文になる。

➡ at least は「少なくとも」という意味。

➡ two-thirds は分数で, 3分の2を表している。〈分子(基数) + ハイフン(-) + 分母(序数)〉のように表すが, 分子が複数の場合, 分母は「複数形」になるので, thirds と s がついている。

➡ will have halved は, 〈will have＋過去分詞〉の形の未来完了形。ここでは, 「今世紀末までに半減してしまっているだろう」という未来の時点での〈完了〉を表す。

文法詳細 pp.46〜47

📝 **Q1. 日本語にしなさい。**

It is expected that a big earthquake will happen within 100 years.

(   )

📝 **Q2. ＿＿ を埋めなさい。**

明日までに宿題を終えているだろう。

I ＿＿＿＿＿＿ ＿＿＿＿＿＿ ＿＿＿＿＿ my homework by tomorrow.

🔑 **読解のカギ** Q の解答   **Q1.** 100 年以内に大地震が起こるということが予測されている。
                            Q2. will have finished[done]

PART ④-2　英文を読む前に，初めて習う文法を含んだ文を確認しましょう！ → p.43 ⑩

◆ポイント　地球温暖化はペンギンにどのような影響を及ぼすか。

⑦ A loss of sea ice / will also lead to / a decrease in penguins' food. //
海水の喪失は　/　また〜にもつながるだろう　/　ペンギンたちの食べ物の減少　　//

⑧ Emperor penguins' main food / is small sea animals. // ⑨ Those animals grow /
コウテイペンギンの主食は　/　小さな海洋動物だ　//　それらの動物は育つ　/

under the sea ice. // ⑩ The less sea ice there is, / the harder it becomes / for
海氷の下で　//　海氷が少なくなればなるほど　/　より難しくなる　/

penguins / to get enough food. //
ペンギンにとって / 十分な食べ物を得るのが //

⑪ In addition, / the warming climate / allows rain to fall / on the coastal areas
さらに　/　温暖化する気候は　/　雨を降らせる　/　南極大陸の

of Antarctica, / which threatens the penguin chicks. // ⑫ It is said that / if chicks
沿岸部に　/　それはペンギンのひなたちをおびやかす　//　言われている　/　もしひなが

get wet in rain, / 80% of them cannot survive. // ⑬ They freeze to death / because
雨に濡れると　/　その80%は生き残ることができないと　//　彼らは凍えて死んでしまう　/　彼らの

their plumage is not yet waterproof. //
羽毛はまだ耐水性がないので　　//

⑭ Thus, / global warming is certainly having a negative impact / on the
このように　/　地球温暖化は確実に悪影響を与えている　/　南極大陸の

Antarctic ecosystem. // ⑮ In the future, / we may only be able to see emperor
生態系に　//　将来　/　私たちはコウテイペンギンを見られるだけ

penguins / in an aquarium. // ⑯ This should not be allowed to happen, / don't you
かもしれない / 水族館で //　こんなことが起こるのは許されるべきではない /そう思わない

think? // ⑰ So, / what can we do / to protect these charming birds? //
だろうか //　それでは /私たちは何ができるだろうか / この魅力的な鳥たちを守るために //

✓ 構成＆内容チェック　本文を読んで，（　）に合う日本語や数字を書きなさい。

⑦〜⑬ (1.　　　　　　　　)の喪失と雨によるペンギンたちへの影響を説明している。
ペンギンの主食となる小さな海洋動物は(1)の下で育つので，それが少なくなればなるほど，ペンギンが食べ物を捕るのが難しくなる。また，温暖化により雨が降ると，ペンギンのひなの(2.　　　　　)％は凍えて死んでしまう。

↓

⑭〜⑰ 温暖化による悪影響についてまとめ，私たちに何ができるか問いかけている。
地球温暖化は南極大陸の(3.　　　　　)に悪影響を及ぼしている。私たち人間はペンギンのためにどのようなことができるのだろうかと問いかけている。

！ 教科書Qのヒント

Q8 What happens to penguin chicks if they get wet in rain in Antarctica?
（南極大陸で雨に濡れると，ペンギンのひなたちには何が起こりますか。）　→本文⑫・⑬

🎵 読解のカギ　　　　　　　　形式主語┌──────────┐真の主語

⑩ **The less sea ice there is, the harder it becomes for penguins to get ....**
　the ＋比較級＋名詞(S)　　　V　the ＋比較級＋ S　　　V

➡ 〈the ＋比較級＋SV ...，the ＋比較級＋SV 〜〉の形で，「…すればするほど，ますます〜する」という意味を表す。この文の less は little「（量が）少ない」の比較級で，The less sea ice で「より少ない海氷」という意味を表している。　　　**文法詳細 p.47**

➡ it becomes for penguins to get の it は形式主語で，to get 以下が真の主語。

🎵 Q1. ＿＿＿ を埋めなさい。

あなたは英語を熱心に練習すればするほど，英語がますます上手になるでしょう。
The ＿＿＿＿＿ you practice English, the ＿＿＿＿＿ your English will be.

⑪ **In addition, the warming climate allows rain to fall on the coastal areas**
　　　　　　　　　　　　　　　　allow　O　　to ＋動詞の原形

of Antarctica, [which threatens the penguin chicks].
　　　　　　　　　　　　先行詞は前の文全体

➡ allow O to *do* で「O が〜することを可能にする，O に〜させる」という意味を表す。

➡ 〈, which〉は非限定用法の主格の関係代名詞で，the warming ... Antarctica という前の文全体が先行詞になっている。関係代名詞の that には非限定用法がない。

🎵 Q2. 日本語にしなさい。

He won the game, which surprised us.
（　　　　　　　　　　　　　　　　　　　　　　　　　　）

⑫ **It is said [that if chicks get wet in rain, 80% of them cannot survive].**
　形式主語　　　真の主語

➡ It は形式主語で，that 以下が真の主語となっている形式主語構文。

⑬ **They freeze to death because their plumage is not yet waterproof.**

➡ freeze は「凍える」，to death は「死に至るまで」という意味で，freeze to death で「凍え死ぬ」という意味を表す。

⑯ **This should not be allowed to happen, don't you think?**

➡ This は⑮の内容を指している。

➡ be allowed to happen は allow O to *do*「O が〜することを可能にする，O に〜させる」の受動態。

🔵 Comprehension ①ヒント

Fill in the blanks to complete the report on emperor penguins.
(下線部に適切な語を入れて，コウテイペンギンに関するレポートを完成させなさい。)

1　体長何センチメートルまで成長するか。
　（⑧ p.26, ℓℓ.8~9）

2　何分間まで水中に潜っていられるか。
　（⑧ p.26, ℓℓ.9~11）

3　どのように動くことによって食べ物を捕るか。
　（⑧ p.28, ℓ.3）

4, 5　コウテイペンギンは海から100〜200キロメートル離れたところに，何を作るか。
　　またそれは彼ら自身を何から守るためか。
　（⑧ p.28, ℓℓ.8~12）

6　凍えるような寒さを生き残るため，何をするか。
　（⑧ p.29, ℓℓ.3~5）

7　順番に温まるために何をするか。
　（⑧ p.29, ℓℓ.5~7）

8, 9　メスのペンギンは，何のために海に出かけていくか。
　（⑧ p.30, ℓℓ.6~8）

10　オスのペンギンは何週間，何も食べずにひとりで卵を温めるか。
　（⑧ p.30, ℓℓ.8~10）

11　オスのペンギンはメスがまだ戻ってきていない場合，赤ちゃんペンギンに何をあげ
　　るか。
　（⑧ p.30, ℓℓ.11~13）

12　コウテイペンギンへ影響を及ぼしているものは何か。
　（⑧ p.32, ℓℓ.2~6）

13　コウテイペンギンは何に向かって進んでいるか。
　（⑧ p.32, ℓ.1）

14　何が消滅しつつあるか。
　（⑧ p.32, ℓℓ.7~8）

15, 16　14の消滅によって，ペンギンのコロニーの何が減少するか。
　（⑧ p.32, ℓℓ.8~9）

17　14の消滅によって，ペンギンの何が減るか。
　（⑧ p.33, ℓℓ.1~3）

18　何が起きるとひなたちは凍え死んでしまうか。
　（⑧ p.33, ℓℓ.6~10）

ℹ **More Information** ！ヒント

Questions

1. 📘 p.38 のレポートは何種類のウミガメを取り扱っているかを読み取る。
   ➡ 複数のウミガメの種類が具体的に挙げられている部分を探す。

2. なぜ人々はウミガメを殺したのかを📘 p.38 のレポートから読み取る。
   ➡ kill *A*「A を殺す」というキーワードを探す。
   ➡ for ~「~のために」という理由を表す語句にも注目するとよい。

3. 気候変動はウミガメにどのように影響を及ぼすかを📘 p.38 のレポートから読み取る。
   ➡ climate change「気候変動」というキーワードを探す。
   ➡ affect *A*「A に影響を及ぼす」や impact「影響」などの語句にも注目するとよい。

4. WWF はウミガメの数を元どおりにするためにどのようなことをしようとしているかを
   📘 p.38 のレポートから読み取る。
   ➡ work on *A*「A に取り組む」などのキーワードを探し，WWF を主語にした文を注意
   して読む。なお，📘 p.38 のレポートは WWF のウェブページなので，WWF が we
   と表されている部分もあることに注意する。

Development

・気候変動が原因で危機にさらされている動物についてのレポートを作成する。
   ➡ 📘 p.39 の表中の質問に対するあなたの答えを書き，それをもとにレポートを作成す
   る。
・Name of the animal
   ➡ 気候変動が原因で危機にさらされている動物を挙げる。
   ➡ コウテイペンギンやウミガメ以外の動物を挙げるとよい。
・How does climate change affect the animal?
   ➡ 気候変動がその動物にどのように影響を及ぼすかを書く。
   ➡ It changes[increases] ~ , which affects[has an impact on] ....「それは~を変化さ
   せ[増やし]，そのことが…に影響を及ぼす」などとまとめるとよい。
   ➡ 次のような表現を使ってもよい。sand temperature(s)「砂の温度」，ocean
   temperature(s)「海水温」，natural disaster(s)「自然災害」，habitat(s)「生息地」，
   food「食べ物」
・What needs to be done to save them?
   ➡ その動物を守るために何がなされるべきかを書く。
   ➡ 質問は受動態で書かれているが，答えは We need[have] to ~，We must ~，We
   should ~ など，能動態で書くとよい。
   ➡ 目的を示す場合，次のような表現を使うとよい。(in order) to ~「~するために」，〈so
   that + S + can[will] + V ~〉「S が V できる[する]ように」，for ~「~のために」

📖 Grammar

G-3 比較級を使った最上級の表現

・〈比較級＋than any other＋単数名詞〉を用いると，「ほかのどの…よりも～」という最上級の意味を表すことができる。

Russia is <u>larger than any other</u> country in the world.
    比較級＋ than any other ＋単数名詞

(ロシアは世界にあるほかのどの国よりも大きい。)

= Russia is <u>the largest</u> country in the world.
          最上級

(ロシアは世界でいちばん大きな国だ。)

G-4 未来完了形

▶**未来完了形とは**

・**未来完了形**は，未来のある時点での状態を表すことができる。未来のある時点を示す表現とともに使われることが多い。

・未来を表す助動詞 will と〈have＋過去分詞〉を合わせた〈will have＋過去分詞〉の形で表す。

・ほかの完了形と同じく，**完了・結果，経験，状態の継続**の用法がある。

完了・結果

The party **will have started** (*by the time we arrive*).
      will have ＋過去分詞   未来のある時点

(そのパーティーは，私たちが到着するまでに始まってしまっているだろう。)

➡ 「(未来のある時点には)～してしまっているだろう」と，未来のある時点までに動作が完了していることを表す用法。

経験

I'll **have seen** the movie three times (*if I see it again*).
will have ＋過去分詞   未来のある時点

(もう一度その映画を見たら，私はそれを3回見たことになる。)

➡ 「(未来のある時点には)～したことがあるだろう」と，未来のある時点までに動作を経験していることを表す用法。

➡ 接続詞 if から始まる条件を表す副詞節は，未来のことでも現在形で表す。

状態の継続

They **will have been** married for 20 years (*next year*).
　　　will have ＋過去分詞　　　　　　　　未来のある時点
（彼らは来年，結婚して 20 年になる。）

➡ 「(未来のある時点には)(ずっと)〜しているだろう」と，未来のある時点まで状態が継続していることを表す用法。

＋α

未来完了進行形

・未来完了進行形は，「(未来のある時点には)(ずっと)〜し続けているだろう」と，未来のある時点まで動作が継続していることを表す。
・未来完了進行形は，未来完了形と進行形を合わせた will have been *doing* の形で表す。

She **will have been playing** the piano for ten years (*by next April*).
　　will have been *doing*　　　　　　　　　　未来のある時点
（彼女は今度の 4 月までには 10 年間ずっとピアノを弾いていることになる。）

➡ 未来完了進行形で使われる動詞は play, watch, eat などの動作を表す動詞(動作動詞)である。want, like, need などの状態を表す動詞(状態動詞)は使えない。

G-5 比較を使った構文

・〈the＋比較級＋SV ..., the＋比較級＋SV 〜〉の形で，「…すればするほど，ますます〜する」という意味を表すことができる。

The **higher** you go, **the more beautiful** the view becomes.
the ＋比較級　S　V　the ＋比較級　　　　　S　　　V
（あなたが高く上れば上るほど，景色はますます美しくなる。）

＋α

・more books など，〈形容詞の比較級＋名詞〉をセットで使う場合，〈the＋比較級＋名詞＋SV ..., the＋比較級＋名詞＋SV 〜〉という語順で表すことに注意する。

The **more books** you read, **the more knowledge** you can get.
the ＋比較級＋名詞　S　V　the ＋比較級＋名詞　　S　V
（あなたは多くの本を読めば読むほど，ますます多くの知識が得られる。）

定期テスト予想問題
解答 ➡ **p.50**

1 日本語に合うように，____に適切な語を入れなさい。

(1) 彼は運転免許を取得するのに十分な年齢だ。

He is old _____ _____ get a driver's license.

(2) 彼らは順番に朝食を作っている。

They _____ turns _____ breakfast.

(3) その鳥はもうすぐ卵を産むだろう。

The bird will soon _____ _____.

(4) 必ず7時までに起きなさい。

_____ _____ to get up by seven.

(5) 私は2週間でけがから回復するだろう。

I will _____ _____ the injury in two weeks.

2 （　）内の語のうち，適切なほうを選びなさい。

(1) The bus will have (leave, left) when we arrive at the station.

(2) The (higher, highest) I went, the colder it was.

(3) Hokkaido is (larger, largest) than any other prefecture in Japan.

3 日本語に合うように，（　）内の語句や符号を並べかえなさい。

(1) 6時までに彼女はレポートを書き終えているだろう。

She (will / by / the report / have / written / six).

She _____.

(2) 一生懸命に働けば働くほど，ますます彼は裕福になった。

(richer / harder / he / he / the / the / worked / became / ,).

_____.

(3) チーターはほかのどの動物よりも速く走りますか。

(faster / any / animal / cheetahs / run / than / other / do)?

_____?

4 次の英語を日本語にしなさい。

(1) He will have practiced the guitar for two years in a week.

(　　　　　　　　　　　　　　　　　　　　)

(2) Jim plays basketball better than any other boy on his team.

(　　　　　　　　　　　　　　　　　　　　)

(3) The more I know about Becky, the more I love her.

(　　　　　　　　　　　　　　　　　　　　)

5 次の英文を読んで，あとの問いに答えなさい。

①Emperor penguins are sometimes seen moving in a group on TV. In fact, they like collective behavior. They catch food by working together in cooperation. They also raise their chicks in a large group.

　Surprisingly, in their breeding season in autumn, they walk 100–200 km (kilometers) away from the sea toward the land. It takes them more than two weeks. Then they make a "colony," a large breeding place, on the flat sea ice. ②Why do (a / they / such / distance / move / long)? It is because they can protect themselves there (　③　) their natural enemies such as sharks, killer whales, and seals.

(1) 下線部①の英語を日本語にしなさい。
　　(　　　　　　　　　　　　　　　　　　　　　　　　　　　　　　)

(2) 下線部②が「どうして彼らはそんなに長い距離を移動するのか」という意味
　　になるように，(　)内の語を並べかえなさい。
　　Why do _____?

(3) (　③　)に適切な前置詞を入れなさい。　　　　　　_____

(4) 次の質問に英語で答えなさい。
　　What is a "colony"?
　　_____

6 次の英文を読んで，あとの問いに答えなさい。

　After the eggs hatch, and if the females have not returned yet, the male penguins give their babies a nutritious white liquid called "penguin milk." They squeeze it out of their bodies to feed the babies. When the female penguins return with their stomachs full of food for their babies, the males can at last go and get their own food. However, some males do not reach the sea because they have used up all their strength. As they have not eaten anything for up to four months, their weight is about 40% less than normal at this point. They literally sacrifice themselves to bring up their babies.

(1) 下線部の英語を，They と it が指すものを明らかにして，日本語にしなさい。
　　(　　　　　　　　　　　　　　　　　　　　　　　　　　　　　　)

(2) 次の質問に英語で答えなさい。
　　Why have the male penguins lost about 40% of their weight?
　　_____

(3) メスのペンギンは，どのような状態で帰ってきますか。日本語で答えなさい。
　　(　　　　　　　　　　　　　　　　　　　　　　　　　　　　　　)

📝 定期テスト予想問題　解答　pp.48~49

1. (1) enough to　(2) take, making[cooking]　(3) lay eggs
   (4) Never fail　(5) recover from
2. (1) left　(2) higher　(3) larger
3. (1) will have written the report by six
   (2) The harder he worked, the richer he became(.)
   (3) Do cheetahs run faster than any other animal(?)
4. (1) あと1週間で彼はギターを2年間練習したことになる。
   (2) ジムはチーム内のほかのどの男子よりもうまくバスケットボールをする。
   (3) ベッキーのことを知れば知るほど, 私はますます彼女のことが大好きになる。
5. (1) テレビでコウテイペンギンが集団で移動しているのがときどき見られる。
   (2) they move such a long distance　(3) from
   (4) 例 It's a large breeding place (of emperor penguins).
6. (1) オスのペンギンは赤ちゃんに食べさせるために自分の体から「ペンギンミルク」(と呼ばれる栄養のある白い液体)を搾り出す。
   (2) 例 Because they have not eaten anything for up to four months.
   (3) 赤ちゃんのための食べ物で胃をいっぱいにした状態(で帰ってくる)。

💡 解説

1. (1) enough to *do* で「〜するのに十分に」。　(2) take turns *doing* で「順番に〜する」。　(3) lay an egg[eggs]で「卵を産む」。　(4) never fail to *do* で「必ず〜する」。　(5) recover from *A* で「A から回復する」。
2. (1) 未来完了形〈will have + 過去分詞〉の文。　(2)〈the + 比較級 + SV ..., the + 比較級 + SV 〜〉の文。　(3)〈比較級 + than any other + 単数名詞〉の文。
3. (1) 未来完了形〈will have + 過去分詞〉の完了・結果用法。「〜までに」は by 〜で表す。　(2)〈the + 比較級 + SV ..., the + 比較級 + SV 〜〉を使った文。
4. (1) 未来完了形の継続用法。in 〜は, ここでは「〜後に」という意味。　(2)〈比較級 + than any other + 単数名詞〉「ほかのどの…よりも〜」　(3)〈the + 比較級 + SV ..., the + 比較級 + SV 〜〉「…すればするほど, ますます〜する」
5. (1)〈知覚動詞 see + O + 現在分詞〉「O が〜しているのを見る」の受動態の文。　(2)「そんなに〜な…」は〈such a + 形容詞 + 名詞〉の語順。　(3) protect *A* from *B*「B から A を守る」　(4) 質問は「『コロニー』とは何ですか」という意味。第2段落3文目の"colony"の直後の同格を表すコンマに注目。
6. (1) They は the male penguins, it は (a nutritious white liquid called) "penguin milk"を指す。squeeze *A* out of *B* は「B から A を搾り出す」という意味。　(2) 質問は「なぜオスのペンギンは体重の約40%を失ったのですか」という意味。　(3) 本文3文目の with their stomachs full は〈with + O + C〉「O が C の状態で」という意味。

Lesson 3 Tokyo's Seven-minute Miracle

単語・熟語チェック

PART ①

line	名 列，線	We waited behind the yellow **line** for the train. 私たちは黄色い線の後ろで電車を待った。
in line	熟 一列に並んで	Many people were waiting **in line** in front of the shop. その店の前では多くの人が一列に並んで待っていた。
speedy	形 迅速な	You must be surprised at his **speedy** and accurate work. 君は，彼の迅速で正確な仕事に驚くに違いない。
excluding	前 ～を除いて	You can go anywhere in this building **excluding** the basement. 地下室を除いて，この建物のどこへ行ってもよい。
wipe A	動 A をふく	My mother told me to **wipe** the table. 母は私にそのテーブルをふくように言った。
curtain	名 カーテン	She opens the **curtains** of the windows every morning. 彼女は毎朝，窓のカーテンを開ける。
sweep A	動 A を掃く	Your job is to **sweep** this floor. 君の仕事はこの床を掃くことだ。
baggage	名 荷物	I cannot find my **baggage**. 私の荷物が見つからない。
overhead	形 頭上の	Please find the switch to turn on the **overhead** light. 頭上の明かりをつけるためのスイッチを見つけてください。
rack	名 棚	He found a wallet on the overhead **rack**. 彼は頭上の棚に財布を見つけた。

PART ②

highly	副 非常に，大いに	Bob values his secretary's ability **highly**. ボブは秘書の能力を大いに評価している。
speak highly of A	熟 A を高く評価する	The critics **spoke highly of** the musician. その批評家たちはその音楽家を高く評価した。
catch the eye of A [A's eye]	熟 A の目をくぎづけにする	Her dress **catches the eye of** the guests. 彼女のドレスは招待客たちの目をくぎづけにする。
channel	名 チャンネル	I always watch the sports **channel** at night. 私は夜はいつもスポーツチャンネルを見る。
miracle	名 奇跡	She survived the accident by some **miracle**. 彼女は奇跡によってその事故で生き残った。
reputation	名 評判	Ms. Anderson has a good **reputation** as a manager. アンダーソンさんは経営者としてよい評判がある。
punctual	形 時間を固く守る	The company president is always very **punctual** for meetings. その会社の社長は常に会議の時間を非常に固く守る。
delay	名 遅延	You have to submit your homework without **delay**. あなたたちは宿題を遅れることなく提出しなくてはならない。
arrival	名 到着	I am waiting for his **arrival** at the station. 私は駅で彼の到着を待っている。
contribute	動 貢献する，一因となる	CO_2 is said to **contribute** to global warming. 二酸化炭素は地球温暖化の一因になると言われている。

PART ❸				
	contribute to A	熟 A に貢献する [の一因となる]	He greatly **contributed to** the success of this project. 彼は大いにこのプロジェクトの成功に貢献した。	
	observe A	動 A を観察する	Many scientists visit the town to **observe** white deer. 多くの科学者たちが，白い鹿を観察するためその町を訪れる。	
	possibility	名 可能性	There is a **possibility** of heavy rain today. 今日は大雨の可能性がある。	
	related	形 かかわる，関連する	That must be **related** to trust. それは信頼にかかわるに違いない。	
	virtue	名 美徳	In Japan, it is thought that patience is a **virtue**. 日本において，忍耐は1つの美徳だと考えられている。	
	likely	形 ありそうな，もっともらしい	He made up a **likely** excuse for being late. 彼は遅刻のもっともらしい言い訳をでっち上げた。	
	be likely to *do*	熟 ～しそうである	He **is likely to** win the prize. 彼はその賞を受賞しそうである。	
	by *oneself*	熟 自力で，自分自身で	He solved the problem **by himself**. 彼は自分自身で問題を解決した。	
	rarely	副 めったに～ない	George **rarely** eats sweets. ジョージはめったに甘いものを食べない。	
	as well	熟 ～もまた，その上	We go to school on Saturdays **as well**. 私たちは土曜日にもまた学校に行っている。	
	it is likely that ～	表 ～という可能性がある	**It is likely that** he will come late. 彼は遅れて来る可能性がある。	

PART ❹				
	lie in A	熟 A にある	The reason for his persuasiveness **lies in** his low and gentle voice. 彼に説得力がある理由は，彼の低くて優しい声にある。	
	pride	名 誇り	Her words gave him his **pride** back. 彼女の言葉で彼は誇りを取り戻した。	
	at first	熟 最初は	**At first**, I thought they were sisters. 最初は，彼女たちのことを姉妹だと思っていた。	
	simply	副 簡単[単純]に	Please explain **simply**. 簡単に説明してください。	
	comfortable	形 快適な	It was surprising that the hotel was clean and **comfortable**. そのホテルが清潔で快適だったことは驚きであった。	
	responsibility	名 責任	They have a **responsibility** to deliver the package. 彼らにはその小包を配達するという責任がある。	
	one after another	熟 次々に	He came up with good ideas **one after another**. よい考えが次々に彼の頭に思い浮かんだ。	
	have difficulty (in) *doing*	熟 ～するのに苦労する	She sometimes **has difficulty** getting to sleep. 彼女は時折，眠りにつくのに苦労する。	
	miraculous	形 奇跡的な，驚くべき	I had a **miraculous** reunion with an old friend. 私は旧友と奇跡的な再会を果たした。	

PART ①

ポイント　新幹線の車内清掃は，どのくらいの時間で，何をするのか。

① Just before / the Shinkansen train arrives / at Tokyo Station, / a group of staff /
ちょうど前 / 新幹線が到着する / 東京駅に / スタッフの集団が /

stand beautifully / in line / on a platform. // ② They wear uniforms / and have
きれいに立つ / 一列に並んで / プラットホームに // 彼らは制服を着ている / そして清掃用具を

cleaning tools / in their bags. // ③ They bow deeply / to the passengers. // ④ As
持っている / 彼らのかばんに // 彼らは深くおじぎをする / 乗客に // 最後の乗客が

soon as the last passenger gets off the train, / they go into each car / and begin
列車から降りるとすぐに / 彼らは各車両に乗り込む / そして清掃を始める

cleaning. // ⑤ Their speedy / and skillful work / amazes people. // ⑥ It looks /
// 彼らの迅速な / そして熟練した仕事は / 人々を驚かせる // それは見える /

like a show. //
ショーのように //

⑦ The train stays / at the platform / for 12 minutes. // ⑧ Excluding the time /
列車はとどまる / プラットホームで / 12分間 // 時間を除いて /

it takes passengers / to get on/off the train, / only seven minutes remain. //
乗客が必要とする / 列車を乗り降りするために / 7分のみ残っている //

⑨ During this short time, / the staff do the following / in the order shown: /
この短い時間の間に / スタッフは次のことを行う / 示した順で /

1. collect big pieces of garbage; /
　1．大きなごみを集める /

2. collect garbage / from the pockets / of the back / of the seats; /
　2．ごみを集める / ポケットから / 背の / 座席の /

3. turn the seats around; /
　3．座席の向きを変える /

4. wipe the tables, / and windows / when it is necessary; /
　4．テーブルをふく / そして窓を / 必要なときに /

5. check / whether any garbage has been left / on the seats; /
　5．確認する / ごみが少しでも残っているかどうか / 座席の上に /

6. open the curtains / of the windows; /
　6．カーテンを開ける / 窓の /

7. sweep the floors; /
　7．床を掃く /

8. check / whether any baggage has been left / on the overhead racks; / and /
　8．確認する / 荷物が少しでも残っているかどうか / 頭上の棚に / そして /

9. check / that each seat is safely locked. //
　9．確認する / 各座席が安全に固定されていることを //

⑩ After completing their mission, / they stand / in line / on the platform / and bow deeply again. //
任務完了後 / 彼らは立つ / 一列に並んで / そのプラットホームに / そして再び深くおじぎをする //

✔ **構成＆内容チェック** 本文を読んで，（　）に合う日本語を書きなさい。

①〜⑥ 本レッスンの導入部分。東京駅の(1.　　　　　　)の清掃スタッフの様子について説明している。

(1)の清掃スタッフは制服を着て，清掃用具をかばんに持っている。乗客に深く(2.　　　　　　)をして，最後の乗客が降りたら車両に乗り込み，清掃を始める。

⑦・⑧ 清掃時間について説明している。

列車がプラットホームにとどまる 12 分間のうち，清掃時間は(3.　　　　　　)である。

⑨ 清掃の具体的な作業内容について説明している。

大きな(4.　　　　　　)を回収する。座席の(4)を回収する。座席の向きを変える。テーブルと必要であれば窓をふく。座席の上に(4)が残っていないか確認する。カーテンを開ける。床を掃く。荷物が残っていないか確認する。座席が安全に固定されているか確認する。

⑩ 清掃終了後のスタッフの様子について説明している。

プラットホームでもう一度深く(2)をする。

⚫教科書 Q のヒント

Q1 What looks like a show?　（何がショーのように見えますか。）　→本文⑤・⑥

Q2 How long does it take the staff to complete their mission?
（スタッフが任務を完了するのにどれくらいの時間がかかりますか。）　→本文⑧・⑨

🔑 読解のカギ

④ [As soon as the last passenger gets off the train], they go into each car and
　　　　　　時を表す副詞節

begin cleaning.

➡ as soon as 〜で「〜するとすぐに」という意味を表す。3 語で 1 つの接続詞として働き，〈時〉を表す副詞節を導く。

⑤ **Their speedy and skillful work amazes people.**
　　　　S　　　　　　　　　V　　　　O

➡ 人や動物ではない無生物のものを主語にしている無生物主語構文である。amaze は「〜を驚かせる」という意味の他動詞であり，受動態で用いることも多い。その場合，「S は驚く」となる。

🔑 Q1. 並べかえなさい。

人々は，その手早く熟練した仕事に驚いている。

(the / skillful / people / at / amazed / work / and / speedy / are).

---

⑥ **It looks like a show.**
→ ここでの look は外見・様子を表す動詞である。look like ～で「～のように見える」
という意味。
→ It は，前文⑤の Their speedy and skillful work を指す。

関係代名詞 which[that]が省略されている
⑧ **Excluding the time [it takes passengers to get on/off the train], only seven**
先行詞 関係代名詞節

minutes remain.
→ excluding は「～を除いて」という意味の前置詞。
→ 〈it takes (A) + 時間 + to *do*〉は「(A が)～するのに…(時間)がかかる」という意味を
表す。この文では〈時間〉を表す the time が先行詞となって前に出され，残りの部分
が関係代名詞節の中に置かれて the time を後ろから修飾する形となっている。
Q2. ＿＿＿ を埋めなさい。
私が宿題を終えるのにおよそ 1 時間かかった。
It ＿＿＿＿＿ me about an hour ＿＿＿＿＿ finish my homework.

⑨ **During this short time, the staff do the following in the order shown:**
1. collect big pieces of garbage; … 5. check [whether any garbage has been
S′ V′

left on the seats]; … and 9. check [that each seat is safely locked].
動作主 by ～は省略されている
→ コロン(:)は例示を表しており，清掃スタッフが行うことを具体的に示している。the
following は「次に述べるもの」という意味で，コロン以降を指している。
→ セミコロン(;)には順接の意味があり，1 ～ 9 の作業を順番に説明している。コロン
以降の作業内容が，実際の作業の順番どおりに提示されていることは，in the order
shown からもわかる。
→ 間接疑問 whether 節の中の any は「～が少しでも」という意味になる。
→ 目的語をとる他動詞の leave は「(人・物)を置いていく，置き忘れる」という意味。
5 の項目では，any garbage「ごみ」を主語とした現在完了形の受動態 has been left
となっており，ごみを置いた動作主は省略されている。
→ ごみが置かれたという〈完了・結果〉を表すために，現在完了形が用いられている。
→ 接続詞 that で導かれる名詞節が check「～を確認する」の目的語になっている。

⑩ **After completing their mission, they stand in line on the platform and**
bow deeply again.
→ in line は「一列に並んで」という意味を表す。

PART ❷-1 　英文を読む前に，初めて習う文法を含んだ文を確認しましょう！ → p.56 ①

┌─ **ポイント** ─┐ 清掃スタッフの仕事ぶりは何と呼ばれているか。

① "Never have I seen / such an amazing performance!" // ② Everyone / who
　「私は一度も見たことがない /　これほど驚くべき仕事ぶりを」 //　すべての人が /　その

sees the groups' performance / speaks highly of it. // ③ Who are these people? //
集団の仕事ぶりを見る 　　　　/　それを高く評価する //　　この人たちはだれなのか //

④ They are known as the Tessei, / the cleaning staff / of Shinkansen trains / at
　彼らはテッセイとして知られている /　清掃スタッフ 　/ 　　新幹線の 　　/

Tokyo Station. // ⑤ They clean about 20 trains a day / in a team / of 22. // ⑥ Their
東京駅の 　// 　彼らは1日に約20の列車を清掃する / チームで / 22人の// 　彼らの

speedy / and skillful work / catches the eye / of foreigners / as well as Japanese. //
迅速な / そして熟練した仕事は /目をくぎづけにする / 外国人の 　/ 日本人（の目）だけでなく //

⑦ A world-famous television channel / called their performance / "Tokyo's
　世界的に有名なテレビチャンネルが 　　　/　彼らの仕事ぶりを呼んだ 　　/ 　「東京の

seven-minute miracle." //
7分間の奇跡」と 　　//

✓ 構成&内容チェック 　**本文を読んで，（ ）に合う日本語や数字を書きなさい。**

①～⑤ 東京駅の新幹線の清掃スタッフの仕事ぶりについて説明している。

・見た人全員がその仕事ぶりを高く評価する。
・東京駅の新幹線の清掃スタッフは(1. 　　　　　　)と呼ばれている。
・スタッフは(2. 　　　　　　)人のチームで，1日に約20の列車を清掃する。

↓

⑥・⑦ スタッフの評判について述べている。
世界的に有名なテレビチャンネルで彼らの仕事ぶりは「(3. 　　　　　　)」と呼ばれた。

🔑 読解のカギ

① **Never have I seen** such an amazing performance!
　　　　　　　　　　　否定語の never が前に出る

➡ 基本的な語順では I have never seen such an amazing performance! だが，never
　を強調するために前に出している。never は「一度も～ない」と否定を表す副詞。
➡ 否定語を強調のために前に出すと，否定語の後ろは倒置が起こり，have I seen と疑
　問文の語順になる。 　　　　　　　　　　　　　　　　　　　　　 文法詳細 p. 68 ▶

✏ Q1. 並べかえなさい。
　彼は，集まりに決して遅れない。
　Never (a / for / he / late / meeting / is).
　Never ＿＿＿＿＿＿＿＿＿＿＿＿＿＿＿＿＿＿＿＿＿＿＿＿＿＿＿＿＿＿＿＿.

② **Everyone [who sees the groups' performance] speaks highly of it.**
S：先行詞┗━━━━━┛関係代名詞　　　　　　　　　　V

➡ who は Everyone を先行詞とする主格の関係代名詞。everyone は単数扱いなので動詞は sees となる。Everyone から performance までがこの文の主語になっている。

➡ highly は「非常に，大いに」という意味の副詞。speak highly of *A* で「*A* を高く評価する」という意味を表す。

④ **They are known as the Tessei, the cleaning staff of Shinkansen trains ....**
be 動詞＋過去分詞　　　┗━━同格━━┛

➡ are known は〈be 動詞＋過去分詞〉の受動態で「知られている」という意味。

➡ as は「〜として」という意味の前置詞。

➡ コンマは同格を表しており，「…清掃スタッフで，テッセイとして知られている」となる。

⑤ **They clean about 20 trains a day in a team of 22.**

➡ 20 trains のような数量を表す語句のあとに置かれた〈a[an]＋数量・期間を表す語〉は，「〜につき[ごとに]」という意味を表す。20 trains a day で「1 日に（つき）約 20 の列車」となる。

⑥ **Their speedy and skillful work catches the eye of foreigners as well as**
┌──the eye of が省略されている　　　　　　　　　　　　　　*A*
Japanese.
B

➡ catch the eye of *A*[*A*'s eye]で「*A* の目をくぎづけにする」という意味を表す。両目を表す eyes が使われることもある。

➡ *A* as well as *B* は「B だけでなく A も」という意味を表す。「日本人の目だけでなく外国人の目もくぎづけにする」と A のほうに意味上の重点が置かれる。

Q2. ＿＿ を埋めなさい。
そのショーは彼らの目をくぎづけにした。
The show ＿＿＿＿＿＿ ＿＿＿＿＿＿ eyes.

Q3. 並べかえなさい。
旅行にはお菓子だけでなくカメラも忘れずに持ってきてください。
Don't forget (well / to / snacks / as / as / your camera / bring) on the trip.
Don't forget ＿＿＿＿＿＿＿＿＿＿＿＿＿＿＿＿＿＿ on the trip.

⑦ **A world-famous television channel called their performance "Tokyo's**
　　　　　　S　　　　　　　　　V　　　　　O　　　　　C
seven-minute miracle."

➡〈call＋O＋C〉の語順で「O を C と呼ぶ」という意味を表す第 5 文型の文。

読解のカギ Q の解答　**Q1.** is he late for a meeting　**Q2.** caught their
　　　　　　　　　　　Q3. to bring your camera as well as snacks

PART **2**-2

ポイント　テッセイの仕事ぶりには，どのような特徴があるか。

⑧ One striking feature / of the Tessei's performance / is its speed / made
　　　1つの際立った特徴は　/　テッセイの仕事ぶりの　/　その速さである　/　彼らの

possible by their unique cleaning procedures. // ⑨ Japanese railways have / a good
独自の清掃手順によって可能になる　　　//　　日本の鉄道は持っている　/　よい

reputation / around the world / for being punctual. // ⑩ Even a 15-second delay /
評判を　/　　世界中で　/　時間に正確であるという//　　15秒の遅れでさえ　/

of one Shinkansen train / can influence / other trains' arrival / and departure
　　1本の新幹線の　/　影響することがある/　ほかの列車の到着の　/　そして出発の

times. // ⑪ The Tessei's speedy work contributes greatly / to the reputation / of
時間に //　　テッセイの迅速な仕事は大いに貢献している　/　　その評判に　/

Japanese railways. //
日本の鉄道の　　//

⑫ Another feature of the Tessei / is their skillful performance. // ⑬ Cleaning
　　テッセイのもう1つの特徴は　/　彼らの熟練した仕事ぶりである　//　　清掃は

usually seems boring, / but the Tessei's amazing performance is exciting / to
たいていつまらないように思われる/　しかしテッセイの驚くべき仕事ぶりはわくわくさせられる　/

watch. // ⑭ People call it the "Shinkansen Theater," / as it is performed / both in the
見ていて //　　人々はそれを「新幹線劇場」と呼んでいる　/　それは上演されるので/　車両の中と

cars and on the platform. //
プラットホームの両方で　　//

✓ 構成&内容チェック　本文を読んで，（　）に合う日本語を書きなさい。

⑧～⑪ テッセイの仕事ぶりの特徴の1つを説明している。

テッセイの独自の清掃手順による仕事の(1.　　　　　　　)は，時間に
(2.　　　　　　)であるという日本の鉄道のよい評判に大いに貢献している。

⑫～⑭ テッセイの仕事ぶりのもう1つの特徴を説明している。

テッセイのもう1つの特徴は，「新幹線劇場」と呼ばれるほどの(3.　　　　　　)し
た仕事ぶりである。

❶ 教科書 Q のヒント

Q3 What is one feature of the Tessei's performance?
（テッセイの仕事ぶりの特徴の1つは何ですか。）　→本文⑧

Q4 What is another feature of the Tessei?
（テッセイのもう1つの特徴は何ですか。）　→本文⑫

✓ 構成&内容チェック の解答　1.速さ[迅速さ]　2.正確　3.熟練

🎵 **読解のカギ**

⑧ ... its speed (made possible by their unique cleaning procedures).
　　　　　　　名詞 └────────┘ 過去分詞＋語句

➡ 過去分詞句の made possible ... procedures が its speed を修飾して「～によって可能にされる[可能になる]そのスピード」という意味を表している。

⑨ Japanese railways have a good reputation around the world for being
　　　　　　　　　　　　　　　　　　　　　　　　　前置詞＋動名詞

punctual.

➡ a reputation for ～は「～という評判」という意味を表す。評判の内容を for 以下が表している。

➡ for は「～に対する」と〈対象〉を表す前置詞で，being はその目的語になる動名詞。

⑫ Another feature of the Tessei is their skillful performance.

➡ another は「もう１つ[１人]の」という意味で，「(不特定の)ほかの１つ[１人]」を表す。⑧の one と対になって用いられている。

🎵 **Q1. ＿＿ を埋めなさい。**

私は犬を３匹飼っている。１匹は白で，もう１匹は茶で，残りの１匹は黒だ。

I have three dogs. ＿＿＿＿＿＿＿ is white, ＿＿＿＿＿＿＿ is brown, and the other is black.

⑬ Cleaning usually seems boring, but the Tessei's amazing performance
　　　　　　　　　seem＋形容詞　　　　　　　　不定詞の意味上の目的語

is exciting to watch.
　　　└────┘ 副詞的用法の不定詞

➡ 〈seem＋形容詞〉は「～のように思われる」という意味を表し，第２文型の形をとる。

➡ to watch は形容詞の exciting を修飾する副詞的用法の不定詞。the Tessei's amazing performance は to watch の意味上の目的語で「テッセイの驚くべき仕事ぶりは見ていてわくわくさせられる」という意味。

⑭ People call it the "Shinkansen Theater," [as it is performed both in the
　　　　　　　　　　　　　　　　　　　　　　　理由を表す接続詞

cars and on the platform].

➡ it はどちらも前文⑬の the Tessei's amazing performance を指す。

➡ as は「～なので，～だから」という意味の〈理由〉を表す接続詞。

🎵 **Q2. 日本語にしなさい。**

I stopped at the station, as a stranger asked me the way to the museum.

(　　　　　　　　　　　　　　　　　　　　　　　　　　)，私は駅で立ち止まった。

🎵 **読解のカギ** Q の解答　**Q1.** One, another　　**Q2.** 見知らぬ人が私に博物館への道を尋ねたので

PART ③　英文を読む前に, 初めて習う文法を含んだ文を確認しましょう! → p.62 ③・⑥

ポイント　テッセイの成功の要因の１つは何か。

① Hearing the reputation / of the Tessei, / many visitors come / from abroad /
評判を聞いて　　　　/　テッセイの　/ たくさんの訪問者が来る/　外国から　/

to observe / their performance. // ② They consider the possibility / of introducing
観察するために/ 彼らの仕事ぶりを　//　　彼らは可能性を考慮に入れる　/　同じシステムを

the same system / into their own countries. // ③ However, / they often find it
導入することの　　/　　彼ら自身の国々へ　　//　　しかしながら/ 彼らはしばしば難しい

difficult / to do so. // ④ What are the factors / behind the Tessei's success / in
とわかる / そうすることは// 　要因は何か　　/　テッセイの成功の背景にある　/

Japan? //
日本の　//

⑤ One of the factors may be related / to the rather unique cleaning culture / in
要因の１つは関連しているかもしれない /　　　かなり独特な清掃文化に　　/

Japan. // ⑥ Many Japanese people think it only natural / that they keep the places /
日本の　//　　多くの日本人がごく当然のことだと考える　/　彼らが場所を保つことを　/

around them / clean. // ⑦ They believe / such a habit of cleaning / is a virtue. //
彼らの周りの　/ きれいに//　彼らは思う　/　そのような清掃の習慣は　/　美徳であると //

⑧ For example, / people clean the public roads / in front of their houses. //
　たとえば　　/　多くの人が公道を掃除する　/　彼らの家の前の　　//

⑨ After concerts or soccer games, / they are also likely / to take their garbage back
コンサートやサッカーの試合のあと / 彼らはまたしそうである / 彼らのごみを家に持ち帰ることを

home / with them. // ⑩ At school, / students clean the classrooms / and toilets /
home / 彼らとともに //　学校では　/　生徒たちは教室をきれいにする　/ そしてトイレを/

by themselves. //
自分たちで　//

⑪ Such cleaning customs / are rarely seen / in other countries. // ⑫ In the
　このような清掃の習慣は　/ めったに見られない /　ほかの国々では　//　ブログでは

blogs / of foreign visitors to Japan, / you often see comments / such as / "What a
/　日本への外国人訪問者の　/　よくコメントが見られる / というような / 「日本は

clean country Japan is! // ⑬ Everywhere / in the cities and towns / is clean." //
なんてきれいな国なんだろう //　あらゆる場所が /　都市や町の　/ きれいである」//

⑭ In the trains / as well, / Japanese passengers tend / to keep the areas / around
　電車の中　/　もまた　/　日本の乗客は傾向がある　/　区域を保つ　/　彼らの

their seats / clean. // ⑮ It is likely / that this Japanese culture / of cleaning / helps
座席の周りの / きれいに//　可能性がある　/　この日本の文化が　/　清掃の / テッセイが

the Tessei do their job quickly. //
彼らの仕事を迅速に行うことを助ける //

✔ **構成＆内容チェック**　本文を読んで，（　）に合う日本語を書きなさい。

①～③ テッセイの仕事ぶりを見た外国の人たちの感想について述べている。
　多くの外国人がテッセイの仕事ぶりを(1.　　　　　　)するために来日するが，彼らは自国にテッセイと同じシステムを導入するのは難しいとわかる。

④ 問題提起　テッセイの成功の背景にある要因は何かと問いかけている。

⑤～⑦ 要因の1つについて説明している。
　日本の独特な清掃文化に関連しているかもしれない。日本人は身の周りをきれいに保つ習慣を持っていて，その習慣を(2.　　　　　　)と考えている。

　例を挙げて説明している。
　　⑧～⑩ 日本の清掃文化を表す例を挙げている。
　　家の前の(3.　　　　　　)を掃除したり，ごみを持ち帰ったり，学校の教室やトイレを自分たちで掃除したりする。

⑪～⑬ 外国人訪問者の反応について述べている。
　日本のような清掃の習慣は海外ではめったに見られないので，外国人の(4.　　　　　　)では，都市や町のきれいさについてのコメントが見られる。

⑭・⑮ このパートの結論を述べている。
　日本の清掃文化がテッセイが迅速に仕事をするのを助けている可能性がある。

🔊 **教科書Qのヒント**

Q5 What do visitors from abroad find about the Tessei's performance?
（外国からの訪問者はテッセイの仕事ぶりについて何がわかりますか。）　→本文②・③

Q6 What may be one factor behind the Tessei's success in Japan?
（日本でのテッセイの成功の背景にある1つの要因は何だと思われますか。）　→本文⑤

🔑 **読解のカギ**

① Hearing the reputation of the Tessei, many visitors come from abroad
　　　　現在分詞で始まる分詞構文　　　　　　　S　　　　　V

(to observe their performance).
　不定詞

➡ Hearing から Tessei までは現在分詞で始まる分詞構文。「～して，」という，主節と連続した動作や出来事を表し，Many visitors hear the reputation of the Tessei, and they come from ... と書きかえることができる。
➡ to observe は「～するために」と〈目的〉を表す副詞的用法の不定詞。

✔ **構成＆内容チェック** の解答　1. 観察　2. 美徳　3. 公道　4. ブログ

③ However, they often <u>find it</u> difficult <u>to do so.</u>
　　　　　　　　　　　形式目的語　　　真の目的語

→ 〈find + O(= it) + C(= difficult) 〉の第5文型の文。「OがCだとわかる」という意味を表す。この文ではitを形式的に目的語の位置に置き，真の目的語である不定詞句を後ろにまわしている。　　　　　　　　　　文法詳細 p. 69

→ do so は introduce the same system into their own countries の代わりをしている。

⑥ Many Japanese people <u>think</u> it <u>only natural</u> [<u>that they keep the places</u>
　　　　　　　　　　　　　　　形式目的語　　　真の目的語

around them clean].

→ 〈think + O(= it) + C(= natural) 〉の第5文型の文。「OをCだと思う」という意味を表す。itを形式的に目的語の位置に置き，真の目的語であるthat節を後ろにまわしている。　　　　　　　　　　文法詳細 p. 69

→ that 以下は〈keep + O(= the places around them) + C(= clean)〉の第5文型の文。「OをCの状態に保つ」という意味を表す。

🎵 Q1. 並べかえなさい。

私は，明日までに私たちがこの計画をやり遂げるのは不可能だと思う。
I (it / we / that / think / will / impossible / complete) this plan by tomorrow.
I _____ this plan by tomorrow.

⑩ ... students clean the classrooms and toilets by themselves.

→ by oneself で「自力で，自分自身で」という意味。oneself には主語に対応する再帰代名詞を用いる。

⑪ Such cleaning customs are rarely seen in other countries.

→ rarely は「めったに~ない」という意味を表す準否定語の副詞。

⑭ In the trains <u>as well</u>, Japanese passengers <u>tend to keep</u> the areas around
　　　　　　　= , too　　　　　　　　　　　tend + to +動詞の原形

their seats clean.

→ as well は「~もまた，その上」という意味を表す。..., too と似た意味である。

→ tend to do は「~する傾向がある，~しがちである」という意味を表す。

→ tend to 以下は〈keep + O(= the areas around their seats) + C(= clean)〉の形の文。

⑮ <u>It is likely</u> [<u>that this Japanese culture of cleaning helps the Tessei do ...</u>].
形式主語　　　　　　　　真の主語　　　　　　　help + O + (to) do

→ It is likely that ~は It が形式主語で，that 節が真の主語になる形式主語構文。

→ この文は be likely to do を使って，This Japanese culture of cleaning is likely to help the Tessei do ... と書きかえることができる。

→ 〈help + O + (to) do〉の形で「Oが~するのを手伝う」という意味を表す。

PART ④

ポイント　テッセイのもう１つの成功の要因は何か。

① Another factor / in the Tessei's success / lies in the staff's pride / in their
もう１つの要因は / 　テッセイの成功の　 / 　スタッフの誇りにある　 / 　彼らの

career. // ② At first, / Tessei members saw their cleaning / simply as a job. //
職業に対する // 　最初は　 / テッセイのメンバーは自分たちの清掃をみなした / 　単に仕事だと　 //

③ However, / believing / that it can offer passengers a more comfortable trip, /
　しかしながら / 信じているので　 / 　それは乗客にもっと快適な旅を提供することができると 　 /

they now do their work / with a sense / of pride / and responsibility. // ④ This
彼らは今彼らの仕事をする　 / 気持ちを持って / 誇りの / 　と責任　 // 　この

new attitude has changed the way / they see their work / and has improved / their
新しい心構えは方法を変えた　 / 彼らが自分たちの仕事を見る / 　そして向上させた / 彼らの

performance. //
仕事ぶりを　 //

⑤ They understand / they are working / for passengers. // ⑥ They want
　彼らは理解している　 / 　彼らは働いているということを / 乗客のために // 彼らは乗客に望む

passengers / to feel more comfortable / and to enjoy riding / on the trains. //
　 / より快適だと感じることを / そして乗ることを楽しむことを / 　列車で　 //

⑦ Their passion brings new ideas / one after another. // ⑧ For example, / some
彼らの情熱が新しいアイディアをもたらす / 　次々に　 // 　たとえば　 /

parts / of their performance / such as standing in line / and bowing deeply / were
いくつかの部分は / 彼らの仕事ぶりの / 一列に並んで立つことのような / そして深くおじぎをすること /

their own ideas. // ⑨ Another example is the baby care room / at Tokyo
彼ら自身のアイディアであった // 　もう１つの例はベビー休憩室である 　 /

Station. // ⑩ It was the idea / of Tessei members / to set one up there, / because
東京駅の // 　アイディアだった / テッセイのメンバーの / そこにそれを作ることは /

they often saw mothers having difficulty / finding a place / to nurse their
彼らはしばしば母親たちが苦労しているのを見たから　 / 　場所を見つけることに / 　子どもたちを

children. //
世話するための //

⑪ The staff's pride / in their work / as well as Japanese culture / helps
スタッフの誇りは / 自分の仕事に対する / 　日本の文化だけでなく 　 /

produce / the Tessei's miraculous performance. // ⑫ When you start working / in
生み出すのを助けている / テッセイの奇跡的な仕事ぶりを // 　あなたが働き始めるとき 　 /

the future, / what kind of miracles / will you perform? //
将来 / 　どんな種類の奇跡を / あなたは起こしますか //

✔ **構成&内容チェック** 本文を読んで，（　）に合う日本語を書きなさい。

① テッセイの成功のもう１つの要因について述べている。

　仕事に対するスタッフの(1.　　　　　　)がもう１つの要因である。
↓
②～④ スタッフの仕事に対する(1)について説明している。

　清掃は単なる仕事ではなく，乗客にもっと快適な旅を提供できるのだという(1)と
　(2.　　　　　　)を持った心構えが仕事への見方を変え，仕事ぶりを向上させた。
↓
⑤～⑦ スタッフの乗客に対する思いを説明している。

　乗客により快適に楽しんでもらえるよう，次々と(3.　　　　　　)を出した。

　　　例を挙げて説明している。
　　⑧～⑩ スタッフの情熱がもたらした(3)の具体例を挙げている。
　　　一列に並んで深くおじぎをする。東京駅に(4.　　　　　　)を設置する。

⑪・⑫ 本レッスンのまとめ。

　日本の清掃文化とスタッフの仕事に対する(1)がテッセイの奇跡の仕事ぶりを生み出した。

❶ 教科書Qのヒント

Q7 What is another factor in the Tessei's success?
（テッセイの成功のもう１つの要因は何ですか。）　→本文①

Q8 What brings new ideas one after another?
（何が次々に新しいアイディアをもたらしていますか。）　→本文⑦

🔑 読解のカギ

③ ... believing **that it can offer passengers a more comfortable trip**, they ....
　➡ believing から trip までは現在分詞で始まる分詞構文。ここでは「～なので」と〈理由〉
　を表し，As[Because / Since] they believe that it can offer ... と書きかえることが
　できる。
　➡ it は，前文②の their cleaning を指す。
　🎵 Q1. 並べかえなさい。
　彼は病気で寝ていたので，その旅行には参加できなかった。
　(in / he / not / bed / sick / being / join / could / ,) the trip.
　_____ the trip.

④ **This new attitude** <u>has changed</u> <u>the way</u> [they see their work] (and)
　　　　　　　　　　　　　　V₁　　　　　O₁

<u>has improved</u> <u>their performance</u>.
　　V₂　　　　　　O₂
　➡ and は has changed ... work と has improved their performance をつないでいる。V₁，
　V₂ ともに動詞は〈完了・結果〉を表す〈have[has]＋過去分詞〉の形の現在完了形である。

✔ **構成&内容チェック** の解答　1. 誇り　　2. 責任　　3. アイディア　　4. ベビー休憩室

➡ 〈the way＋S＋V〉で「SがVする方法[やり方]」という意味を表す。

⑥ **They** <u>want passengers to feel</u> **more comfortable** (and) **to enjoy riding ....**
　　　　　want ＋人＋ to ＋動詞の原形　　　　　　　　　　　　to ＋動詞の原形

➡ 〈want＋人＋to *do*〉で「(人)に～してほしい」という意味を表す。

➡ and は to feel more comfortable と to enjoy riding をつないでいる。

⑧ **For example, <u>some parts of their performance</u> (such as standing in line**
　　　　　　　　　　　　　　　　S　　　　　↑_____　　　　　　　動名詞句₁

and bowing deeply) <u>were</u> their own ideas.
　　動名詞句₂　　　　　V

➡ such as は「～のような」と〈例示〉を表し，この文では such as 以下の standing ... と bowing ... の2つの動名詞句が some parts of their performance の具体例である。

➡ この文の主語は some parts of ... bowing deeply で，述語動詞は were。

⑩ <u>**It**</u> **was the idea of Tessei members** <u>to set one up there</u>**, [because they often**
　形式主語　　　　　　　　　　　　　　　　　真の主語

saw mothers having difficulty finding a place (to nurse their children)].
知覚動詞＋O＋C(現在分詞)　　　　　　　　↑_____ 形容詞的用法の不定詞

➡ It ～ to ... の形式主語構文である。真の主語は不定詞句 to set one up there。

➡ 〈理由〉を表す because 節の中は〈知覚動詞 see＋O＋現在分詞〉の形で，「O が～している のを見る」という意味を表している。

➡ have difficulty (in) *do*ing で「～するのに苦労する」という意味を表す。

🖊 Q2. 並べかえなさい。
　私はネコが塀の上で眠っているのを見た。
　(a cat / the wall / sleeping / I / on / saw).
　_____.

⑪ **<u>The staff's pride in their work as well as Japanese culture</u> <u>helps</u>**
　　　　　　　　　　　　　　　　S　　　　　　　　　　　　　　　　　V

<u>produce</u> the Tessei's miraculous performance.
help ＋(to) *do*

➡ The staff's pride から culture までが文の主語。述語動詞は helps。

➡ *A* as well as *B* は「B だけでなく A も」という意味を表す。*A* に意味上の重点が置か れるので，動詞の形は *A* と一致する。*A* ＝ pride なので helps と s がついている。

➡ help (to) *do* で「～するのを手伝う[助ける]」という意味を表す。

🖊 Q3. ____ を埋めなさい。
　庭に行って洗車を手伝いなさい。
　Go and _____ _____ the car in the garden.

🎵 読解のカギ Q の解答　**Q1.** Being sick in bed, he could not join
　　　　　　　　　Q2. I saw a cat sleeping on the wall(.)　　**Q3.** help wash

😊 Comprehension ❶ヒント

Fill in the blanks to complete the information about the Tessei.

（下線部に適切な語を入れて，テッセイについての情報を完成させなさい。）

1　テッセイの清掃の主な仕事の1つはごみをどうすることか。
　　（教 p.43, ℓℓ.1~2)

2　テッセイの清掃の主な仕事の1つはテーブルをどうすることか。
　　（教 p.43, ℓ.4)

3　テッセイの清掃の主な仕事の1つは窓の何を開けることか。
　　（教 p.43, ℓ.6)

4　テッセイの清掃の主な仕事の1つは床をどうすることか。
　　（教 p.43, ℓ.7)

5　テッセイの仕事ぶりの特徴の1つは何か。
　　（教 p.45, ℓℓ.1~3)

6　テッセイは新幹線の清掃を何分で行うか。
　　（教 p.42, ℓℓ.9~11)

7, 8　テッセイの仕事は，日本の新幹線のどのようなことに貢献しているか。
　　（教 p.45, ℓℓ.3~8)

9　テッセイの仕事ぶりのもう1つの特徴は何か。
　　（教 p.45, ℓℓ.9~10)

10　テッセイの仕事ぶりは何と呼ばれているか。
　　（教 p.45, ℓℓ.12~13)

11　テッセイの成功の背景には，日本独特のどんな文化があるか。
　　（教 p.46, ℓℓ.7~8)

12, 13　日本の何の文化が，テッセイがどのように仕事をするのを手助けするか。
　　（教 p.47, ℓℓ.6~8)

14　テッセイの成功のもう1つの要因とはスタッフの何か。
　　（教 p.48, ℓℓ.1~2)

15　テッセイのスタッフは，自分たちの清掃という仕事が乗客に対して何を提供するものだと信じているか。
　　（教 p.48, ℓℓ.3~6)

16, 17　テッセイのスタッフは，何を持って仕事を行っているか。
　　（教 p.48, ℓℓ.3~6)

ⓘ More Information ①ヒント

Questions

1. 📖 p.54 の記事について，驚いたことを挙げる。

➡ 質問文の What surprised you ～?「～何があなたを驚かせましたか」に合わせ，It surprised me that ～.「～ということが私を驚かせました」の形で書くとよい。

➡ 記事のタイトルに Technology for creating ... a Shinkansen「新幹線…を作り出す技術」とあり，その下の本文に，金属板を加工する工程では，複雑な曲面を薄いプレートから作り出すためにハンドハンマーを使うことが書かれている。したがって，驚いたこととして，たとえば，新幹線の部品の中には人の手によって作られているものもあるということを挙げてもよい。

➡ part(s)「部品」，〈be 動詞＋made[processed]〉「作られる[加工される]」，by human hands「人の手によって」，〈with＋道具〉「～を使って」などの語句を使ってもよい。

2. 📖 p.54 の記事について，もっと知りたいことを挙げる。

➡ 📖 p.55 の Example のように，〈How many＋名詞の複数形＋are there ～?〉「…はいくつあるか」という表現を使って書いてもよいし，そのほか，How many times ～?「何回～」や How long does it take to *do* ～?「～するのにどれくらいの時間がかかるか」などの表現を使って書いてもよい。また，間接疑問を使って，I want to know more about how many metal forming craftsmen there are in Japan. などと書いてもよい。

Development

・日本の先進的な技術や製品のほかの例について調べる。

➡ 📖 p.55 の表中の質問に対する答えとしてあなたの例を書く。

・Technology/product

➡ 日本の先進的な技術や製品を挙げる。

➡ self-driving car「自動運転車」や AI robot「AI ロボット」などでもよいし，高校生にとってもっと身近な smartphone「スマートフォン」や Japanese toilets「日本のトイレ」などでもよい。

・Characteristics

➡ その技術や製品の特性を書く。

➡ It や They を主語にして，It[They] (can) ～. と書くとよい。

➡ automatically「自動的に」，like a human「人間のように」，functions such as ～「～のような機能」などの表現を使ってもよい。

・Reasons why they are popular/advanced

➡ その技術や製品が人気または先進的であることの理由を書く。

➡ 次のような表現を使ってもよい。〈It helps[They help]＋人＋*do* ～.〉「それ(ら)は(人)が～するのに役立つ」，We can *do* ～ with it[them]. / We can *do* ～ by using it[them].「私たちはそれ(ら)を使って～することができる」，〈It is[They are] so＋形容詞＋that ....〉「それ(ら)はとても～なので…だ」，It makes[They make] us[our lives] ～.「それ(ら)は私たち(の生活)を～にしてくれる」

📖 Grammar

G-6 強調のための倒置

▶倒置とは

・英語の語順は普通〈主語＋(助)動詞〉だが, 主語と(助)動詞の順序が逆になることがある。これを倒置という。

否定語句を使った倒置

I little dreamed that I would see you here.
　　　否定語を文頭に
Little did I dream that I would see you here.
　　　〈主語＋動詞〉の部分を疑問文の語順に

(ここであなたに会うなんて夢にも思わなかった。)

➡ a を伴わないで few, little を用いる場合,「ほとんど〜ない」という否定的な表現となる。これらの否定語を文頭に置き, 否定の意味を強調することがある。その場合, 後ろは**疑問文と同じ語順**になる。

He did not say a word.
　　　否定語句を文頭に
Not a word did he say.
　　　〈主語＋動詞〉の部分を疑問文の語順に

(彼は一言も言わなかった。)

➡ 目的語が no, not, few, little などの否定語を伴う場合, 倒置するときは否定語と目的語を合わせた否定語句を文頭に置く。後ろは疑問文と同じ語順になる。

+α

We have never experienced such wonderful service.
　　　否定を表す副詞を文頭に
Never have we experienced such wonderful service.
　　　〈主語＋助動詞〉の部分を疑問文の語順に

(私たちはこんなにすばらしいサービスを一度も経験したことがない。)

➡ never「一度も〜ない」, rarely「めったに〜ない」のような否定を表す副詞を文頭に置き, 否定の意味を強調することがある。この場合も, 後ろは疑問文と同じ語順になる。

only を使った倒置

We can go back home only on this last train.
　　　　　　　only を伴う副詞句を文頭に
Only on this last train can we go back home.
　　　　　　〈主語＋助動詞〉の部分を疑問文の語順に

(この最終電車でのみ, 私たちは家に帰ることができる。)

➡ この only は「ただ〜だけ」という意味を表す副詞。only のほかにも well や much などを文頭に置く場合も, 後ろは疑問文と同じ語順になる。

G-7 G-8 形式目的語の it ①②

・〈S＋V＋O＋C〉の第5文型の文で，**不定詞句**や **that 節**が**目的語**になる場合，長い目的
語によって文全体の構造がわかりにくくなることを避けるために，**形式的に目的語の位
置に it を置き**，**真の目的語**である不定詞句や that 節を**後ろにまわす**ことがある。

第5文型で目的語が不定詞句の文〈SV ＋ it ＋ C ＋ to 不定詞〉

　　　　　┌── O の位置に形式目的語
I found it easy to book a hotel online. (it = to book a hotel online)
S　V　O　C　　　　真の目的語

（私はオンラインでホテルを予約することが簡単だとわかった。）

➡ 〈S＋find＋O＋C〉の文。O の位置に形式的に it を置き，真の目的語である不定詞句
　を文末に置いている。「S は O が C だとわかる」という意味を表す。

＋α

形式目的語の it を用いた慣用表現①

　　　　　┌── 形式目的語
She makes it a rule to keep her room clean.
　　　　　　　　　　真の目的語

（彼女は自分の部屋をきれいにしておくことにしている。）

➡ make it a rule to *do* は形式目的語の it を用いた慣用表現で，真の目的語は不定詞句。
　「～することにしている」という意味を表す。

第5文型で目的語が that 節の文〈SV ＋ it ＋ C ＋節〉

　　　　　　┌── O の位置に形式目的語
I think it possible that we will win the game. (it = that we will win the game)
S　V　O　C　　　　　　真の目的語

（私たちがその試合に勝つことは可能だと思う。）

➡ 〈S＋think＋O＋C〉の文。O の位置に形式的に it を置き，真の目的語である that 節
　を文末に置いている。「S は O が C だと思う」という意味を表す。

＋α

形式目的語の it を用いた慣用表現②

　　　　　┌── 形式目的語
We take it for granted that Shinkansen trains arrive on time.
　　　　　　　　　　　真の目的語

（私たちは新幹線が時間どおりに着くのを当然だと考えている。）

➡ take it for granted that ～は形式目的語の it を用いた慣用表現で，真の目的語は
　that 節。「～だということを当然[当たり前]だと考える[思う]」という意味を表す。

📝 定期テスト予想問題　　解答 ➡ p.72

1 日本語に合うように，＿＿に適切な語を入れなさい。
(1) 最初は，私はあまりに恥ずかしくてだれにも話しかけられなかった。
＿＿＿＿＿＿＿ ＿＿＿＿＿＿＿, I felt too shy to talk to anyone.
(2) 彼らは成功しそうだ。
They are ＿＿＿＿＿＿ ＿＿＿＿＿＿ succeed.
(3) 彼の能力の秘訣は，情熱にある。
The secrets of his ability ＿＿＿＿＿＿ ＿＿＿＿＿＿ his passion.
(4) 私はたくさんの犬が次々に出てくるのを見た。
I saw many dogs coming out ＿＿＿＿＿＿ ＿＿＿＿＿＿ another.

2 日本語に合うように，（ ）内の語句を並べかえなさい。
(1) 私たちは彼がそのけがから回復したことは驚くべきことだと思っている。
(think / he / that / it / from / we / surprising / recovered) the injury.
＿＿＿＿＿＿＿＿＿＿＿＿＿＿ the injury.
(2) 私はこんなにもよい彼の評判をめったに聞いたことがない。
Rarely (reputation / have / heard / nice / a / I / such) of him.
Rarely ＿＿＿＿＿＿＿＿＿＿＿ of him.
(3) 彼女は，自分で料理することはつまらないと考えている。
She (by / it / to / thinks / herself / cook / boring).
She ＿＿＿＿＿＿＿＿＿＿＿.
(4) 私たちは学生が時間を守ることは当然だと思う。
We take (it / is / granted / for / the student / punctual / that).
We take ＿＿＿＿＿＿＿＿＿＿＿.

3 次の英文を下線部の語句を強調する文に書きかえなさい。
(1) You will <u>never</u> have difficulty finding the answer.
→ ＿＿＿＿＿＿＿＿＿＿＿ finding the answer.
(2) He had <u>little energy</u> for completing his work.
→ ＿＿＿＿＿＿＿＿＿＿ for completing his work.

4 次の英語を日本語にしなさい。
(1) She makes it a rule to take a walk before breakfast.
（　　　　　　　　　　　　　　　　　　　　）
(2) Only one hour do my parents let me watch TV.
（　　　　　　　　　　　　　　　　　　　　）

5 次の英文を読んで，あとの問いに答えなさい。

"①Never (I / an / performance / seen / such / have / amazing)!" Everyone who sees the groups' performance speaks highly of it. Who are these people? They are known as the Tessei, the cleaning staff of Shinkansen trains at Tokyo Station. They clean about 20 trains a day in a team of 22. ②Their speedy and skillful work catches the eye of foreigners as well as Japanese. A world-famous television channel called their performance "Tokyo's seven-minute miracle."

(1) 下線部①が「私はこれほど驚くべき仕事ぶりを一度も見たことがない」という意味になるように，（　）内の語を並べかえなさい。
Never ＿＿＿＿＿＿＿＿＿＿＿＿＿＿＿＿＿＿＿＿＿＿＿＿!

(2) 下線部②の英語を日本語にしなさい。
（　　　　　　　　　　　　　　　　　　　）

(3) 次の質問に英語で答えなさい。
What do the staff called the Tessei do at Tokyo Station?
＿＿＿＿＿＿＿＿＿＿＿＿＿＿＿＿＿＿＿＿＿＿＿＿

6 次の英文を読んで，あとの問いに答えなさい。

①(hear) the reputation of the Tessei, many visitors come from abroad to observe their performance. They consider the possibility of introducing the same system into their own countries. However, they often find it difficult to ②do so. ③What are the factors behind the Tessei's success in Japan?
One of the factors may be related to the rather unique cleaning culture in Japan. ④Many Japanese people (it / they / that / think / the places / keep / natural / only) around them clean. They believe such a habit of cleaning is a virtue.

(1) 下線部①が「テッセイの評判を聞いて」という意味になるように，（　）内の語を適切な形に書きかえなさい。　＿＿＿＿＿＿

(2) 下線部②の do so の表す内容を，具体的に日本語で説明しなさい。
（　　　　　　　　　　　　　　　　　　　）

(3) 下線部③の問いに対する答えとして，本文中で述べられているものを7語で抜き出しなさい。
＿＿＿＿＿＿＿＿＿＿＿＿＿＿＿＿＿＿＿＿＿＿＿＿

(4) 下線部④が「多くの日本人は自分たちの周りの場所をきれいに保つことはごく当然のことだと思っている」という意味になるように，（　）内の語句を並べかえなさい。
Many Japanese people ＿＿＿＿＿＿＿＿＿＿＿＿＿＿＿＿
＿＿＿＿＿＿＿＿＿＿＿＿＿＿＿ around them clean.

📝 定期テスト予想問題　解答　　pp.70~71

1　(1) At first　　(2) likely to　　(3) lie in　　(4) one after

2　(1) We think it surprising that he recovered from
　(2) have I heard such a nice reputation
　(3) thinks it boring to cook by herself
　(4) it for granted that the student is punctual

3　(1) Never will you have difficulty　　(2) Little energy did he have

4　(1) 彼女は朝食前に散歩をすることにしている。
　(2) たった 1 時間だけ両親は私にテレビを見させてくれる。

5　(1) have I seen such an amazing performance
　(2) 彼らの迅速で熟練した仕事は日本人(の目)だけでなく外国人の目もくぎづけにする。
　(3) 例 They clean Shinkansen trains.

6　(1) Hearing　　(2) テッセイと同じシステムを自国に導入すること。
　(3) the rather unique cleaning culture in Japan
　(4) think it only natural that they keep the places

💡 解説

1　(2) 「～しそうだ」は be likely to *do*。　(3) 「A にある」は lie in A。

2　(1) 形式目的語の it と真の目的語の that 節を使った文にする。　(2) 「めったに～ない」は rarely で表す。rarely が強調のために文頭に出ると，そのあとは倒置が起きて疑問文と同じ語順になる。　(3) 形式目的語の it と真の目的語の不定詞句を使った文にする。　(4) 「～だということを当然だと思う」は take it for granted that ～で表す。形式目的語の it を使った慣用表現の文。

3　(1) 否定を表す副詞 never を文頭に出し，そのあとを疑問文の語順にする。
　(2) little energy は否定の意味を表し，動詞 had の目的語になっている。

4　(1) make it a rule to *do* は「～することにしている」という意味の慣用表現。
　(2) only one hour という副詞句が強調された文。文の主語は my parents。

5　(1) 否定を表す副詞 never が強調されて文頭に出た文。その後ろの語順は疑問文と同じ。　(2) catch the eye of A[A's eye]で「A の目をくぎづけにする」。A as well as B は「B だけでなく A も」。　(3) 質問は「テッセイと呼ばれるスタッフは東京駅で何をしますか」。

6　(1) 現在分詞で始まる分詞構文にする。　(2) do so は直前の文から introduce the same system into their own countries の代わりをしていると考える。
　(3) 下線部③は日本でのテッセイの成功の背景にある要因は何かと尋ねている。直後の文で，the rather unique cleaning culture in Japan が要因の 1 つかもしれないと述べている。　(4) 形式目的語の it と真の目的語の that 節を使った文にする。「～を…に保つ」は〈keep＋O＋C〉で表す。

Reading 1 The Selfish Giant

Oscar Wilde, "The Selfish Giant" in *The Happy Prince & Other Stories*, Macmillan, 2017

単語・熟語チェック

lovely	形 すてきな，かわいらしい	I have never seen such a **lovely** dog! 私はこんなにかわいらしい犬を見たことがない！
blossom	名 花	I took pictures of cherry **blossoms**. 私は桜の花の写真を撮った。
pearl	名 真珠(色)	These buttons are made of **pearl**. これらのボタンは真珠でできている。
sweetly	副 愛らしく	The girl smiled at her little brother **sweetly**. その女の子は弟に愛らしくほほえんだ。
arrive	動 到着する	She **arrived** at school on time. 彼女は時間どおりに学校に到着した。
put up A[A up]	熟 Aを立てる[建てる，掲げる]	They **put up** a tent by the river. 彼らは川のそばにテントを建てた。
notice board	名 立て札，掲示板	Look at the **notice board**. その立て札を見なさい。
feel sorry for A	熟 Aを気の毒に思う	She **felt sorry for** the poor people. 彼女は貧しい人々を気の毒に思った。
awake	形 目が覚めて	Were you **awake** all night? あなたは一晩中目が覚めていたの？
linnet	名 ムネアカヒワ	The bird you saw was a **linnet**. あなたが見た鳥はムネアカヒワだった。
jump out of A	熟 Aから飛び出す	My dog **jumped out of** the doghouse. 私の犬が犬小屋から飛び出した。
gently	副 優しく，穏やかに	She **gently** held my hand. 彼女は優しく私の手をつかんだ。
twitter	動 さえずる	Every morning, I hear some birds **twitter**. 毎朝，鳥がさえずるのが聞こえる。
delight	名 大喜び	To his **delight**, he won the city tennis tournament. 大喜びしたことに，彼は市のテニス大会で優勝した。
wander	動 歩き回る	Stop **wandering** around and sit on the chair. 歩き回るのをやめて，いすに座りなさい。
bitterly	副 激しく	He was **bitterly** disappointed after he lost the game. 彼は試合に負けたあと激しく失望していた。
creep	動 そっと動く，忍び足で歩く	He didn't notice me **creep** up behind him. 彼は私が後ろにそっと動いて近づくのに気づかなかった。
crept	動 creepの過去形・過去分詞形	This thief **crept** into the castle through a window. この泥棒は窓を通ってその城にそっと動いて入った。
kiss A	動 Aにキスをする	My baby was so cute that I **kissed** him. 赤ちゃんはとてもかわいくて，私は彼にキスをした。
wicked	形 意地悪な	The young woman looked **wicked**. その若い女性は意地悪そうだった。

axe	名 斧	We need an **axe** to cut down the tree. 私たちはその木を切り倒すために斧が必要だ。
knock *A*	動 A をたたく	He got irritated and **knocked** the trash can down. 彼はいらいらしてそのゴミ箱をたたいて倒してしまった。
armchair	名 肘掛け椅子	My father was sleeping in the **armchair**. 父は肘掛け椅子で眠っていた。
rub *A*	動 A をこする ［さする］	I took a rest and **rubbed** my tired legs. 私は休憩をとって，疲れた脚をさすった。
marvelous	形 すばらしい	How **marvelous** his design is! 彼のデザインはなんてすばらしいのだろう！
golden	形 金色の	Have you ever seen a **golden** flower? 金色の花を今までに見たことがありますか。
underneath	前 ～の真下に	I was waiting for you **underneath** the tree. 私はその木の真下であなたを待っていた。
wound (*A*)	動 A を傷つける 名 傷	A gunman **wounded** people. 銃を持った犯人が人々を負傷させた。
awe	名 畏怖の念	We looked at the brave hero in **awe**. 私たちは畏怖の念でその勇敢なヒーローを見た。
kneel	動 ひざまずく	We always **kneel** before the king. 私たちはいつも王の前にひざまずく。
knelt	動 kneel の過去 形・過去分詞形	They **knelt** to pray to God. 彼らは神に祈りをささげるためにひざまずいた。
paradise	名 天国，楽園	This beach is just like a **paradise**! このビーチはまさに天国のようだ！

〈**1**〉-1

ポイント　「大男の庭」とは子どもたちにとってどのような場所なのか。

① Every afternoon, / as they were coming from school, / the children used to /
　　　　毎日午後　　　/　　子どもたちは学校帰りに　　/　　よく〜したものだった　/

go and play in the Giant's garden. //
　大男の庭に遊びに行った　　　//

② It was a lovely, / large garden, / with soft green grass. // ③ Here and there
　そこはすてきで　/　広い庭だった　/　柔らかい緑の草のある　//　　草むらじゅうの

over the grass / stood / beautiful flowers like stars, / and there were twelve peach
あちこちに　/ 立っていた /　星のような美しい花が　/　　そして 12 本の桃の木があった

trees / that in the springtime / bloomed / into delicate blossoms of pink and pearl, /
　/　　春には　　/　咲いた /　　桃色と真珠色の繊細な花になって　　/

and in the autumn / bore rich fruit. // ④ The birds sat on the trees / and sang so
　秋には　　/　豊かな実がなった //　　鳥たちは木々に止まり　/　あまりにも愛らしく

sweetly / that the children used to / stop their games / in order to listen to them. //
さえずるので / 子どもたちは〜したものだった / 遊びをやめる /　それら(のさえずり)を聞くために //

✔ **構成＆内容チェック**　本文を読んで，(　)に合う日本語や数字を書きなさい。

① キーとなる「大男の庭」と「子どもたち」が登場する導入。
　　子どもたちは毎日午後，(1.　　　　　　　)に，大男の庭に行ってよく遊んだものだった。

↓

②・③ 「大男の庭」の様子について説明している。
　　・柔らかい緑の草があるすてきな庭。
　　・草むらのあちこちに(2.　　　　　　)のような花があった。
　　・春には花が咲き，秋には豊かな実がなる(3.　　　　　　)本の桃の木があった。

↓

④ 「大男の庭」で過ごす子どもたちの様子を説明している。
　　子どもたちはとても美しい(4.　　　　　　)のさえずりを聞くために遊びをやめた。

🎼 **読解のカギ**

① **Every afternoon, as they were coming from school, the children used**
　　　　　　　　　　　　接続詞 as

to go and play in the Giant's garden.

➡ 接続詞 as は〈時〉，〈理由〉，〈様態〉「〜するように」，〈比例〉「〜するにつれて」などいろいろな意味を持つ。ここでは，「学校から帰宅しているときに」と〈時〉を表している。

➡ they は主節の the children を指す。

➡ used to *do* は〈過去の習慣〉を表し，現在と過去を対比させて「(以前は)よく〜したものだった」という意味を表す。

✔ **構成＆内容チェック** の解答　1. 学校帰り　　2. 星　　3. 12　　4. 鳥(たち)

✐ Q1. ＿＿ を埋めなさい。

私は以前はよく牛乳を飲んでいた。

I ＿＿＿＿＿＿ ＿＿＿＿＿＿ drink milk.

③ Here and there over the grass stood beautiful flowers like stars, and
　　　　　　場所を表す副詞(句)　　　　　　V　　　　　　　　　S

there were twelve peach trees [that in the springtime bloomed into
　　　　　　先行詞　　　　　　　　　　主格の関係代名詞　　　　　　V'₁

delicate blossoms of pink and pearl, (and) in the autumn bore rich fruit].
　　　　　　　　　　　　　　　　　　　　　　　　　　　　　V'₂

➡ here and there は「あちこちに」，over 〜は「〜じゅうを，〜の方々に」という意味
　を表し，here and there over 〜で「〜(じゅう)のあちこちに」という意味。

➡ この文のように，場所を表す副詞(句)が〈S＋V〉の主語の前に出ると，〈副詞(句)＋V
　＋S〉のように主語と動詞の語順が逆になる倒置が起こることがある。

➡ that は主格の関係代名詞。that 以下が先行詞の twelve peach trees を修飾している。

➡ 主格の関係代名詞 that に対する動詞は bloomed と bore の 2 つ。

➡ into 〜はここでは「〜に(変わって)」という意味。「桃の木の花が咲いた」という変
　化を表している。

➡ 4 つ目の and は in the springtime ... pearl と in the autumn ... fruit をつないでいる。

✐ Q2. 日本語にしなさい。

On a hill stood a building.

(　　　　　　　　　　　　　　　　　　　　　　　　　　　　　　)

④ The birds sat on the trees and sang so sweetly that the children used to
　　　　　　　　　　　　　　　　　　　so ＋副詞＋ that ...

stop their games in order to listen to them.

➡ 〈so ＋副詞[形容詞]＋ that ...〉は「とても〜なので…」という〈結果〉を表す。

➡ in order to *do* は「〜するために」という意味。

➡ them は The birds を指し，listen to them は「鳥たち(のさえずり)を聞く」という
　意味。

✐ Q3. 並べかえなさい。

彼はとても速く話したので，私は彼の言うことが理解できなかった。

He (that / fast / couldn't / I / understand / so / spoke / him).

He ＿＿＿＿＿＿＿＿＿＿＿＿＿＿＿＿＿＿＿＿＿＿＿＿＿＿＿＿＿＿＿＿.

〈**1**〉-2

ポイント　庭に帰ってきた大男は，子どもたちを見て何をしたか。

⑤ One day / the Giant came back. // ⑥ He had been to visit his friend, / and
　　ある日　 /　 大男が戻ってきた　 //　　　　 彼は友人を訪ねに行って　　/　 その

had stayed with him / for seven years. // ⑦ When he arrived, / he saw the
家に滞在していたのだ　/　　 7 年間　　 //　　　彼が到着すると　 /　彼には子ども

children playing / in the garden. //
たちが遊んでいるのが見えた /　 庭で　 //

⑧ "What are you doing here?" / he cried / in a very scary voice, / and the
　 「ここで何をしているんだ？」　/　彼は叫んだ /　 とても恐ろしい声で　　/　　そして

children / ran away. //
子どもたちは　/　逃げて行った //

⑨ "My own garden / is my own garden," / said the Giant. // ⑩ "I will allow
　　 「私の庭は　 /　　　 私の庭だ」　　　/　 と大男は言った　 //　　　 「私はだれにも

nobody to play / in it / but myself." // ⑪ He built a high wall / all round it / and
遊ばせない　 /　その中で /　私以外に」 //　 彼は高い壁を作った　/ その周囲すべてに /

put up / a notice board. //
そして立てた /　立て札を　 //

⑫ He was a very selfish Giant. //
　　 彼はとてもわがままな大男だった　 //

✔ **構成&内容チェック**　本文を読んで，（　）に合う日本語や数字を書きなさい。

⑤・⑥ 庭に帰ってきた大男の様子について説明している。
　大男は(1.　　　　　　　)年間友人の家に滞在したのち，庭に帰って来た。
↓

⑦・⑧ 大男と，彼に出会った子どもたちの様子を説明している。
　子どもたちが庭で遊んでいるのを見た大男が「ここで何をしているんだ？」と叫ぶと，
　子どもたちは(2.　　　　　　　)。
↓

⑨〜⑫ 子どもたちが(2)あと，大男が何をしたかが述べられている。
　わがままな大男は，「私の庭は私の庭で，私以外にだれにも遊ばせない」と言い，高
　い(3.　　　　　　　)を作り，立て札を立てた。

✔ **構成&内容チェック** の解答　1.7　　2.逃げて行った　　3.壁

🎵 **読解のカギ**

副詞的用法の不定詞（目的）

⑥ **He has been to visit his friend, and has stayed with him for seven years.**

Correction: **He had been to visit his friend, and had stayed with him for seven years.**
　　過去完了形（完了）　　　　　　　　　　　　過去完了形（継続）　　　期間

→ had been は過去完了形で，ここでは「行って（帰って）きたところだ」という〈完了・結果〉の意味で使われている。to visit は「～するために」という目的を表す副詞的用法の不定詞。had been to visit ...は「…を訪ねに行って（帰って）きたところだ」という意味を表す。

→ had stayed ... for seven years は「7年間ずっと滞在していた」という〈継続〉の意味の過去完了形。

⑦ **When he arrived, he saw the children playing in the garden.**
　　　　　　　　　　　　知覚動詞 see + O + C[現在分詞]

→ saw the children playing は「O が～しているのを見る」という意味を表す〈知覚動詞 see + O + 現在分詞〉の形で，「子どもたちが遊んでいるのを見た」という意味。the children were playing という the children ＝ playing の関係が成り立っている。

🎵 **Q1. 並べかえなさい。**

私は空から星が降っているのを見た。

(a star / down / falling / from / saw / I) the sky.

_____ the sky.

⑩ **"I will allow nobody to play in it (but myself)."**
　　　　　　allow + O + to *do*　　　　　前置詞

→ 〈allow + O + to *do*〉で「O が～するのを許す」という意味を表す。この文では O が nobody「だれ（に）も～ない」なので，「だれにも～するのを許さない[～させない]」という意味である。

→ ここでは but は前置詞で，「～以外」という意味を表す。前置詞 but の目的語「自分」が主節の主語 I と一致しているので，再帰代名詞の myself が使われている。

🎵 **Q2. 日本語にしなさい。**

He didn't allow anyone to enter his room but his wife.

(　　　　　　　　　　　　　　　　　　　　　　　　　　　　　)

⑪ **He built a high wall all round it and put up a notice board.**

→ put up *A*[*A* up]は「A を立てる[建てる，掲げる]」という意味。put は過去形，過去分詞形も put。

🎵 **Q3. ＿＿＿ を埋めなさい。**

あなたはもうその庭の周りに塀を立てましたか。

Have you _____ _____ a fence around the yard yet?

🎵 **読解のカギ** Q の解答　**Q1.** I saw a star falling down from　**Q2.** 彼は妻以外だれにも部屋に入らせなかった。　**Q3.** put up

〈2〉

ポイント　子どもたちが去った庭はどうなったか。

① The Spring came, / and all over the country / there were little blossoms /
春がやって来た　/　　　そして国中に　　/　　小さな花が咲いて　/

and little birds. // ② Only in the garden of the Selfish Giant / it was still winter. //
小鳥たちが現れた //　　　わがままな大男の庭の中だけ　/　　まだ冬だった　　//

③ The birds / did not want to sing / in it / as there were no children, / and the
鳥たちは　/　歌いたがらなかった　/その中で/ 子どもたちが一人もいなかったから / そして

trees forgot to blossom. // ④ One spring day, / a beautiful flower came out / from
木々は花を咲かせるのを忘れた　//　　　ある春の日　　/　　一輪の美しい花が出てきた　/

the grass. // ⑤ When the flower saw the notice board, / it went back / into the
草むらから　//　　　　花は立て札を見ると　　/　　戻った　/　　再び

grass again / because it felt so sorry for the children. // ⑥ The only people / who
草むらの中に　/　子どもたちをとても気の毒に思ったので　//　　唯一の人々は　/

were pleased / were the Snow and the Frost. // ⑦ "Spring has forgotten this
喜んだ　/　　　雪と霜だった　　//　　「春はこの庭のことを忘れたのだ」

garden," / they cried, / "so we will live here all the year round." //
/ と彼らは叫んだ /　　「だから一年中ここに住むぞ」　//

⑧ "I cannot understand / why the Spring is so late / in coming," / said the
「私にはわからない　/　なぜ春がこんなに遅いのか　/　来るのが」 / とわがまま

Selfish Giant, / as / he sat at the window / and looked out at his cold white garden. //
な大男は言った / 〜しながら /　窓際に座り　/　　外の寒々とした白い庭を見て　//

⑨ "I hope / there will be a change / in the weather." //
「私はいいと思う　/　変化があると　/　天気に」　//

構成＆内容チェック 本文を読んで，（　）に合う日本語を書きなさい。

① 春がやって来た国中の様子について説明している。
小さな花が咲いて，小鳥たちが現れた。

②〜⑤ ①と対比して，「わがままな大男の庭」の様子について説明している。
まだ(1.　　　　　　)のままで，子どもたちがいなかったので，小鳥は歌を歌いたがらなかったし，木々は花を咲かせるのを忘れてしまっていた。咲いた一輪の花も，立て札を見て草むらの中に戻ってしまった。

⑥・⑦ ②〜⑤の様子を見た(2.　　　　　　)と霜の様子。
庭が(1)のままで，「春はこの庭を忘れたのだ。一年中ここに住むぞ」と言って喜んだ。

↳　⑧・⑨ ②～⑤の様子を見たわがままな大男の様子。
　　庭が（ 1 ）のままで、「なぜ春が来るのがこんなに遅いのか」と不思議に思い、
　　（3.　　　　　　　　）に変化があることを望んだ。

📌 読解のカギ

① **... and all over the country there were little blossoms and little birds.**
→ little は〈little＋不可算名詞〉で「ほとんど～がない」、〈a little＋不可算名詞〉で「少量
　の～」という意味をそれぞれ表す。しかしここでは直後に可算名詞が置かれているの
　で、量を形容しているのではなく、「小さな」という意味を表す。

③ **The birds did not want to sing in it [as there were no children], and the**
　　　　　　　　　　　　　　　　　　　理由を表す接続詞 as

trees forgot to blossom.
　　forget to *do*
→ 接続詞 as は〈時〉、〈理由〉、〈様態〉「～するように」、〈比例〉「～するにつれて」な
　どいろいろな意味を持つが、ここでは〈理由〉を表している。
→ no children の no は「一つも［一人も］～ない」という意味の否定語で、there were
　no children は「子どもが一人もいなかった」という意味。
→ forget to *do* はこれからする予定だったことについて「～するのを忘れる」という意
　味を表す。forget *do*ing はすでにしたことについて、「～したことを忘れる」という
　意味になる。

⑤ **When the flower saw the notice board, it went back into the grass
again because it felt so sorry for the children.**
→ the notice board は〈 1 〉で、子どもたちが庭で遊んでいるのを見た大男がその庭は
　自分だけの庭だと主張するために立てた立て札。教 p.59 のイラスト内の立て札には
　DO NOT PLAY IN THIS GARDEN「この庭で遊ぶな」と書かれている。
→ go back into ～は「～の中に戻る」という意味。
→ feel sorry for *A* は「*A* を気の毒に思う」という意味。
🎵 Q1.　＿＿ を埋めなさい。
彼はあなたを気の毒に思うでしょう。
He will feel ＿＿＿＿＿ ＿＿＿＿＿ you.

⑥ **The only people [who were pleased] were the Snow and the Frost.**
　　先行詞 └＿＿＿┘ 関係代名詞（主格）
→ who は主格の関係代名詞で先行詞の The only people を修飾している。先行詞に
　only が含まれる場合、関係代名詞として that が好まれるが、only が含まれていても
　先行詞が人で関係代名詞が主格の場合は、who も用いられる。

⑦ **"Spring has forgotten this garden,"** they cried, **"so we will live here all**
　　　　　　　現在完了形(完了・結果)

the year round."

➡ has forgotten は〈完了・結果〉を表す現在完了形で「忘れてしまった」という意味。

➡ "Spring has forgotten this garden, so we will live here all the year round."という
　発言に they cried,「〜と彼らは叫んだ」が挿入されている。

➡ all (the) year round は「一年中」という意味を表す。

⑧ **"I cannot understand** [**why the Spring is so late in coming**]**,"** said the
　　　　　　V'　　　　　　　　O'(間接疑問)　　　　　　　　　　V　　S

Selfish Giant, [**as he sat at the window and looked out at his cold white**
　　　　　　　　　　付帯状況を表す接続詞 as

garden].

➡ why で始まる疑問詞節は understand の目的語になる間接疑問になっている。間接
　疑問は疑問詞のあとに平叙文の語順が続く。

➡ be late in coming は「来るのが遅い」という意味。in doing は「〜するときに」とい
　う意味で，be late (in) doing は「〜するのが遅い」という意味を表す。

➡ " ... ," said the Selfish Giant, ...では，引用符(" ")で囲まれた発言のあとに，主語と
　動詞が〈V＋S〉と倒置されている。発言者となる主語が人名などの名詞の場合に倒置
　されることが多い。

➡ 接続詞 as はここでは「〜しながら」という〈付帯状況〉の意味を表している。

◢ Q2. 並べかえなさい。

私はなぜ彼女が泣いているのかを知らない。

(is / don't / crying / she / I / why / know).

_____ .

⑨ **"I hope** there will be **a change in the weather."**
　　　　　　　　V　　　　　　　S

➡ I hope に続く節 there will be 〜は〈there＋be 動詞＋S〉「S がある」という構文の未
　来形。「(未来に)〜があるだろう」という意味を表す。

◢ Q3. 日本語にしなさい。

I hope there will be a chance for us to meet again.

(　　　　　　　　　　　　　　　　　　　　　　　　　　　　　　　　)

◢ 読解のカギ Q の解答　**Q1.** sorry for　　**Q2.** I don't know why she is crying(.)
　　　　　　　　　　　Q3. 私たちがまた会う機会があるといいなと思う。

〈3〉-1

ポイント　鳥のさえずりに，大男はなぜ飛び起きたのか。

① One morning / the Giant was lying awake / in bed / when he heard some
　　　ある朝　／　大男は目を覚ましたまま横になっていた／　ベッドで／　何かすてきな音楽が聞こえ

lovely music. // ② It was really / only a little linnet / singing outside his window. //
てきたとき　　//　それは実は～だった／ただの小さなムネアカヒワ／　窓の外でさえずっている　　//

③ "I believe / the Spring has come at last," / said the Giant, / and he jumped out
　「私は思う　　　春がついにやって来たのだと」　／　大男はそう言って／　　　　　ベッドから飛び

of bed / and looked out. //
出して　／　　外を見た　　//

④ What did he see? //
　彼は何を見たのだろう　//

✔ 構成&内容チェック　本文を読んで，（　）に合う日本語を書きなさい。

①・② ある朝の大男の様子を説明している。

ベッドで目を覚ましたまま横になっているとき，窓の外から，何かすてきな
(1.　　　　　　　　　)が聞こえてきた。それは小さなムネアカヒワの(2.　　　　　　　　)
だった。

↓

③ 大男はムネアカヒワの(2)を聞いて飛び起きた。

①・②で述べられた様子から，大男は(3.　　　　　　　)がついにやって来たのだと
思い，ベッドから飛び出して外を見た。

↓

④ ①～③の描写を踏まえて問いかけている。

冬だった庭に(3)が来たと思い飛び出した大男は何を見たのかと，次に続く描写に引
きつける形で問いかけている。

✔ 構成&内容チェック の解答　1. 音楽　2. さえずり　3. 春

🎵 **読解のカギ**

① **One morning the Giant was <u>lying</u> awake in bed when he heard some**

lie + C[形容詞]

lovely music.

➡ lying は lie「横たわる」の -ing 形。lie は SVC の第 2 文型をとることができ，〈lie + C[形容詞]〉で「〜した状態のままで(横たわって)いる」という意味を表す。awake は「目が覚めて」という意味の形容詞。

🎵 **Q1. 日本語にしなさい。**

She was lying asleep.

(　　　　　　　　　　　　　　　　　　　　　　　　　　　)

② **It was really only <u>a little linnet</u> <u>singing</u> outside his window.**

名詞　　　　　現在分詞＋語句(副詞句)

➡ 現在分詞 singing が outside his window という語句を伴って，名詞の a little linnet を後ろから修飾している。

🎵 **Q2. 並べかえなさい。**

そのベッドで眠っている赤ちゃんが私たちの息子です。

(the / our / baby / bed / on / is / sleeping / the) son.

_____ son.

③ **"I believe the Spring <u>has come</u> at last," <u>said</u> <u>the Giant</u>, and he jumped**

have ＋過去分詞　　　V　　S

out of bed and looked out.

➡ has come は〈完了・結果〉を表す現在完了形。「春が来て今ここにいる」という状態を表している。

➡ "...," said the Giant では引用符(" ")で囲まれた発言のあとに，主語と動詞が〈V＋S〉と倒置されている。発言者である主語が人名などの名詞の場合に倒置されることが多い。

➡ at last は「ついに，とうとう」という意味。

➡ jump out of A で「A から飛び出す」という意味を表す。

🎵 **Q3. ＿＿ を埋めなさい。**

その犬は車から飛び出した。

The dog jumped _____ _____ the car.

〈 3 〉-2

ポイント　大男は何を見て，どんなことに気づいたのか。

⑤ He saw / a most wonderful sight. // ⑥ In every tree / that he could see /
彼は見た / とてもすばらしい光景を // それぞれの木の上に / 彼が目にすることができる /

there was a little child. // ⑦ The trees were so glad / to have the children back
小さな子どもがいた // 木々はとても喜んだので / 再び子どもたちを取り戻して

again / that they had covered themselves / with blossoms / and were waving their
/ 木々は自らを覆った / 花で / そしてその腕を優しく

arms gently / above the children's heads. // ⑧ The birds were flying about / and
振っていた / 子どもたちの頭上で // 鳥たちは飛び回って / そして

twittering with delight, / and the flowers were looking up / through the green grass /
大喜びでさえずり / 花々は見上げていた / 緑の草ごしに /

and laughing. // ⑨ It was a lovely scene, / but / in one corner / it was still winter. //
そして笑っていた // それはすてきな光景だった / しかし / 一角では / まだ冬だった //

⑩ It was the farthest corner / of the garden, / and in it / was standing a little boy. //
それはいちばん遠くにある一角だった / 庭の / そしてそこに / 小さな男の子が立っていた //

⑪ He was so small / that he could not reach up / to the branches of the tree, / and
彼はとても小さかったので / 届くことができなかった / 木の枝まで / 彼は

he was wandering / all round it, / crying bitterly. //
歩き回っていた / その辺り一帯を / 激しく泣きながら //

⑫ The Giant's heart melted / as he looked out. // ⑬ "How selfish I have been!" /
大男の心は和らいだ / 外を見ているうちに // 「私はなんとわがままだったことか！」/

he said. //
と彼は言った //

✔ **構成&内容チェック**　本文を読んで，（　）に合う日本語を書きなさい。

⑤〜⑧ 大男が見たすばらしい光景が描写されている。
　木の上に小さな(1.　　　　　　)たちがいて，木々は喜び，鳥たちは飛び回って大
　喜びでさえずり，花々は笑っていた。

↓

⑨ ⑤〜⑧と対比して，まだ冬である一角の様子が説明されている。
　庭のいちばん(2.　　　　　　)にある一角は冬のままだった。

↓

⑩〜⑬ 冬である一角にいる男の子と，男の子を見た大男の様子が説明されている。
　男の子はとても小さくて(3.　　　　　　)に届かなかったので，激しく泣きながら
　その辺り一帯を歩き回っていた。大男は心が和らぎ，「私はなんと(4.　　　　　　)
　だったのか！」と言った。

✔ **構成&内容チェック** の解答　1. 子ども　2. 遠く　3. 木の枝　4. わがまま

🎵 読解のカギ

⑤ **He saw a most wonderful sight.**

　　　　　　a[an] + most +形容詞+名詞

➡〈(a[an] +)most + 形容詞 + 名詞〉で「とても〜な…」という意味を表す。

⑥ **In every tree [that he could see] there was a little child.**

　　　　先行詞 ⌐⎯⎯⎯⌐ 関係代名詞(目的格)

➡ that は目的格の関係代名詞。that he could see が every tree を修飾している。

　　　　　　　　　　　　　　不定詞(副詞的用法)
　　　　　　　　　　　　　⌐⎯⎯⌐
⑦ **The trees were so glad (to have the children back again) that they**

　　　　　　　　so 形容詞[副詞]　　　　　　　　　　　　　　　　that ...

had covered themselves with blossoms (and) were waving their arms
過去完了形(完了・結果)

gently above the children's heads.

➡〈so + 形容詞[副詞] + that ...〉は「とても〜なので…」という意味を表す。

➡ to have は感情の原因を表す副詞的用法の不定詞で, glad を修飾して「〜して喜んで」という意味を表している。

➡ had covered は〈had + 過去分詞〉の過去完了形。「(それ以前にすでに)〜してしまっていた」という〈完了・結果〉の用法で使われている。

➡ cover A with B は「A を B で覆う」という意味を表す。

➡ and は had covered ... blossoms と were waving ... heads をつないでいる。

⑩ **... and (in it) was standing a little boy.**

　　　　　　場所を表す副詞句　　　V　　　　　S

➡ 場所などを表す副詞(句)が文頭にくると,〈副詞(句)+V+S〉のように倒置が起こることがある。

⑪ **He was so small that he could not reach up to the branches of the tree,**

　　　　　　so +形容詞[副詞] + that + S + cannot[can't] ...

and he was wandering all round it, crying bitterly.

　　　　　　　　　　　　　　　　　　　　分詞構文〈付帯状況〉

➡〈so + 形容詞[副詞] + that + S + cannot[can't] ...〉は「とても〜なので, S は…できない」という意味。

➡ crying 以下は「〜しながら」という意味の〈付帯状況〉を表す分詞構文。

🎵 **Q1. 日本語にしなさい。**

My sister is so busy that she can't watch TV.

(　　　　　　　　　　　　　　　　　　　　　　　　　　)

⑬ **"How selfish I have been!" he said.**

　　How +形容詞[副詞] + S + V!

➡ How selfish I have been! は〈How + 形容詞[副詞] + S + V!〉「S はなんて〜である[〜に V する]のか！」という意味の感嘆文。

🎵 読解のカギ Q の解答　**Q1.** 姉[妹]はとても忙しいので, テレビを見られない。

〈4〉-1

ポイント　心和らいだ大男は，子どもたちとどう交流したか。

① The Giant crept downstairs, / opened the front door quite softly, / and went
　　大男はそっと階段を降り　　/　とても静かに正面のドアを開け　/　外へ出て

out / into the garden. // ② But / when the children saw him, / they all ran away, /
　/　庭に入った　//　しかし　/　子どもたちは彼を見かけると　/　みんな逃げた　/

and the garden became winter again. // ③ Only the little boy / did not run. //
そして庭はふたたび冬になった　　//　　小さな男の子だけが　/　走らなかった　//

④ The Giant crept up / behind him, / took him gently / in his hand, / and put him
大男はそっと近づいた　/　彼の後ろに　/　彼をやさしく抱えて/　手に　/　木に

up into the tree. // ⑤ The tree blossomed / at once / and the birds came / and
のせてあげた　//　　その木は花が咲いた　/　すぐに　/　そして鳥たちがやって来て　/

sang / in it. // ⑥ The little boy / stretched his two arms / round the Giant's neck /
さえずった / そこで // 小さな男の子は / 　両腕を伸ばした　/　大男の首の回りに

and kissed him. // ⑦ The other children, / when they saw / that the Giant was not
そして彼にキスをした　//　ほかの子どもたちは　/　わかると　/　大男が意地悪ではないと

wicked / any longer, / came running back, / and with them came the Spring. //
　/　もう　/　走って戻ってきて　/　一緒に春もやって来た　//

⑧ "It is your garden now, little children," / said the Giant, / and he took a great axe /
「ここはもう君たちの庭だよ，かわいい子どもたち」/ 大男は言った / そして大きな斧を手に取って/

and knocked down the wall. //
　壁をたたき壊した　//

✓ 構成&内容チェック　本文を読んで，（　）に合う日本語を書きなさい。

①〜④ 外へ出て庭に入った大男と彼を見かけた子どもたちの様子を描写している。
　大男が外へ出て庭に入ると，彼を見かけた子どもたちは，小さな男の子以外，みんな逃げた。大男は小さな男の子にそっと近づき，彼を手に抱えて(1.　　　　　)にのせてあげた。

⑤・⑥ 周りの変化や小さな男の子の反応を描写している。
　(1)には花が咲き，鳥たちがやって来た。小さな男の子は大男の首の回りに両腕を伸ばし，彼に(2.　　　　　)をした。

⑦・⑧ ほかの子どもたちの様子が描写されている。
　ほかの子どもたちは大男がもう(3.　　　　　)ではないとわかると，走って戻ってきた。大男は大きな斧で(4.　　　　　)をたたき壊し，子どもたちが庭で自由に遊べるようにした。

🎵 **読解のカギ**

① ... crept <u>downstairs</u>, <u>opened the front door quite softly</u>, (and) <u>went out into</u>
　　　　　　 A　　　　　　　　　　　　　B　　　　　　　　　　　　　　　　C

the garden.

➡ つなぐものが３つ以上ある場合，ふつう〈A, B, and[or] C〉のように最後の語(句)の前にのみ and[or] を置く。この文では，crept downstairs と opened ... softly と went ... garden の３つの語句がつながれている。

➡ この crept は不規則動詞 creep「そっと動く，忍び足で歩く」の過去形。

➡ go out into 〜 で「出て〜に入る」という意味を表す。

🎵 **Q1.** ＿＿＿ を埋めなさい。

男性が真夜中にその家に忍び足で入って行った。

A man ＿＿＿＿＿＿ into the house at midnight.

④ **The Giant <u>crept up behind him</u>, <u>took him gently in his hand</u>, (and) <u>put</u>**
　　　　　　　　　A　　　　　　　　　　　　　　　B

<u>him up into the tree.</u>
　　　C

➡ crept ... him と took ... hand と put ... tree の３つの語句が，〈A, B, and C〉とつながれている。

➡ put A up は「A を上げる」，into 〜 は「〜の中へ」という意味で，ここでは put him up into the tree で「彼を木にのせた」という意味。put は過去形も put である。〈A, B, and C〉の A，B がどちらも過去形であることから，この put は過去形だと判断できる。もし，現在形であれば主語が The Giant と三人称単数なので puts と -s がつく。

⑦ **<u>The other children</u>, [when they <u>saw</u> that the Giant was not wicked any**
　　　S₁　　　　　　　　　　　　　　　　see + that 節

longer], <u>came running</u> back, and (with them) <u>came</u> the Spring.
　　　　　　V₁ + C(現在分詞)　　　　　　　副詞句　　　V₂　　S₂

➡ when ... longer は「〜するとき」という意味の副詞節で，S₁ と V₁ の間に挿入されている。

➡ 〈see + that 節〉で「〜ということがわかる」という意味を表す。

➡ not 〜 any longer で「もはや〜(し)ない[でない]」という意味を表す。

➡ came running は〈come + 現在分詞〉の形で，「〜しながら来る」という意味を表す。現在分詞が C(補語)の働きをしている。

➡ 副詞句 with them のあと，〈V + S〉と倒置が起こっている。them は走って戻ってきた子どもたち The other children を指す。

🎵 **Q2.** 日本語にしなさい。

I can't wait any longer.

（　　　　　　　　　　　　　　　　　　　　　　　　　　）

🎵 読解のカギ Q の解答　**Q1.** crept　　**Q2.** 私はもう待てない。

〈4〉-2

ポイント 子どもたちと遊ぶようになった大男は, 何に想いを馳せていたのか。

⑨ Every afternoon, / when school was over, / the children came / and played
　　毎日午後　　／　　学校が終わると　　／　子どもたちがやって来て／　大男と遊んだ

with the Giant. // ⑩ But the little boy / whom the Giant loved / was never seen
　　　　　//　しかし小さな男の子は　／　大男が大好きだった　／　　二度と見られな

again. // ⑪ The Giant / was very kind / to all the children, / but he wanted to see /
かった //　　　大男は　／　とても親切だった　／　子どもたちみんなに　／　しかし彼は会いたかった／

his first little friend / so much, / he often talked about the boy. // ⑫ "How I would
彼の最初の小さな友だちに　／　すごく　／　彼はたびたびその男の子のことを話した　//　「私がどれほど

like to see him!" / he used to say. //
彼に会いたいことか！」／　と彼はよく言ったものだ　//

⑬ Years went past, / and the Giant grew old / and weak. // ⑭ He could not play
　　何年も経ち　／　　大男は年をとって　／　体が弱くなった　//　彼は遊び回ることが

about / anymore, / so he sat in a huge armchair, / and watched the children
できなかった／　もう　／　だから彼は大きな肘掛け椅子に座り　／　　子どもたちが遊びをしている

playing their games / and admired his garden. //
のを見て　　　　　／　　庭に見とれていた　　　//

✔ 構成＆内容チェック 本文を読んで, （　）に合う日本語を書きなさい。

⑨ 大男と子どもたちの様子が述べられている。
子どもたちは毎日(1.　　　　　　　　), 放課後に庭にやって来て, 大男と遊んだ。

↓

⑩〜⑫ 大男が一人の男の子に想いを馳せる様子が説明されている。
大男の最初の小さな友だちで, 大男の大好きな男の子は, 二度と見られなかった。「どれほど彼に会いたいことか！」と大男はよく言ったものだった。

↓

⑬・⑭ ⑨〜⑫から年月が経過したあとの話が描写されている。
何年も経ち, 大男は年をとり, 体が弱くなり, (2.　　　　　　　)ことができなくなった。そのため, 彼は大きな(3.　　　　　　)に座り, 子どもたちが遊びをしているのを見たり, 庭に見とれていたりした。

🎸 読解のカギ

⑩ **But the little boy [whom the Giant loved] was never seen again.**

先行詞↑⎿_____⏌関係代名詞(目的格)　　　be 動詞＋過去分詞

➡ 目的格の関係代名詞 whom で始まる節が先行詞の the little boy を後ろから修飾している。先行詞が人の場合，目的格の関係代名詞として that または whom を使う。

➡ was never seen は〈be 動詞＋過去分詞〉の受動態に never「一度も～ない」が挿入されている。never ～ again で「二度と～ない」という意味を表す。

🎵 Q1. 並べかえなさい。

私が会いたかった選手たちは，スタジアムでは見られなかった。

(wanted to / not / seen / meet / whom / I / were / the players) at the stadium.

_____ at the stadium.

⑫ **"How I would like to see him!" he used to say.**

used to *do*

➡ How は「どんなに，どれだけ」，would like to *do* は「～したい」という意味をそれぞれ表す。How I would like to see him! は「私がどれほど彼に会いたいことか！」と感嘆文のように解釈するとよい。

➡ used to *do* は「(以前は)よく～したものだ」という意味を表す。

⑬ **Years went past, and the Giant grew old(and)weak.**

grow　C₁　　C₂

➡ past はここでは「過ぎて」という意味の副詞で，go past は「(時が)経つ，過ぎる」という意味を表す。

➡ grew は grow の過去形。〈grow＋C〉で「C になる」という意味を表す。old と weak という 2 つの C を and がつないでいる。

🎵 Q2. 日本語にしなさい。

The situation grew worse last night.

(　　　　　　　　　　　　　　　　　　　　　　　　　　　)

⑭ **He could not play about anymore, so he sat in a huge armchair, and watched the children playing their games and admired his garden.**

知覚動詞 watch ＋ O ＋ C(現在分詞)

➡ not ～ anymore は「もはや～(し)ない[でない]」という意味を表す。

➡ play about は「遊び回る」という意味を表す。

➡ watched the children playing ～は「子どもたちが～をしているのを見た」という意味。〈知覚動詞 watch＋O＋C(現在分詞)〉の形で「O が～しているのを見る」という意味を表す。

🎸 読解のカギ Q の解答　**Q1.** The players whom I wanted to meet were not seen
　　　　　　　　　Q2. 状況は昨夜悪化した。

〈5〉-1

ポイント　ある冬の朝ずっと会いたかった男の子と再会した大男は，どんな様子だったか。

① One winter morning / he looked out of his window / as he was dressing. //
　ある冬の朝　　　　　/　彼は窓の外を見た　　　　/　　服を着ながら　　　//

② Suddenly / he rubbed his eyes in wonder, / and looked and looked. // ③ It
　突然　/　彼は驚いて目をこすり　/　何度も見なおした　// それは

certainly was a marvelous sight. // ④ In the farthest corner of the garden / was a
本当にすばらしい光景だった　　　//　　庭のいちばん遠くの角に　　/　1本の

tree / quite covered with lovely white blossoms. // ⑤ Its branches were all golden, /
木があった /　愛らしい白い花ですっかり覆われた　//　その枝はすべて金色だった /

and silver fruit hung down / from them, / and underneath it / stood / the little boy /
そして銀色の実が垂れ下がっていた / それらから /そしてその真下に / 立っていた / 小さな男の子が /

he had loved. //
大男が大好きだった　//

⑥ He hurried across the grass / and came near to the child. // ⑦ When he
　彼は草むらを急いで横切った　/　そしてその子どもに近づいた　//　　そばに

came close, / his face / grew red / with anger. // ⑧ For / on the palms of the child's
寄ると　/ 彼の顔は / 赤くなった / 怒りで　// というのも / その子の両手のひらには

hands / were the marks of two nails, / and the same were / on his little feet. //
　/ 2本の釘の傷跡があったのだ / そして同じものがあったのだ / 小さな両足にも //

✔ 構成&内容チェック　本文を読んで，（　）に合う日本語を書きなさい。

①～⑤　会いたかった男の子を見つけた大男の驚きと喜びが情景を交えて描写されている。
大男は窓の外にすばらしい光景を見た。庭のいちばん遠くの角に，愛らしい白い花で
すっかり覆われた木があった。その木の枝はすべて(1.　　　　　　)色だった。そ
れらから(2.　　　　　　)色の実が垂れ下がっていた。その真下に，大男が大好き
な男の子が立っていた。

↓

⑥～⑧　男の子と，やっと男の子に会えた大男の様子が述べられている。
男の子に近づくと，大男の顔は(3.　　　　　　)で赤くなった。その理由は，男の
子の両手のひらと(4.　　　　　　)に，釘の傷跡があったからである。

🎷 読解のカギ

① **One winter morning he looked out of his window [as he was dressing].**

接続詞 as

➡ ここでの接続詞 as は，「〜しながら」という同時性を表している。

② **Suddenly he rubbed his eyes in wonder, and looked(and)looked.**

➡ 同じ動詞を2つ and でつなぐことで，「どんどん〜する」，「何度も〜する」という意味を表す。

🎵 Q1. 日本語にしなさい。

The dog ran and ran.

(　　　　　　　　　　　　　　　　　　　　　　　　　　　　　)

④ **In the farthest corner of the garden was a tree (quite covered with**

　　　場所を表す副詞句　　　　　　　　V　　　S↑└─┘　　過去分詞句

lovely white blossoms).

➡ In the farthest ... garden のように場所を表す副詞(句)が〈S＋V〉の主語の前に出ると，〈副詞(句)＋V＋S〉と主語と動詞の語順が逆になる倒置が起こることがある。

➡ 過去分詞の covered が語句を伴って過去分詞句を作り，a tree を後ろから修飾している。quite は「まったく，すっかり」という意味の副詞で，修飾する語の前に置かれるので covered の前に置かれて covered を修飾している。

➡ covered with *A* は「A で覆われた」という意味を表す。

🎵 Q2. ＿＿＿＿ を埋めなさい。

テーブルの上には母が焼いたケーキがあった。

On the table ＿＿＿＿＿＿ a cake ＿＿＿＿＿＿ by my mother.

　　　　　　　　　　　　　　関係代名詞の省略─────┐

⑤ **... and underneath it stood the little boy [he had loved].**

　　場所を表す副詞句　　V　　S↑└───────┘　had＋過去分詞(過去完了形)

➡ 〈副詞(句)＋V＋S〉と主語と動詞の語順が逆になる倒置が起きている。

➡ the little boy のあとに目的格の関係代名詞 whom[that]が省略されている。

➡ had loved は〈had＋過去分詞〉の過去完了形の継続用法。

⑧ **For on the palms of the child's hands were the marks of two nails, and**

等位接続詞 for　　　　　場所を表す副詞句　　　　　V　　　　　　　S

the same were (on his little feet).

➡ For はここでは「というのも[その理由は]〜だから」という理由を表す接続詞。前文⑦で大男が怒った理由を述べている。

➡ 場所を表す副詞(句)が〈S＋V〉の主語の前に出ると，〈副詞(句)＋V＋S〉のように倒置が起こることがある。

➡ the same「同じもの」は the marks of two nails を指す。

➡ feet は foot の複数形で，ここでは「両足」という意味を表す。

───────────────────────────────────────

🎷 読解のカギ Q の解答　**Q1.** その犬はどんどん走っていった。　　**Q2.** was，baked[made]

〈5〉-2

ポイント 男の子と大男はどのような会話をし，大男はどうなったか。

⑨ "Who on earth / has wounded you?" / cried the Giant. // ⑩ "Tell me, / and I
「いったいだれが　／　お前を傷つけたのだ」　／　大男は叫んだ　//　「教えなさい　／　そう

will take my big sword / and kill him." //
すれば私が大剣を取って　／　そいつを殺す」　//

⑪ "No!" / answered the child. // ⑫ "These are the wounds of Love." //
「そうではありません！」／ その子どもは答えた　//　「これらは愛の傷なのです」　　//

⑬ "Who are you?" / said the Giant, / and a strange awe / fell on him, / and he
「あなたはどなたですか」／ 大男は言った ／ そして不思議な畏怖の念が ／ 彼を襲った ／ そして彼は

knelt / before the little child. //
ひざまずいた　／　小さな子どもの前に //

⑭ The child smiled / at the Giant, / and said to him, "You let me play / once /
その子どもはほほえんだ ／ 大男に ／そして彼に言った ／「あなたは私を遊ばせてくれました ／ かつて /

in your garden, / so you shall come with me / to my garden, / which is Paradise." //
あなたの庭で ／　だからあなたには私と一緒に来てもらいます ／私の庭へ　／　それは天国です」　//

⑮ When the children ran into the garden / that afternoon, / they found the
　　　　　　子どもたちが走って庭に入ってきたとき　／　その日の午後　／　彼らは大男が

Giant lying dead / under the tree, / all covered with white blossoms. //
横たわって死んでいるのを見つけた ／ 木の下で　／　白い花にすっかり覆われて　//

✔ 構成＆内容チェック 本文を読んで，（　）に合う日本語を書きなさい。

⑨〜⑫ 男の子の傷跡を見て怒りを露わにする大男の様子が描写されている。
　大男は男の子の傷跡を見て，男の子を傷つけた人間を（1.　　　　　　）で殺してや
ると叫んだ。

↓

⑬・⑭ 男の子にひざまずいた大男と男の子のやりとりが描写されている。
　大男は男の子に不思議な（2.　　　　　　）の念を抱き，彼の前にひざまずいた。男
の子は大男を自身の庭である（3.　　　　　　）に導いた。

↓

⑮ その日の午後の大男の様子が描写されている。
　⑨〜⑭の出来事があった午後，子どもたちは大男が木の下で白い花で覆われた状態で
横たわって（4.　　　　　　）いるのを見つけた。

🔑 **読解のカギ**

⑨ **"Who** on earth **has wounded you?" cried the Giant.**
　S'(疑問詞)＋ on earth　　　V'　　　O'　　　V　　S

➡ on earth は疑問詞の直後に置かれ，「いったい(ぜんたい)」という意味を表す。

➡ "... ?" cried the Giant では，引用符(" ")で囲まれた発言のあとに，主語と動詞が〈V ＋S〉と倒置されている。発言者である主語が人名などの名詞の場合に倒置されることが多い。

🔑 **Q1.** ＿＿ **を埋めなさい。**

いったいぜんたいだれがあなたを泣かせたのですか。

Who ＿＿＿＿＿ ＿＿＿＿＿ made you cry?

⑩ **"Tell me,** and **I will take my big sword and kill him."**
　命令文＋ , and

➡ 〈命令文＋, and ～〉で「…しなさい，そうすれば～」という意味を表す。

⑭ **... said to him, "You let me play once in your garden, so you shall**
　　　　　　　　let ＋ O ＋ do

come with me to my garden, [which is Paradise]."
　　　　　　先行詞┗━━━━┛↑ 関係代名詞(非限定用法)

➡ let は使役動詞。〈let ＋O＋do〉の形で「Oが～することを許す，Oに～させる」という意味を表す。let は過去形も let で，ここでは過去形である。

➡ shall は未来を表す助動詞で，you shall ～は「あなたに～させよう，あなたは～することになるだろう」という意味の堅い表現。

➡ 〈名詞[先行詞]＋コンマ(,)＋which〉の which は，先行詞に追加の説明を加える非限定用法の主格の関係代名詞。ここでは which is Paradise が先行詞の my garden に説明を加えている。

🔑 **Q2. 並べかえなさい。**

父は私にスマートフォンを使わせてくれなかった。

(a smartphone / me / didn't / my father / let / use).

＿＿＿＿＿＿＿＿＿＿＿＿＿＿＿＿＿＿＿＿＿＿＿＿＿＿.

　　　　　　　　　lie ＋ C₁(形容詞)　　　　　＋ C₂(過去分詞)
⑮ **... they found the Giant lying dead under the tree, (all covered with white blossoms).**
　　　　　find ＋ O　　＋ C₁(現在分詞)　　　　＋ C₂(過去分詞)

➡ 〈find＋O＋C〉で「Oが～の状態でいるのを見つける」という意味を表す。

➡ lying は lie「横たわる」の -ing 形。〈lie＋C〉で「～した状態のままで(横たわって)いる」という意味を表す。

➡ all covered with ...は「すっかり…で覆われて」という意味。〈find＋O＋C〉の1番目の C が lying で，2番目の C が covered という解釈と，〈lie＋C〉の1番目の C が dead で，2番目の C が covered という解釈の2通りの解釈ができる。

🔑 **読解のカギ** Q の解答　**Q1.** on earth　　**Q2.** My father didn't let me use a smartphone (.)

定期テスト予想問題　解答 ➡ p.96

1 日本語に合うように，＿＿に適切な語を入れなさい。
(1) 私はその少年を気の毒に思った。
I felt ＿＿＿＿＿ ＿＿＿＿＿ that little boy.
(2) 彼らはクリスマスの朝はベッドから飛び出すだろう。
They will ＿＿＿＿＿ ＿＿＿＿＿ of bed on Christmas morning.
(3) 彼は新しい犬小屋を建てた。
He ＿＿＿＿＿ ＿＿＿＿＿ a new doghouse.
(4) 私は朝食を作るために6時に起きる。
I get up at six in ＿＿＿＿＿ ＿＿＿＿＿ make breakfast.

2 （　）内の語句のうち，適切なものを選びなさい。
(1) The girl came (run, running, ran) back.
(2) I found my father (to lie, lying, lay) asleep on the sofa.
(3) Please let me (use, using, used) your bike.
(4) She was eating dinner, (watch, watching, watched) TV.

3 日本語に合うように，（　）内の語句を並べかえなさい。
(1) 彼はとても親切なので，みんなが彼のことを好ましく思っている。
(everyone / that / kind / he / likes / is / him / so).
＿＿＿＿＿＿＿＿＿＿＿＿＿＿＿＿＿.
(2) あなたはいったいぜんたいここで何をしているのですか。
(you / what / here / on / doing / are / earth)?
＿＿＿＿＿＿＿＿＿＿＿＿＿＿＿＿＿?
(3) 彼女がパーティーで会った女性は医者だ。
(at / is / the woman / whom / met / a doctor / the party / she).
＿＿＿＿＿＿＿＿＿＿＿＿＿＿＿＿＿.

4 次の英語を日本語にしなさい。
(1) My brother and I used to do our homework at our grandparents' house.
（　　　　　　　　　　　）
(2) On the stage stood the famous singers from Japan.
（　　　　　　　　　　　）
(3) Don't forget to buy a cake tonight.
（　　　　　　　　　　　）

5 次の英文を読んで，あとの問いに答えなさい。

　He saw a most wonderful sight. In every tree that he could see there was a little child. The trees were so glad to have the children back again that they had ①(cover) themselves with blossoms and were waving their arms gently above the children's heads. The birds were flying about and twittering with delight, and the flowers were looking up through the green grass and laughing. It was a lovely scene, but in one corner it was still winter. It was the farthest corner of the garden, and in it was standing a little boy. ②He was so small that he could not reach up to the branches of the tree, and he was wandering all round it, crying bitterly.

　The Giant's heart melted as he looked out. "③(selfish / been / I / how / have)!" he said.

(1) 下線部①の（ ）内の語を適切な形に変えなさい。

　　_____

(2) 下線部②の英語を日本語にしなさい。

　　(　　　　　　　　　　　　　　　　　　　　　　　　　　　)

(3) 下線部③が「私はなんてわがままだったのだ！」という意味になるように，（ ）内の語を並べかえなさい。

　　_____!

6 次の英文を読んで，あとの問いに答えなさい。

　He hurried across the grass and came near to the child.   When he came close, his face grew red with anger.   For on the palms of the child's hands were the marks of two nails, and the same were on his little feet.

　"Who on earth has wounded you?" cried the Giant. "Tell me, (　①　) I will take my big sword and kill him."

　"No!" answered the child. "These are the wounds of Love."

　"Who are you?" said the Giant, and a strange awe fell on him, and he knelt before the little child.

　The child smiled at the Giant, and said to him, "You let me play once in your garden, so ②you shall come with me to my garden, which is Paradise."

(1) (　①　)に入る語として適切なものを選び，記号で答えなさい。

　　a. so　　**b.** and　　**c.** but　　**d.** if　　　　　　(　　　)

(2) 下線部②の英語を日本語にしなさい。

　　(　　　　　　　　　　　　　　　　　　　　　　　　　　　)

(3) 子どもに近づいたとき，大男はなぜ怒りで顔を赤くしたのか。日本語で答えなさい。

　　(　　　　　　　　　　　　　　　　　　　　　　　　　　　)

Oscar Wilde, "The Selfish Giant" in *The Happy Prince & Other Stories*, Macmillan, 2017

📝 **定期テスト予想問題　解答**　　　pp.94~95

1. (1) sorry for　(2) jump out　(3) put up　(4) order to
2. (1) running　(2) lying　(3) use　(4) watching
3. (1) He is so kind that everyone likes him(.)
   (2) What on earth are you doing here(?)
   (3) The woman whom she met at the party is a doctor(.)
4. (1) 私の兄[弟]と私はよく祖父母の家で宿題をしたものだった。
   (2) ステージ上には日本出身の有名な歌手が立っていた。
   (3) 今晩ケーキを買うのを忘れないで。
5. (1) covered　(2) 彼はとても小さかったので，木の枝まで届くことができなかった
   (3) How selfish I have been(!)
6. (1) b　(2) あなたには私と一緒に私の庭へ来てもらいます，それは天国です
   (3) その子どもの両手(のひら)と両足に(2本の釘の)傷跡があったから。

💡 **解説**

1. (1) feel sorry for A で「A を気の毒に思う」。　(2) jump out of A で「A から飛び出す」。　(3) put up A[A up]で「A を立てる[建てる，掲げる]」。　(4) in order to *do* で「～するために」。

2. (1) 〈come＋C[現在分詞]〉で「～しながら来る」という意味。　(2) 〈find＋O＋C〉の用法。「父が眠った状態で横たわっているのを見つけた」と考え，現在分詞を選ぶ。　(3) 〈let＋O＋動詞の原形〉で「O が～することを許す」という意味。　(4) 現在分詞の分詞構文で，「～しながら」という〈付帯状況〉を表す。

3. (1)「とても～なので…」は〈so＋形容詞[副詞]＋that ...〉を使って表す。　(2)「いったいぜんたい」は on earth で表し，What のあとに置く。　(3)「彼女がパーティーで会った女性」は The woman のあとに人を先行詞とする目的格の関係代名詞 whom を置き，そのあとに she met at the party と続けて表す。

4. (1) used to *do* は「(以前は)よく～したものだった」という意味を表す。　(2) 〈場所を表す副詞(句)＋V(stood)＋S〉と倒置が起こっている。　(3) forget to *do* で「(これから)～するのを忘れる」という意味を表す。

5. (1) 直前に had があるので，過去完了形となるように過去分詞にする。　(2) 〈so＋形容詞[副詞]＋that＋S＋cannot[can't] ...〉で「とても～なので，S は…できない」という意味を表す。　(3) 〈How＋形容詞[副詞]＋S＋V!〉は「S はなんて～である[～に V する]のか！」という意味の感嘆文。

6. (1) 〈命令文＋, and ～〉「…しなさい, そうすれば」の形になるよう and を選ぶ。　(2) 〈名詞[先行詞]＋コンマ(,)＋which〉は my garden を先行詞にした関係代名詞の非限定用法で，「～，それは…」という意味を表す。　(3) 怒ったという内容の2文目の直後の理由を表す For「というのも[その理由は]～だから」に注目する。

Lesson 4 Seeds for the Future

小林 宙 著『タネの未来 僕が15歳でタネの会社を起業したわけ』家の光協会, 2019

単語・熟語チェック

PART 1

shopkeeper	名 店主	I asked the **shopkeeper** for a recommendation. 私は店主におすすめの商品をくれと頼んだ。
grade	名 学年	He is in the second **grade** of junior high school. 彼は中学2年生だ。
project	名 プロジェクト，企画，計画	She will carry out the **project** to the end. 彼女はその企画を最後まで行うつもりだ。
eggplant	名 ナス	I like curry made with **eggplant**. 私はナスが使われたカレーが好きだ。
lesser	副 より少なく	It is a **lesser**-known fruit. それはあまり知られていない果物だ。
cultivate A	動 Aを栽培する，耕作する	Apple trees are **cultivated** around the world. リンゴの木は世界中で栽培されている。
verge	名 間際	He was on the **verge** of death. 彼は死の間際にいた。
on the verge of A	熟 Aの間際で	More than 100 species are **on the verge of** extinction. 100以上の種が絶滅の間際にある。
distribute A	動 Aを配布する，流通させる	I'll **distribute** the documents. 私が書類を配布します。
nationwide	副 全国で	That is being sold **nationwide**. それは全国で販売されている。
essential	形 必要不可欠な	Water is **essential** to all living creatures. 水は生きとし生けるものにとって必要不可欠だ。
live off A	熟 Aによって生きる	He **lives off** his savings. 彼は自分の貯金によって生活している。
livestock	名 家畜	We needed a building for **livestock**. 私たちには家畜のための建物が必要だった。
crucial	形 重要な	I took a picture of the **crucial** moment. 私は重要な瞬間の写真を撮った。
production	名 生産	It shows the amount of rice **production**. それは米の生産量を示している。

PART 2

high-quality	形 高品質の	This company produces **high-quality** computers. この会社は高品質のコンピューターを生産している。
improvement	名 改善	I think that **improvement** is needed. 私は改善が必要だと思う。
effort	名 努力，労力	Their **effort** resulted in success. 彼らは努力して成功した。
consistency	名 一貫性，均一性	Your speech lacks **consistency**. あなたの話には一貫性が欠けています。
furthermore	副 その上，さらに	**Furthermore**, this is free. その上，これは無料だ。

output	名 生産高，出力	We must increase the **output** of wheat. 小麦の生産高を増やさなければならない。
purchase A	動 A を買う，購入する	I have never **purchased** anything online. 私はオンラインで買い物をしたことがない。
poorly	副 貧乏に，乏しく	Why do these vegetables grow **poorly** here? これらの野菜はなぜここでは生育が乏しいのか。
issue	名 問題，課題	That will be a big **issue** in the future. それは将来，大きな問題になるだろう。
what if ～	熟 ～ならどうなるのだろうか	**What if** the Earth disappeared? 地球が消滅してしまったらどうなるのだろうか。
scramble	動 先を争う	They **scrambled** to get good seats. 彼らはよい席を取ろうと先を争った。
resort to A	熟 A に訴える	**Resorting to** violence is the last thing you should do. 暴力に訴えるのはあなたがとるべき最後の手段です。
an alternative to A	熟 A の代案［代わりとなるもの］	Please provide **an alternative to** it. それの代案を用意してください。
proposal	名 提案(書)，計画(書)	It was an innovative **proposal**. それは斬新な提案だった。
there is more to A than B	熟 A には B 以上のものがある	**There is more to** life **than** just making money. 人生には金儲け以上のものがある。
consequently	副 その結果(として)	**Consequently**, he refused the offer. その結果，彼はその申し出を断った。
venture	名 冒険的事業，ベンチャー	I want to work for a **venture** company. 私はベンチャー企業で働きたい。
even though	熟 ～にもかかわらず	Everyone cheered him up **even though** he came in last in the race. そのレースで彼が最下位になったにもかかわらず，みんなは彼を応援した。
at that time	熟 当時	I was only a child **at that time**. 当時私はほんの子どもだった。
run a business	熟 事業を経営する	**Running a business** is really hard. 事業を経営することは本当に大変だ。
what is worse	熟 さらに悪いことには	**What is worse**, it has begun to rain hard. さらに悪いことには，雨が強く降り始めた。
allowance	名 給与，小遣い	Here is your **allowance** for this month. はい，今月の小遣いです。
organic	形 有機の，有機栽培の	He is studying **organic** chemistry. 彼は有機化学を研究している。
aim	名 目標	First, please let me explain about the **aim** of this project. まず，このプロジェクトの目標について説明させてください。
fertilization	名 受粉	He learned about the **fertilization** of flowers. 彼は花の受粉について学んだ。
genetic	形 遺伝学の，遺伝(上)の	It was one of the **genetic** disorders. それは遺伝病のひとつだった。
modification	名 変更，組み換え	What do you think of genetic **modification**? あなたは遺伝子組み換えをどう思いますか。

PART ③

distribution	名 配給，供給	I have lost the **distribution** list. 私は配給先リストをなくしてしまった。
preserve *A*	動 *A* を守る，保存する	We use a fridge to **preserve** food. 私たちは食べ物を保存するために冷蔵庫を使う。
classic	形 古典の，古典的な	There are some **classic** constructions. いくつかの古典的建築物がある。
at risk of *A*	熟 *A* の危機にさらされて	He is **at risk of** losing his customers. 彼は彼の顧客を失う危機にさらされている。
revive *A*	動 *A* を復活させる	There are some ways to **revive** a dying plant. 枯れそうな植物を復活させる方法がいくつかある。
promote *A*	動 *A* を促進する	That was enforced to **promote** economic growth. それは経済成長を促進するために施行された。
biodiversity	名 生物多様性	His lesson was about **biodiversity**. 彼の授業は生物多様性についてのものだった。
online	形 オンラインの	We love **online** shopping. 私たちはオンラインの買い物が大好きだ。
exchange	名 交換	We had a meeting for an **exchange** of ideas. 私たちは意見交換のための会議をした。
technical	形 工業の，技術的な	Their **technical** level was high. 彼らの技術レベルは高かった。
deal with *A*	熟 *A* を扱う，*A* に対処する	We can do many things to **deal with** global warming. 私たちは地球温暖化に対処するために多くのことができる。
crisis	名 危機	We can say the **crisis** is over. 危機は去ったと言っていい。
tackle *A*	動 *A* に取り組む	I will **tackle** that issue with him. 私は彼とその課題に取り組む。
sow *A*	動 *A* をまく	Let's **sow** seeds of wheat in the field. 畑に小麦の種をまきましょう。

PART ①

ポイント　小林宙は重要な役割を果たす種の保護のためにどんな活動をしているか。

① "Do you have any seeds of traditional vegetables / from this area?" /
「伝統野菜の種はありますか　　　　　　　　/　　この地域の」　　　/

Kobayashi Sora asks / a shopkeeper. // ② Sora is a high school student. //
小林宙は尋ねる　　/　　店主に　　//　　宙は高校生だ　　　　　//

③ When he was in the third grade of junior high school, / Sora started a project: /
中学3年生のとき　　　　　　　　　/　宙はプロジェクトを始めた /

traveling around Japan / collecting seeds to sell in Tokyo. // ④ Some seeds are /
日本中を旅するという　/　東京で売る種を集めながら　//　いくつかの種は～だ /

for well-known, / branded local specialties / like Kyoto's "Kamo eggplant" and
よく知られた　/　ブランドのついた地域の特産物　/　京都の「賀茂なす」や

Gunma's "Shimonita green onions." // ⑤ Other seeds are / for lesser-known local
群馬の「下仁田ねぎ」のような　　　//　ほかの種は～だ　/　あまり知られていない

varieties. // ⑥ In Japan, / many traditional vegetables / have been cultivated / in
在来種のもの //　日本では /　多くの伝統野菜は　/　栽培されてきており　/

certain areas / and have not been grown / outside these areas. // ⑦ They are now
ある地域で　/　栽培されてこなかった　/　これらの地域の外では　//　それらは今や

on the verge of extinction. // ⑧ Sora buys these seeds / to sell and distribute
絶滅の間際にある　　//　宙はこれらの種を買う　/　全国で売ったり配布

nationwide / for their conservation. //
したりするために / それらの保護のために //

⑨ What comes to mind / when you hear the word "seeds"? // ⑩ Seeds are
何が思い浮かぶか　/　「種」という言葉を聞いて　//　種は

important / because all crops, / such as vegetables, grains, and fruits / are grown
重要だ　/　なぜならすべての作物は /　野菜，穀物，果物といった　/　種から

from seeds. // ⑪ These crops are essential / for our survival. // ⑫ Some might
育つから　//　これらの作物は必要不可欠なものだ　/　私たちの生存に //中には言う人もいるかも

say / that we could survive without them / and live off meat. // ⑬ However, /
しれない /それらがなくても生き延びることはできると /そして肉を食べて生きることもできると // しかし /

without seeds, / livestock would have nothing to eat / and would not survive. //
種がなければ　/　家畜は食べるものがなくなるだろう　/　そして生き延びることはないだろう //

⑭ Seeds play the most crucial role / in the production / of all the food we eat. //
種は最も重要な役割を果たす　/　生産において　/　私たちが食べるすべての食料の //

✔ **構成＆内容チェック** 本文を読んで，（　）に合う日本語を書きなさい。

①～③ 高校生の小林宙について紹介している。

小林宙は(1.　　　　　　　)のとき，東京で売る種を集めながら日本中を旅するというプロジェクトを始めた。

④・⑤ 宙が集めた種の例
・京都の「賀茂なす」　　・群馬の「下仁田ねぎ」
・その他，あまり知られていない在来種のもの

⑥～⑧ 伝統野菜の危機と宙の活動について説明している。

日本では，多くの伝統野菜はある地域でのみ栽培されてきて，今や(2.　　　　　　　)の間際にある。宙はこれらの種を買い，それらの保護のために全国的に売ったり配布したりしている。

⑨～⑭ 種は重要な役割を果たしていることを説明している。

私たちの生存に必要なすべての作物(野菜，穀物，果物，さらには(3.　　　　　　　)のエサ)は種から育つため，種は私たちが食べるすべての食料の生産において最も重要な役割を果たしている。

教科書 Q のヒント

Q1 What is now happening to traditional vegetables in Japan?
(今，日本の伝統野菜に何が起こっていますか。)　→本文⑦

Q2 What plays the most crucial role in the production of the food we eat?
(私たちが食べる食料の生産において，何が最も重要な役割を果たしますか。)　→本文⑭

読解のカギ

③ … **Sora started a project:** traveling around Japan (collecting seeds to sell
　　　　　　　　　　　　　　　　動名詞　　　　　　　　　　　　　現在分詞で始まる分詞構文

in Tokyo).

→ コロン(:)は，コロンの前後にある a project と traveling around Japan ... Tokyo が同格の関係にあることを示す。この traveling は名詞 a project と同格になるよう動名詞になっている。

→ collecting 以下は「～しながら」という〈付帯状況〉を表す分詞構文。

Q1. 並べかえなさい。

彼らはごみを拾いながら公園の中を歩いた。
They (picking up / walked / the park / in) garbage.
They ＿＿＿＿＿＿＿＿＿＿＿＿＿＿＿＿＿＿＿＿＿ garbage.

④ **Some seeds are** <u>for well-known, branded local specialties like ....</u>
　　　　　　　└→the seeds が省略されている

➡ 「いくつかの種はよく知られた，…のようなブランドのついた地域の特産物(のための種)だ」という意味だが，主語と重複するため，the seeds が省略されている。

⑤ **Other seeds are** <u>for lesser-known local varieties.</u>
　　　　　　└→the seeds が省略されている

➡ ④と同じく，the seeds が省略されている。

➡ この lesser は副詞で，通例複合語で用いて「より少なく」という意味を表す。lesser-known は④の well-known「よく知られている」に対し，「あまり知られていない」という意味を表す。

⑥ **In Japan, many traditional vegetables** <u>have been cultivated</u> **in certain**
　　　　　　　　　　　　　　　　have[has] been ＋過去分詞

　areas and <u>have not been grown</u> **outside these areas.**
　　　　have[has] not been ＋過去分詞

➡ have been cultivated は過去のある時点から現在までの〈継続〉を表す現在完了形の受動態で，「栽培されてきた」となる。

➡ have not been grown は〈継続〉を表す現在完了形の受動態の否定形で，「栽培されてこなかった」という意味を表す。

Q2. 日本語にしなさい。
The dog has been taken care of by my grandmother.
(　　　　　　　　　　　　　　　　　　　　　　　　　　)

⑦ **They are now on the verge of extinction.**

➡ on the verge of A は「A の間際で」という意味を表す。

Q3. ＿＿を埋めなさい。
父の会社は破産寸前である。
My father's company is ＿＿＿＿ the ＿＿＿＿ of bankruptcy.

⑫ **Some might say [that we could** <u>survive</u> **without them** (and) <u>live off</u> **meat].**
　　　　　　　　　　　　　　V₁　　　　　　　　V₂

➡ without them の them は⑪の These crops「これらの作物」を指している。

➡ live off A は「A によって生きる」という意味を表す。

⑭ **Seeds** <u>play the most crucial role</u> **in the production of** <u>all the food</u> **[we eat].**

➡ play a role で「役割を果たす」という意味を表す。

➡ all the food を we eat が後ろから修飾している。

PART ❷-1

> **ポイント**　F₁ 種に利点がある一方，地方食材はどんな危険にさらされているか。

① Many of the vegetables / we buy every day / are grown from seeds / called
　　野菜の多くは　　　 / 私たちが毎日買う / 　種から育てられる　 / F₁ 種と

F₁ seeds. // ② They are high-quality seeds / that have undergone improvements. //
呼ばれる　//　　それらは高品質の種だ　/　　　改良を受けてきた　　　//

③ By using F₁ seeds, / farmers can save / on the time and effort / required to
　F₁ 種を使うことによって / 農家は節約することができる / 　時間と労力を　 / 作物を育てる

grow products. // ④ They can also / produce crops of a high quality, / keep
のに必要とされる　// 彼らはまた〜することができる / 　高品質の作物を作る　 /

harvest times regular, / and maintain the consistency of their products. //
収穫期を規則正しく保つ / 　そして作物の均一性を維持する　　　　//

⑤ Furthermore, / they can easily produce two crops / per year. // ⑥ These
　さらに　/ 彼らは簡単に2種の作物を作ることができる / 　1年に　// 　これらの

advantages of F₁ seeds / reduce the farmers' workload / and increases their
F₁ 種の利点は　　 / 　　農家の仕事量を減らして　 / 　生産高を増やす

output. // ⑦ However, / this means / that fewer farmers are cultivating seeds in a
//　しかし　/ このことは意味する / 伝統的な方法で種を栽培している農家が少なく

traditional way. // ⑧ As a result, / local varieties are in danger of disappearing. //
なっていることを // 　その結果　/ 　　在来種は消滅する危機にある　//

⑨ Since local ingredients play a large role / in Japan's rich food culture, / losing
　地方食材は大きな役割を果たすので　 / 　日本の豊かな食文化において　/それらを

them would be a tragedy. // ⑩ This is / what motivated Sora to start his project. //
失うことは悲劇だろう　// これこそ〜だ / 宙にプロジェクトを始める動機を与えたこと //

✓ **構成＆内容チェック**　本文を読んで，（ ）に合う日本語を書きなさい。

①・② F₁ 種とは何かを説明している。
　私たちが買う野菜の多くは F₁ 種と呼ばれる種から育てられるもので，これらは
　(1.　　　　　)を受けてきた高品質の種である。

③〜⑥ F₁ 種の利点
・F₁ 種を使うことで農家は時間と(2.　　　　　)を節約できる。
・高品質の作物を作り，収穫期を規則正しく保ち，均一性を維持できる。
・1年に2種の作物を作ることができる。
→農家の仕事量を減らして，生産高を増やすことができる。

⑦〜⑩ F₁ 種が増えることによる在来種の消滅の危機を示唆している。
　(3.　　　　　)を失うことは日本の豊かな食文化にとって悲劇だ。
→宙はプロジェクトを始めた。

✓ **構成＆内容チェック** の解答　1.改良　2.労力　3.地方食材

❶ 教科書 Q のヒント

Q3 Why are fewer farmers cultivating food in a traditional way nowadays?
（近年，伝統的な方法で食材を栽培している農家が少なくなっているのはなぜですか。）　→本文⑥

🔑 読解のカギ

① Many of the vegetables [we buy every day] are grown from seeds (called
　　　　　　　　S'　　V'　　　　　　　　　　　　　　　　　　　過去分詞
　F₁ seeds).
　➡ the vegetables we buy every day では，the vegetables を we buy every day が後ろから修飾している。
　➡ 過去分詞 called が語句を伴って直前の seeds を修飾している。

② They are high-quality seeds [that have undergone improvements].
　　　　　　　　　　先行詞　　　　　　　　関係代名詞
　➡ They は①で出てきた F₁ seeds を指す。
　➡ that は主格の関係代名詞。先行詞 high-quality seeds を that 以下が修飾している。

③ ... farmers can save on the time (and) effort (required to grow products).
　　　　　　　　　　　　　　　　　　　　　　　過去分詞
　➡ save on A は「A を節約する」という意味で，the time and effort が前置詞 on の目的語になっている。
　➡ required to do は「～するのに必要とされる」という意味で，required to grow products は the time and effort を修飾している。
　✏ Q1. 並べかえなさい。
　この道具は，カレーを作る所要時間を節約してくれます。
　This tool (saves / the time / to / cook / on / needed / curry).
　This tool _____.

⑦ ... this means [that fewer farmers are cultivating seeds ...].
　➡ few は数えられる名詞について「少ない」という意味を表し，fewer はその比較級。「種を栽培する農家が少なくなっている」という意味を表す。
　✏ Q2. 日本語にしなさい。
　This museum will be visited by fewer students.
　(　　　　　　　　　　　　　　　　　　　　　　　　　　　　)

⑩ This is [what motivated Sora to start his project].
　➡ what は先行詞を含む関係代名詞。名詞節を導き This is の補語になっている。
　➡ motivate A to do で「A を～する気にさせる，A に～させる動機を与える」という意味。

🔑 読解のカギ Q の解答　**Q1.** saves on the time needed to cook curry
　　　　　　　　　　　Q2. この博物館を訪れる学生は少なくなるだろう。

PART **2**-2　英文を読む前に，初めて習う文法を含んだ文を確認しましょう！→ p.106 ⑲

ポイント　在来種の地方食材が消滅することで生じるもう１つの問題とは何か。

⑪ There is another problem. //
もう１つの問題がある　　　　//
⑫ Farmers using F_1 seeds / need to purchase
F_1 種を用いる農家は　/　　新しい種を買う

new seeds / each year. //
必要がある　/　毎年　//
⑬ This is / because the seeds from F_1 products grow
これは～だ /　　F_1 作物から取れる種は生育が不十分だから

poorly. //
//
⑭ This raises a big issue: / what if someone were to take control of the
このことは大きな問題を提起する /　　万一だれかが世界の種を支配したら

world's seeds? //
どうなるかという //
⑮ What would happen? //
何が起こるのだろうか //
⑯ Everyone would scramble / to
だれもが先を争うだろう　/

gather the last remaining seeds. //
最後に残った種を集めようと //
⑰ Some people might resort to force. //
中には武力に訴える人たちもいるかもしれない //
⑱ The
世界は

world could become / an extremely dangerous place / if we were to lose the seeds
～になるかもしれない　/　　極度に危険な場所　/　　もし私たちが在来種の種を失う

of local varieties. //
ことになれば　//
⑲ With this thought in mind, / Sora is providing / an
こういった考えを心にとどめたまま /　宙は～を提供している /

alternative to F_1 seeds / by protecting the seeds of traditional vegetables. //
F_1 種の代わりになるもの　/　　伝統野菜の種を保護することで　　　　//

✓ 構成&内容チェック　本文を読んで，（　）に合う日本語を書きなさい。

⑪～⑬ F_1 種を使うもう１つの問題点について言及している。
　F_1 作物から取れる種は生育が不十分なので，F_1 種を用いる農家は毎年新しい種を買わなければならない。

↓

⑭～⑱ ⑪～⑬で述べた問題点の具体的な影響について説明している。
　「万一だれかが世界の種を(1.　　　　　　)したらどうなるか」という問題提起をして，だれもが先を争って最後に残った種を集めようとするだろうと推測している。
　→もし在来種の種を失うことになれば，世界は危険な場所になるかもしれない。

↓

⑲ 問題点と，宙の考えやプロジェクトを結びつけてまとめている。
　⑭～⑱の考えを念頭に置いて，宙は伝統野菜の種を(2.　　　　　)することで，F_1 種の代わりになるものを提供している。

❶ 教科書Qのヒント

Q4 What would happen if someone were to take control of the world's seeds?
（もしだれかが世界の種を支配したら何が起こるでしょうか。）　→本文⑯・⑰

✓ 構成&内容チェック の解答　1. 支配　2. 保護

🎵 読解のカギ

⑫ Farmers (using F₁ seeds) need to purchase new seeds each year.
└──────┘ 現在分詞
➡ 現在分詞 using が語句を伴って直前の Farmers を修飾している。

⑭ This raises a big issue: <u>what if someone were to take control of the world's seeds?</u>　　　what + if 節
➡ a big issue のあとのコロン(:)は同格関係を示しており，a big issue と what if ... ? が同格の関係にある。
➡ what if は「～ならどうなるのだろうか」という意味を表す。ここでは，if 節が if S' were to *do* ～の形になっていて，「万一 S'が～したら」という意味を表す仮定法過去の if 節になっている。

🖊 Q1. 日本語にしなさい。
What if we had to stay here forever?
(　　　　　　　　　　　　　　　　　　　　　　　　　　　　　　　　)

⑯ Everyone would scramble to gather the last remaining seeds.
➡ ⑭・⑮の仮定法過去を使った問いの答えなので，will の過去形 would を使って仮定法過去の形で答えている。

⑰ Some people might resort to force.
➡ resort to *A* で「A に訴える」という意味を表す。

🖊 Q2. ____ を埋めなさい。
唯一の解決法は法に訴えることだ。
Your only remedy is to _____ _____ the law.

⑲ (<u>With</u> <u>this thought</u> <u>in mind</u>), Sora is providing an alternative to F₁ seeds
　　with　　　　O　　　　α
by protecting the seeds of traditional vegetables.
➡ 〈with+O+α〉で「O が～している状態で，～したまま」という付帯状況を表すことができる。With this thought in mind では，O が this thought「この考え」，α が in mind「心にとどめて」で，「この考えを心にとどめたまま」という意味を表す。
　　　　　　　　　　　　　　　　　　　　　　　　　文法詳細 p.116 ▶
➡ an alternative to *A* で「A の代案[代わりとなるもの]」という意味を表す。

🖊 Q3. 並べかえなさい。
彼女はネコに目を向けたまま横になっていた。
She (was / on / lying / with / the cat / her eyes).
She _____.

🎵 読解のカギ Q の解答　**Q1.** 永遠にここにいなければならなかったらどうなるのだろうか。
　　Q2. resort to　　**Q3.** was lying with her eyes on the cat

PART ③

┌─ **ポイント**　　宙は種子ビジネスを通してどんな目標を実現させようとしているか。

① When starting his project, / Sora wrote a proposal / to his parents. //
プロジェクトを始めるとき　　/　　宙は提案書を書いた　　/　　両親に　　//

② They were quite surprised / to hear his idea, / but eventually / they understood /
彼らは非常に驚いた　　/　　彼の考えを聞いて　　/　　しかし最後には　　/　　彼らは理解した　/

that there was more to it / than just making money or having fun. //
それには~以上のものがあると　　/　　単なる金儲けや娯楽　　　　　　//

③ Consequently, / they decided / to support him with his business venture, / even
その結果　　/　　彼らは決めた　　/　　彼のベンチャービジネスを支援することを　　/　　彼が

though he was only a junior high school student / at that time. //
ほんの中学生であったにもかかわらず　　　　/　　当時　　//

④ Running a business / is not easy / for a high school student / with little
事業を経営することは　　/　　簡単ではない　　/　　高校生にとって　　/　　お金が

money. // ⑤ What is worse, / his seed business / is not making much money, /
ほとんどない //　さらに悪いことに　/　彼の種子ビジネスは　/　　あまり収入がなく　　/

and he gets no regular allowance / from his parents. // ⑥ The only way / he can
彼は定期的な小遣いをもらうわけでもない /　　両親から　　//　　唯一の方法は　/　彼がお金を

make money / is to grow and sell organic vegetables / from the seeds / he
稼ぐことができる /　　有機野菜を育てて売ることだ　　　/　　種から　　/　彼が

purchases. // ⑦ However, / he enjoys making trips / to look for seeds. // ⑧ He is
買う　　//　　しかし　/　彼は旅をすることを楽しんでいる　/　種を探すための　//　　彼は

traveling his own path / and making his own discoveries. //
自分の道を行っている　　/　そして自分なりの発見をしているのだ　//

⑨ Sora says, / "My aim is / to change the world / by changing the way / seeds
宙は言う　　/「私の目標は~です　/　世界を変えること　/　方法を変えることによって /　　種が

are distributed. // ⑩ It's actually very interesting / to study seed-related
供給される　　//　　本当にすごくおもしろいです　　/　　種に関する科学技術を

technologies, / such as fertilization and genetic modification, / but / I don't think /
学ぶことは　/　　受粉や遺伝子組み換えといった　　/　でも / 私は思いません /

that technology alone is enough / to make big changes. // ⑪ When seed-related
科学技術だけで十分だと　　/　大きな変化を起こすために　//　　種に関する

technologies and new methods of distribution come together, / the seed industry /
科学技術と新しい供給方法が一体となるとき　　　　　　/　　種子産業は　　/

will start to change. // ⑫ I want to be there / when that happens." //
変わり始めるでしょう　//　私はそこにいたいと思っています /それが起こるときに」//

✔ **構成&内容チェック** 本文を読んで，（　）に合う日本語を書きなさい。

①〜③ 宙から彼のプロジェクトの内容を聞いた両親の様子を説明している。
宙の両親は宙の考えに非常に(1.　　　　　　　)が，最後にはそれには単なる金儲け
や娯楽以上のものがあると理解して，彼のビジネスを支援する決心をした。

↓

④〜⑧ 事業を始めた宙の様子が説明されている。
事業からの収入が少なく，定期的な小遣いもない宙は，買った種から(2.　　　　　　　)
を育てて売ってお金を稼いでいる。しかし彼は，種を探すための旅を楽しんでいる。

↓

⑨〜⑫ 宙の(3.　　　　　　　)と種子産業の未来について宙が語った内容を紹介して
いる。
宙の(3)：「種が供給される方法を変えることで，世界を変えること」
科学技術だけでは大きな変化を起こすのに不十分で，種に関する科学技術と新しい供
給方法が一体となるとき，種子産業は変わり始めるだろうと宙は考えている。

❗ **教科書Qのヒント**

Q5 How does Sora make money to run his business?
（宙は事業を運営するためのお金をどのように稼いでいますか。）　→本文⑥

Q6 What is Sora's aim in carrying out his project?
（プロジェクトを実行することにおける宙の目標は何ですか。）　→本文⑨

🔑 **読解のカギ**

① (When starting his project,) Sora wrote a proposal to his parents.
　　接続詞　現在分詞で始まる分詞構文

➡ 分詞構文では，ふつう接続詞と主語が省略され，動詞が分詞の形になるが，接続詞
　の意味を明確にしたい場合は接続詞が残される。

② They were quite surprised (to hear his idea), but eventually they understood
　　　　　　　　　　　　　　　　　　不定詞
[that there was more to it than just making money or having fun].

➡ to hear は「〜を聞いて」という意味を表す副詞的用法の不定詞で，were quite
　surprised「非常に驚いた」という〈感情〉の〈原因〉を表している。

➡ that 節の中の was は，主節の understood との時制の一致で過去形になっている。

➡ there is more to A than B は「A には B 以上のものがある」という意味を表す。A
　に当たる it は，his idea「彼(=宙)の考え」を指している。

✏ **Q1. 日本語にしなさい。**

There is more to life than work.
（　　　　　　　　　　　　　　　　　　　　　　　　　　　　　　　　　　）

③ **Consequently, they decided to support him with his business venture, [even though he was only a junior high school student at that time].**

➡ even though は「〜にもかかわらず」という意味を表す。

➡ at that time は「当時」という意味を表す。

◢ Q2. 日本語にしなさい。

He supported my business, even though he wasn't rich at that time.

(   )

④ **Running a business is not easy for a high school student (with little money).**
　　動名詞　　　　　　　　　　　　　　　　　　　　　　　　　　　　　　前置詞句

➡ run a business は「事業を経営する」という意味を表す。ここでは run が動名詞になっていて、Running a business が文の主語になっている。

➡ 前置詞句 with A は「A を持った」という意味を表す。ここでは、A にくる〈little + 不可算名詞〉が「ほとんど〜がない」という意味を表すので、a high school student with little money で「お金がほとんどない高校生」という意味になる。

⑤ **What is worse, his seed business is not making much money, and he gets no regular allowance from his parents.**

➡ what is worse は「さらに悪いことに(は)」という意味を表す。

◢ Q3. ＿＿＿ を埋めなさい。

さらに悪いことには、雪が降り始めた。

＿＿＿＿＿＿ was ＿＿＿＿＿＿, it started snowing.

⑥ **The only way [he can make money] is to grow (and) sell organic vegetables**
　　　　　 S └＿＿＿＿┘　　　　　　　　　　 V C 不定詞(名詞的用法)

(from the seeds [he purchases]).
　　　　　　└＿＿┘S'　　　 V'

➡ he can make money は直前の The only way を修飾している。way のあとに関係副詞の how が省略されている。

➡ to grow and sell は名詞的用法の不定詞で、to grow 以下が文の補語になっている。

➡ the seeds と he purchases の間に目的格の関係代名詞 that[which]が省略されている。

⑨ **Sora says, "My aim is (to change the world by changing the way [seeds are distributed]).**　　不定詞(名詞的用法)

➡ to change は名詞的用法の不定詞で「〜を変えること」という意味を表す。to change 以下が発言内の文の補語になっている。

➡ seeds are distributed は直前の the way を修飾している。way のあとに関係副詞の how が省略されている。

♪ 読解のカギ Q の解答　**Q1.** 人生には仕事以上のものがある。　**Q2.** 彼は当時金持ちではなかったにもかかわらず、私のビジネスを支援してくれた。　**Q3.** What, worse

PART ④-1

ポイント　伝統野菜を保存しようとする農家や企業はどのような活動をしているか。

① Sora is not the only one / trying to preserve unique seeds. //
宙は唯一の人ではない / 独自の種を保存しようとしている //
② A group of
若い農家の

young farmers / are thinking of / growing traditional vegetables from preserved
人たちのグループは / ～を考えている / 保存された種から伝統野菜を育てること

seeds / and expanding a classic style of Japanese food culture. //
/ そして昔ながらのスタイルの日本の食文化を拡大すること //
③ Some
いくつかの

organizations / run "seed banks" / for storing seeds / that are at risk of
組織は / 「種子銀行」を運営している / 種を貯蔵するための / 絶滅の危機に

disappearing. // ④ In addition, / several corporations / are attempting to revive /
さらされている // さらに / 数社の企業は / 復活させようとしている /

the use of traditional vegetables / to promote biodiversity. //
伝統野菜の利用を / 生物多様性を促進するために //
⑤ As a result, / more
その結果 / より

people are becoming aware / of the importance of traditional vegetables / and the
多くの人々が気づくようになっている / 伝統野菜の重要性に / そして

need for their conservation. //
それらの保存の必要性に //

✓ 構成&内容チェック　本文を読んで，（　）に合う日本語を書きなさい。

①～④ 伝統野菜を保存しようとする人々の活動を紹介している。
　・若い農家の人たちのグループ：保存された種から伝統野菜を育て，昔ながらのスタイルの日本の食文化を拡大しようと考えている。
　・「種子(1.　　　　　)」の運営：絶滅の危機にさらされている種を貯蔵している。
　・数社の企業：伝統野菜の利用を復活させようとしている。

↓

⑤ ①～④の活動の結果が述べられている。
　①～④の活動の結果，より多くの人々が伝統野菜の(2.　　　　　)と保存の
　(3.　　　　　)に気づき始めている。

🔑 読解のカギ

① Sora is not <u>the only one</u> (trying to preserve unique seeds).
　　　　　　　　　　　　　　現在分詞

→ ここでの one は「人」という意味である。trying to *do* は「～しようとしている」という意味で，trying to preserve unique seeds の分詞句が，the only one を修飾している。

② **A group of young farmers are thinking of growing traditional vegetables**
　　　　　　　　　　　　　　　　　　　　　動名詞

from preserved seeds and expanding a classic style of Japanese food
　過去分詞 └──────┘　　　　　　動名詞

culture.

→ 〈think of＋動名詞〉は「～することを考える」という意味で，and は前置詞 of の目的
　語の動名詞句 growing ... seeds と expanding ... culture をつないでいるので，are
　thinking 以下は「～することや…することを考えている」という意味を表している。

→ 過去分詞 preserved は 1 語で，被修飾語の seeds の直前に置かれている。過去分詞
　句（2 語以上）であれば，直後に置く。

③ **Some organizations run "seed banks" for storing seeds [that are at risk**
　　　　　　　　　　　　　　　　　　　先行詞 └──────┘　関係代名詞

of disappearing].

→ run A で「A を経営する」という意味を表す。

→ that are at risk of disappearing の that は主格の関係代名詞で，that 以下は先行詞
　seeds を修飾している。at risk of A は「A の危機にさらされて」という意味を表す。

🎵 Q1.　＿＿を埋めなさい。

世界の多くの子どもたちが飢えの危機にさらされている。

Many children in the world are at ＿＿＿＿ ＿＿＿＿ hunger.

④ **In addition, several corporations are attempting to revive the use of traditional vegetables to promote biodiversity.**

→ In addition は「さらに，加えて」という意味で，ここでは②・③で述べられた伝統
　野菜を保存しようとする活動例に加えてその他の例を述べている。

⑤ **As a result, more people are becoming aware of the importance of traditional vegetables and the need for their conservation.**

→ As a result は「その結果」という意味で，②～④で述べられた伝統野菜を保存しよ
　うとする活動の結果を述べている。

→ be aware of A で「A に気づいている」という意味で，be の代わりに become「～にな
　る」を置くと，「A に気づくようになる」という意味になる。前置詞 of の目的語である
　the importance ... vegetables と the need ... conservation が and でつながれている。

→ become のように変化を表す動詞は，現在進行形では「～しつつある」という意味を
　表す。たとえば，be dying で「枯れ［死に］かけている」，be changing で「変わりつ
　つある」という意味を表す。

🎵 Q2.　日本語にしなさい。

The situation was becoming more serious.

（　　　　　　　　　　　　　　　　　　　　　　　　　　　　）

PART ④-2　英文を読む前に，初めて習う文法を含んだ文を確認しましょう！→p.113 ⑧

ポイント　宙の次の目標は何か。

⑥ Sora's next goal is / an online business. // ⑦ His website will be a platform /
宙の次の目標は〜だ / オンラインビジネス // 彼のウェブサイトはプラットフォームになるだろう /

for people to purchase seeds. // ⑧ Users will also have seeds sent to them / from
人々が種を買うための　//　利用者はまた種を彼らに送ってもらう　/ ほかの

other regions / in exchange for some of their local seeds. // ⑨ There may still be /
地域から　/　彼らの地元のいくつかの種と引き換えに　//　まだあるかもしれない /

some technical issues, / but / Sora has high hopes / for the future. //
いくつかの技術的な問題が / しかし / 宙は大きな期待を持っている　/ 未来に //

⑩ "Even high school students / can make changes / by starting with something
「高校生であっても　/ 変化を生み出すことができます / 何か身近なことから始める

familiar. // ⑪ Dealing with familiar seeds / is about dealing with a crisis / that
ことで　// 身近な種を扱うことは　/ 危機に対処するということです / 私たち

affects us humans. // ⑫ There are various issues / we could all be tackling / in our
人間に影響を与える　// さまざまな問題があります/ 私たちみんなが取り組んでいるかもしれない /

everyday lives. // ⑬ We need / to find one around us / and think it over." // ⑭ So, /
毎日の生活の中で / 私たちには〜の必要があります / 周囲にある問題を見つけ / それについてよく考える」// では/

what issues can you find? // ⑮ What kind of seeds can you sow / for our future? //
あなたはどんな問題を見つけることができるだろう// どんな種をまくことができるだろう / 私たちの将来に向けて //

構成＆内容チェック　本文を読んで，（　）に合う日本語を書きなさい。

⑥〜⑨ 宙の次の目標について説明されている。
　宙の次の目標：(1.　　　　　　　)ビジネス
　→宙のウェブサイトを通して，種の購入とやりとりをすることができる。

⑩〜⑬ 宙の述べた言葉が紹介されている。
　「(2.　　　　　　)なことから始めることで変化を生み出すことができる」

⑭・⑮ ⑩〜⑬の宙の言葉をもとに，本レッスンのまとめとして問いかけをしている。
　どんな問題を見つけ，将来に向けてどんな種をまくことができるだろう？

教科書Qのヒント

Q7 What is Sora's next goal in his project?
（宙のプロジェクトにおける次の目標は何でしょうか。）→本文⑥

Q8 How can high school students make changes?
（どのようにすれば高校生が変化を生み出すことができますか。）→本文⑩

構成＆内容チェック の解答　1. オンライン　2. 身近

🔑 読解のカギ

⑦ **His website will be a platform (for people to purchase seeds).**

意味上の主語　不定詞の形容詞的用法

➡ for people は形容詞的用法の不定詞 to purchase の意味上の主語で，for people to
purchase seeds「人々が種を買うための」は a platform を修飾している。

⑧ **Users will also have seeds sent to them from other regions (in exchange**

V　　　O　　過去分詞

for some of their local seeds).

➡ have は使役動詞。〈have＋O＋過去分詞〉で「O を〜してもらう」という意味を表す。

文法詳細 p.117

➡ in exchange for A で「A と引き換えに」という意味を表す。

📝 Q1. 並べかえなさい。

彼は車を洗ってもらった。(had / washed / he / his car).

_____.

⑩ **... can make changes by starting with something familiar.**

➡ start with A で「A で[から]始める」という意味を表す。

➡ something や anything，nothing を修飾する場合，修飾語(句)は後ろに置く。

⑪ **Dealing with familiar seeds is about dealing with a crisis [that affects us**

動名詞　　　　　　　　　　　　　　　　　　　　先行詞　　　関係代名詞

humans].

➡ deal with A で「A を扱う，A に対処する」という意味を表す。ここでは deal が動名
詞になっていて，Dealing with familiar seeds が文の主語になっている。

➡ be (all) about doing で活動や仕事などの目的や本質を表し，「〜するということだ」
という意味を表す。

➡ a crisis を関係代名詞節が修飾している。us humans は us ＝ humans という同格の
関係になっていて，「私たち人間」という意味を表す。

📝 Q2. 日本語にしなさい。

Friendship is about understanding each other.

(　　　　　　　　　　　　　　　　　　　　　　　　　　　　　)

⑫ **There are various issues [we could all be tackling in our everyday lives].**

➡ issues と we の間の関係代名詞 that[which]が省略されている。

➡ could は「〜かもしれない」という現在または未来に対する〈可能性・推量〉を表す。

🔑 読解のカギ Q の解答　**Q1.** He had his car washed(.)
　　　　　　　　　　　　Q2. 友情とはお互いを理解するということだ。

😊 Comprehension ❗ヒント

Fill in the blanks to complete the memo about Sora.

（下線部に適切な語を入れて，宙についてのメモを完成させなさい。）

1 彼はいつ自分のプロジェクトを始めたか。

（㊚ p.66, ℓℓ.3~4）

2 彼は現在何をしているか。

（㊚ p.66, ℓ.3）

3 彼は種を探すための何を楽しんでいるか。

（㊚ p.70, ℓℓ.14~16）

4 彼は将来に向けて何を持っているか。

（㊚ p.72, ℓℓ.14~15）

5 彼は日本の伝統野菜の独自の種をどうしようとしているか。

（㊚ p.72, ℓℓ.1~2）

6 彼に種子ビジネスを始めさせる動機となったのは，日本の豊かな何を守ることだったか。

（㊚ p.68, ℓℓ.12~15）

7 不運にも，彼の種子ビジネスは大金をどうしているか，またはしていないか。

（㊚ p.70, ℓℓ.9~11）

8 何から始めることで，高校生でも変化を生み出すことができるか。

（㊚ p.72, ℓℓ.16~17）

(i) More Information ①ヒント

Questions

1. 🏫 p.78 の記事と中央のグラフから，1960 年以来，日本の食料自給率がどのように変化してきたのかを読み取る。
    ➡ 記事の percent「割合」などの量を表す数字，比較表現などに注目する。

2. 🏫 p.78 の記事と下部のグラフから，日本の食料自給率は，ほかの先進国と比較してどうかを読み取る。
    ➡ グラフの calorie basis は熱量で換算するカロリーベースの食料自給率，output value basis は金額で換算する生産額ベースの食料自給率である。どちらの値も日本は比較されている国の中で下位であることに注目する。

3. 日本政府が食料自給率 45% という目標を設定したが，食料自給率を上げるのがなぜ大切なのかを答える。
    ➡ Because if the rate is low, ... 「なぜなら，もしその率(＝食料自給率)が低いと，…」の形で，食料自給率が低いことで生じうる問題点を述べるとよい。
    ➡ 食料自給率が低いということは，さまざまな食品について，外国からの輸入に頼っているということを意味している。したがって，たとえば，何らかの出来事によって，貿易ができなくなったとき，それらの食品の入手が困難になる，また，貿易ができなくなるとまではいかなくても，輸入量が減少しただけでも，そのことが日々の食事に影響を与えうるといった問題点が考えられる。
    ➡ export「輸出」, import「輸入」, affect A「A に影響する」, daily meal「日々の食事」などの表現を使ってもよい。

Development

・Questions に対する答えをもとに，日本の食料自給率について作文を書く。
    ➡ 日本の食料自給率が年々低くなってきていることや先進国の中で低いこと，また，日本の食料自給率を上げる必要があることに加え，そもそも，なぜ日本の食料自給率は低いのか，また，日本の食料自給率を上げるにはどうすればよいか，などを述べるとよい。
    ➡ 食料自給率が低い理由については，たとえば，日本人の食生活が欧米化したことが挙げられる。そのほか，安く輸入された食品に対する，多くの需要と供給が一致することで，国産の食品に対する需要と供給が少なくなってしまうことも挙げられる。
    ➡ これらの理由を踏まえて，食料自給率を上げる方法を述べるとよい。具体的には，従来の日本型の食生活を意識するようにする，国産の食品を多く消費するようにする，といった方法が挙げられる。
    ➡ eating habits「食習慣」, supply and demand[demand and supply]「供給と需要[需要と供給]」, consume A「A を消費する」などの表現を使ってもよい。

🔖 **Grammar**

G-9 付帯状況を表す

・同時に起こっている事柄を補足説明するときに，〈with＋O＋α〉を用いることがある。
・〈with＋O＋α〉の O は α の意味上の主語になり，「O が〜している状態で，〜したまま」という意味を表す。α には形容詞，副詞，前置詞句，分詞が用いられる。

〈with ＋ O ＋ α〉のαが形容詞

Don't talk <u>with your mouth full</u>.
　　　　　　　　　O　　　　α（形容詞）

(口をいっぱいにしたまましゃべらないで。)

➡ your mouth is full(口がいっぱい)という関係が成り立っている。

〈with ＋ O ＋ α〉のαが副詞

I fell asleep last night <u>with the TV on</u>.
　　　　　　　　　　　　　　　O　　α（副詞）

(私は昨夜，テレビをつけたまま寝入ってしまった。)

➡ the TV was on(テレビがついていた)という関係が成り立っている。

〈with ＋ O ＋ α〉のαが前置詞句

He stood <u>with his hands in his pockets</u>.
　　　　　　　　　O　　　　α（前置詞句）

(彼はポケットに両手を入れたまま立っていた。)

➡ his hands were in his pockets(両手がポケットに入っていた)という関係が成り立っている。

〈with ＋ O ＋ α〉のαが現在分詞

He waited for her to come back <u>with the engine running</u>.
　　　　　　　　　　　　　　　　　　O　　α（現在分詞）

(彼はエンジンをかけたまま彼女が戻って来るのを待った。)

➡ the engine was running(エンジンがかかっていた)という関係が成り立っており，目的語と分詞は能動の関係にある。

〈with ＋ O ＋ α〉のαが過去分詞

The woman was sitting <u>with her legs crossed</u>.
　　　　　　　　　　　　　O　　α（過去分詞）

(その女性は脚を組んで座っていた。)

➡ her legs were crossed(脚が組まれた)という関係が成り立っており，目的語と分詞は受動の関係にある。

G-10 使役動詞

・使役動詞とは，相手にある行為をさせることを意味する動詞である。
・〈have[get]＋O＋過去分詞〉は，「O を〜してもらう(使役)」，「O を〜される(被害)」という意味を表す。

「O を〜してもらう」(使役)

She had[got] **her hair cut.**
　　　　　　　　O　　過去分詞

(彼女は髪を切ってもらった。)

➡ her hair was cut(彼女の髪は切られた)という関係が成り立っており，目的語 her hair は過去分詞 cut と受動の関係にある。

「O を〜される」(被害)

She had[got] **her bag stolen.**
　　　　　　　　O　　過去分詞

(彼女はかばんを盗まれた。)

➡ her bag was stolen(彼女のかばんは盗まれた)という関係が成り立っており，目的語 her bag は過去分詞 stolen と受動の関係にある。

＋α

〈have ＋ O ＋現在分詞〉を使った使役

・〈have＋O＋現在分詞〉は，O を現在分詞の意味上の主語として，「O に〜させる」という意味を表す。

I had **her laughing.**
　　　　O　現在分詞

(私は彼女を笑わせた。)

➡ she was laughing(彼女は笑っていた)という関係が成り立っており，目的語 her は現在分詞 laughing の意味上の主語になっている。

＋α

〈have ＋ O ＋原形不定詞〉を使った使役

・〈have＋O＋原形不定詞〉は，O を原形不定詞の意味上の主語として，「O に〜してもらう」という意味を表す。

I had **her cut my hair.**
　　　　O　原形不定詞

(私は彼女に髪を切らせた(＝私は彼女に髪を切ってもらった)。)

➡ she cut my hair(彼女は私の髪を切った)という関係が成り立っており，目的語 her は原形不定詞 cut の意味上の主語になっている。

📝 定期テスト予想問題　　　解答 ⇨ p.120

1 日本語に合うように，____に適切な語を入れなさい。

(1) 道に迷った。さらに悪いことには，暗くなってきている。
We are lost. _____ is _____, it is getting dark.

(2) 決して暴力に訴えることはしてはいけない。
You must never _____ _____ violent means.

(3) 雨が降ったにもかかわらず，試合は延期されなかった。
_____ _____ it was rainy, the game wasn't postponed.

(4) 仕事にはお金以上のものがある。
There is _____ to work _____ money.

(5) 私たちには事業を経営するための多くのお金が必要だ。
We need a lot of money to _____ a _____ with.

(6) 万が一，私が仕事を辞めたら，あなたはどうしますか。
If I _____ _____ quit my job, what would you do?

(7) 両親は，私の稼ぎで暮らしている。
My parents _____ _____ my earnings.

2 次の文の____に，（　）内の語を適切な形に変えて入れなさい。

(1) I'll have the wall _____ before it snows. (fix)

(2) She opened the box with her eyes _____. (shine)

(3) She was sitting with her arms _____. (fold)

3 日本語に合うように，（　）内の語句を並べかえなさい。

(1) 彼は帽子をかぶったままで立ち上がった。
He (stood / his hat / up / with / on).
He _____.

(2) 私はそのお店でノートパソコンを修理してもらった。
I (my laptop / at / had / the store / repaired).
I _____.

4 次の英語を日本語にしなさい。

(1) She read the article with tears in her eyes.
(　　　　　　　　　　　　　　　　　　　　　　　　)

(2) I got my wallet stolen in the hotel.
(　　　　　　　　　　　　　　　　　　　　　　　　)

(3) My brother often sleeps with the window open.
(　　　　　　　　　　　　　　　　　　　　　　　　)

5 次の英文を読んで，あとの問いに答えなさい。

　Sora is a high school student. When he was in the third grade of junior high school, Sora started a project: traveling around Japan collecting seeds to sell in Tokyo. Some seeds are for well-known, branded local specialties （　①　） Kyoto's "Kamo eggplant" and Gunma's "Shimonita green onions." Other seeds are for lesser-known local varieties. In Japan, many traditional vegetables have been cultivated in certain areas and have not been grown outside these areas. ②<u>They are now on the （　） （　） extinction.</u>

(1) （　①　）に適切な前置詞を入れなさい。
　――――

(2) 下線部②が「それらは今や絶滅の間際にある」という意味になるように，（　）に適切な語を入れなさい。
　――――――――　――――――――

(3) 宙が始めたプロジェクトはどのようなものですか。日本語で答えなさい。
　（　　　　　　　　　　　　　　　　　　　　　　　　　　　　　）

(4) 次の質問に英語で答えなさい。
　When did Sora start his project?
　――――――――――――――――――――――――――――――

6 次の英文を読んで，あとの問いに答えなさい。

　①<u>(can / the only / money / way / make / he)</u> is to grow and sell organic vegetables from the seeds he purchases. However, he enjoys making trips to look for seeds. He is traveling his own path and making his own discoveries.

　Sora says, "My aim is to change the world by changing the way seeds are distributed. It's actually very interesting to study seed-related technologies, such as fertilization and genetic modification, but I don't think that technology alone is enough to make big changes. When seed-related technologies and new methods of distribution come together, the seed industry will start to change. I want to be there when ②<u>that</u> happens."

(1) 下線部①が「彼がお金を稼ぐことができる唯一の方法」という意味になるように，（　）内の語句を並べかえなさい。
　――――――――――――――――――――――――――――――

(2) 下線部②の that が指す内容を具体的に日本語で説明しなさい。
　（　　　　　　　　　　　　　　　　　　　　　　　　　　　　　）

(3) 宙の目標は何ですか。日本語で答えなさい。
　（　　　　　　　　　　　　　　　　　　　　　　　　　　　　　）

小林宙 著『タネの未来 僕が15歳でタネの会社を起業したわけ』家の光協会，2019

📝 **定期テスト予想問題　解答**　　pp.118~119

1 (1) What, worse　　(2) resort to　　(3) Even though　　(4) more, than
　(5) run, business　　(6) were to　　(7) live off

2 (1) fixed　　(2) shining　　(3) folded

3 (1) stood up with his hat on
　(2) had my laptop repaired at the store

4 (1) 彼女は目に涙を浮かべてその記事を読んだ。
　(2) 私はホテルで財布を盗まれた。
　(3) 兄[弟]はよく窓を開けたまま眠る。

5 (1) like　　(2) verge of
　(3) 東京で売るための種を集めながら日本中を旅すること。
　(4) 例 When he was in the third grade of junior high school.

6 (1) The only way he can make money
　(2) 種に関する科学技術と新しい供給方法が一体となり，種子産業が変わり始
　　めること。
　(3) 種が供給される方法を変えることによって世界を変えること。

💡 **解説**

1 (1) what is worse「さらに悪いことには」　　(2) resort to A「A に訴える」
　(3) even though「～にもかかわらず」　　(4) there is more to A than B「A には
B 以上のものがある」　　(5) run a business「事業を経営する」　　(6) If S' were to
do「万一 S' が～したら」　　(7) live off A「A によって生きる」

2 (1)〈have＋O＋過去分詞〉で「O を～してもらう」という意味。　　(2)〈with＋
O＋現在分詞〉で「O が～している状態で」という意味。　　(3)〈with＋O＋過去
分詞〉で「O が～された状態で」という意味。

3 (1)〈with＋O＋α〉のαが副詞 on になるようにする。　　(2)「O を～してもら
う」は〈have＋O＋過去分詞〉で表す。

4 (1)(3)〈with＋O＋α〉は付帯状況を表し，「O がαの状態のまま」などと訳す。
　(2)〈get[have]＋O＋過去分詞〉で「O を～してもらう，～される」という意味。
使役か被害かは文脈で判断する。この場合は被害を表している。

5 (1) like ～「～のような」　　(2) on the verge of A「A の間際で」　　(3) Sora
started a project: のコロン(:)は同格を表すので，その直後がプロジェクトの内
容を表している。　　(4) 質問文は「宙はいつ彼のプロジェクトを始めましたか」
という意味。

6 (1) The only way を how を省略した関係副詞節の〈主語＋動詞〉が後ろから修
飾する形で表す。　　(2) that は直前の 1 文の内容を指している。　　(3) 第 2 段落第
1 文 Sora says, "My aim is ～ ."「宙は言います，『私の目標は～です』」に注目。

Lesson 5 Language Change over Time

単語・熟語チェック

PART ❶	search	(動) 捜す	I **searched** for my smartphone. 私は自分のスマートフォンを捜した。
	theme	(名) 主題，テーマ	Please tell me the main **theme**. 主なテーマを教えてください。
	presenter	(名) 発表者	The next **presenter** is Naoya. 次の発表者はナオヤです。
	evolve	(動) 変化する，進化する	Technology will continue to **evolve**. 技術は変化し続けるだろう。
	England	(名) イングランド	He studied English in **England**. 彼はイングランドで英語を勉強した。
PART ❷	device	(名) 装置，機器	When was the **device** invented? その装置はいつ発明されたのか。
	original	(形) 元の，最初の	Please return that tool to its **original** place. その道具を元の場所に戻してください。
	equipment	(名) 備品，装置，機器	The hospital has a lot of medical **equipment**. その病院には多くの医療機器がある。
	develop A	(動) A を発達させる[開発する]	He wants to **develop** robots in the future. 彼は将来ロボットを開発したい。
	brand-new	(形) 真新しい，新品の	He gave me a **brand-new** coffee maker. 彼は新品のコーヒーメーカーを譲ってくれた。
	tweet	(名) さえずり，ツイート	I heard the **tweets** of sparrows. 私にはスズメのさえずりが聞こえた。
	stream	(名) 流れ，小川，ストリーム	Step across the **stream** with care. 気をつけて小川を渡りなさい。
	web	(名) クモの巣，ウェブ	I saw a butterfly caught in a **web**. 私はクモの巣に捕まった蝶を見た。
	spider	(名) クモ	My mother and sister hate **spiders**. 私の母と姉[妹]は，クモが嫌いだ。
	network	(名) 網状組織，ネットワーク	He established a **network** of offices. 彼がオフィスのネットワークを作り上げた。
	frequently	(副) 頻繁に，よく	I talk with him on the phone **frequently**. 私はよく彼と電話で話す。
PART ❸	politics	(名) 政治，政治活動	The students are interested in **politics**. その生徒たちは政治に興味を持っている。
	independence	(名) 独立，自立	I'll support his **independence**. 私は彼の自立を支援します。
	congress	(名) 会議，(アメリカの)議会[国会]	My father was a member of the US **Congress**. 私の父はアメリカの国会議員だった。
	republic	(名) 共和国	They made an effort to establish a **republic**. 彼らは共和国を打ち立てる努力をした。

somebody	名 だれか	**Somebody** stole my umbrella. だれかが私の傘を盗んだ。
preside	動 取り仕切る	She will **preside** over the ceremony. 彼女が式を取り仕切る予定だ。
preside over *A*	熟 A を取り仕切る, A の司会をする	Who will **preside over** the next meeting? だれが次の会議を取り仕切るだろう？
discussion	名 討論，議論	I told them to start a group **discussion**. 私は彼らにグループ討論を始めるように言った。
temporarily	副 一時的に	The road was **temporarily** shut down. その道路は一時的に封鎖された。
temporary	形 一時的な，仮 の	He is a **temporary** worker during the holiday season. 彼は休暇中の一時的な従業員だ。
identity	名 独自性,個性, 主体性	You must not lose your own **identity**. あなたは自分の主体性を失ってはならない。
congratulation	間 〈複数形で〉 おめでとう	**Congratulations** on your new child! ご出産おめでとう！
knowledgeable	形 博識の，もの 知りの	She is a **knowledgeable** student. 彼女は博識な学生だ。
conclude *A*	動 A を終わりに する[完結する]	With this, we will **conclude** the ceremony. これをもって，式を終わりにします。
gradual	形 段階的な，ゆ るやかな	There was a **gradual** change. ゆるやかな変化があった。
further	形 さらに付け加え た，さらに遠い	We are expecting **further** details. さらに付け加えた詳細をお待ちしております。

PART ④

PART ①

ポイント　言語の変化を示すために、タクはどのような例を挙げているか。

① *Akari's class has been given / a group project to do.* //
アカリのクラスは与えられた　/　行うべきグループ研究を　//

② *Students in a group /*
グループになった生徒たちは /

search for information / related to language and culture / and give a presentation
情報を捜す　/　言語と文化に関連する　/　そしてそれについて発表する

about it / to the class. // ③ *Akari's group is now presenting / their project.* //
/　クラスに　//　現在アカリのグループが発表している /　自分たちの研究を　//

Akari: ④ The theme of our project / is "How a language changes." // ⑤ We will present /
アカリ:　　私たちの研究のテーマは　/「どのように言語は変化するか」です // 私たちは発表します /

　various examples of language change. // ⑥ The first presenter is Taku. //
　　言語の変化のさまざまな例を　　//　　最初の発表者はタクです　//

Taku: ⑦ Thank you, Akari. // ⑧ I will present to you / some evidence / that shows /
タク:　ありがとう、アカリ //　私はみなさんに発表します/ いくつかの証拠を /　示す /

　languages slowly change / over time. // ⑨ Did you know / that languages evolve /
　言語はゆっくりと変化することを / 時が経つにつれて / みなさんは知っていましたか / 言語は変化することを /

　slowly and gradually? // ⑩ We don't usually notice / the change happening, / but /
　ゆっくりと徐々に // 私たちはたいてい気づきません / その変化が起こっていることに / しかし /

　when we read old Japanese, / we notice / that the language is very different from
　古い日本語を読むとき　/ 私たちは気づきます / その言語が今とは非常に異なっていることに

　now. // ⑪ For example, / it's difficult for us / to read the *Genji-monogatari*, /
　// たとえば　/　私たちには困難です /　『源氏物語』を読むのは /

　which was written in the Heian period, / more than 1,000 years ago. //
　それは平安時代に書かれたものです　/　　千年以上前に　//

　⑫ I'll show you another example. // ⑬ Look at this slide. // ⑭ This is a
　もう1つの例を示します　// このスライドを見てください // これは有名な

famous line / from the play *Romeo and Juliet*, / which was first shown / in
一節です　/　『ロミオとジュリエット』という劇の　/　それは初めて上演されたものです /

England around 1595. // ⑮ Can you guess / what it means? // ⑯ It means, / "Oh,
1595年ごろのイングランドで //推測できますか /それがどういう意味なのか /それは意味しています/

Romeo, Romeo! // ⑰ Why are you Romeo?" // ⑱ You can see / how different /
「おお、ロミオ、ロミオ! /あなたはどうしてロミオなの?」と / あなたにはわかります / どれだけ異なっていたのかを /

the words in those days / were from the current English. //
　　当時の言葉が　/　　現在の英語と　//

✓ 構成&内容チェック　本文を読んで、（　）に合う日本語を書きなさい。

①〜③ 本レッスンの導入部分。生徒たちの発表内容について説明している。
　グループで言語と文化に関連する情報を捜し、それについてクラスに発表する。

④〜⑥ 司会のアカリは発表のテーマと最初の発表者を紹介している。
　アカリのグループの発表テーマは「どのように言語は(1.　　　　　)」で，最初の発表者タクを紹介している。

⑦〜⑩ タクの発表内容が述べられている。
　言語が，時が経つにつれてゆっくりと変化する(2.　　　　　)を発表しようとしている。

⑪ ⑦〜⑩の1つ目の例が示されている。
　私たちにとって『源氏物語』を読むのが困難なのは，(3.　　　　　)以上前の平安時代に書かれたものだから。

⑫〜⑱ ⑦〜⑩の2つ目の例が示されている。
　1595年ごろ上演された『ロミオとジュリエット』という劇の一節から，当時の英語が現在のものとどれだけ異なっていたかを示している。

教科書Qのヒント

Q1 What will Taku present to us?
（タクは私たちに何を発表するつもりですか。）　→本文⑧

Q2 What does "Wherefore art thou Romeo?" in the play *Romeo and Juliet* mean?
（『ロミオとジュリエット』という劇の中で「Wherefore art thou Romeo?」はどういう意味ですか。）
→本文⑰

読解のカギ

① *Akari's class has been given a group project (to do).*
　　　　　　have[has] been＋過去分詞　　　　不定詞(形容詞的用法)

➡ has been given は現在完了形の受動態で，「与えられた」という意味。〈完了・結果〉の用法で使われている。
➡ to do は a group project を修飾する形容詞的用法の不定詞。

② *Students in a group search for information (related to language and culture)....*
　　　　　　　　　　　　名詞　　　　　　過去分詞＋語句(副詞句)

➡ search for A で「A を捜す」という意味。
➡ 過去分詞 related が語句を伴って information を後ろから修飾している。
➡ related to A は「A に関連して[関係して]」という意味を表す。

✔ 構成＆内容チェック の解答　1. 変化するか　2. 証拠　3. 千年

⑧ **I will present to you some evidence [that shows languages slowly**
　S　　　V　　　　　　　　　　　　O 先行詞　　┗━━━━┛関係代名詞(主格)

change over time].

➡ 通常は I will present some evidence to you ... という語順になるが，some evidence
を修飾する関係代名詞節が続くため，to you が some evidence の前に置かれている。

➡ that は主格の関係代名詞。that ... time が先行詞 some evidence を修飾している。

➡ over time は「時が経つにつれて」という意味を表す。

⑩ **We don't usually notice the change happening, but when we read old**
　　　　　　　　　　　　V＋O＋C（現在分詞）

Japanese, we notice [that the language is very different from now].
　　　　　　　　　V＋O（that 節）

➡ notice the change happening は「変化が起こっていることに気づく」という意味。
〈知覚動詞 notice＋O＋現在分詞〉で「O が〜しているのに気づく」という意味を表す。

➡ 〈notice＋that 節〉は「〜だということに気づく」という意味。

➡ be different from A は「A と異なっている」という意味。

⑪ **For example, it's difficult for us to read the *Genji-monogatari*, [which was ...**
　　　　　　　　　　　　　　　　　　　先行詞　┗━━━┛関係代名詞(主格)
ago].

➡ 〈先行詞＋コンマ(,) which〉は非限定用法の関係代名詞で，which 以下が先行詞の
the *Genji-monogatari* に追加の説明を加えている。

⑭ **This is a famous line from the play *Romeo and Juliet*, [which was ... 1595].**
　　　　　　　　　　　　先行詞　┗━━━┛関係代名詞(主格)

➡ 〈先行詞＋コンマ(,) which〉は非限定用法の関係代名詞。which 以下が先行詞の the
play *Romeo and Juliet* に追加の説明を加えている。

Q1. 日本語にしなさい。

He saw the movie in the theater, which was full of people.

(　　　　　　　　　　　　　　　　　　　　　　　　)

⑱ **You can see [how different the words in those days were from the ...**
English].　　間接疑問〈疑問詞＋形容詞＋S＋V〉

➡ how 以下は see の目的語となる間接疑問。how different「どのくらい異なっている
か」という〈疑問詞＋形容詞〉のあとに〈S＋V〉の語順が続いている。

Q2. 並べかえなさい。

このグラフはその会社がどのくらい速く成長したかを示しています。

(how / this graph / the company / shows / quickly / grew).

_____.

PART ②　英文を読む前に，初めて習う文法を含んだ文を確認しましょう！ → p.128 ⑫

ポイント　ハナは言語の変化の例や理由をどのように述べているか。

Akari: ① Thank you, Taku, / for your interesting talk. // ② In the next part of the
アカリ：　　ありがとう，タク　/　　興味深い話を　　//　　　　発表の次のパートでは

presentation, / Hana will show you / another example. //
　　　　　/ ハナがみなさんに示します / もう１つの例を　//

Hana: ③ That's right. // ④ What image do you get in your mind / when you hear
ハナ：　　はい，そうです // みなさんはどんなイメージを思い浮かべますか /「マウス」という言葉を

the word "mouse"? // ⑤ Many of you / might think of a computer device, / but
聞いたとき　　// みなさんの多くは / コンピューター機器のことを思いつくかもしれません /

the original meaning, / of course, / is a small animal. // ⑥ As you know, / the
しかしその元の意味は　/　もちろん　/　ある小さな動物です　//　　ご存じのように /

equipment was named a "mouse" / because its shape looked like a mouse. //
その装置は「マウス」と名づけられました / その形がネズミに似ているので　//

⑦ When we develop new technology, / we need a new word / to refer to it. //
私たちが新しい科学技術を開発すると / 新しい言葉が必要になります / それを表すための //

⑧ On such an occasion, / the word is taken / from existing words / rather than
そのような機会に　/ その言葉は採り入れられます / 現存する言葉から /　真新しく

created brand-new. // ⑨ Think of / other technology-related words / such as
作り出されるよりもむしろ // ～を考えてみてください / 科学技術に関連するほかの言葉 /

"tweet," "cloud," and "stream." // ⑩ They all / come from things in nature. //
「ツイート」や「クラウド」や「ストリーム」のような // それらはすべて / 自然界にあるものに由来します //

⑪ It is more common / to name something / using an existing word / than to
～がより一般的です / 何かを名づけることは / 現存する言葉を用いて / 真新しい

create a brand-new one. // ⑫ Why do you think / new products and ideas / tend
言葉を作り出すことよりも　// どうしてだと思いますか / 新しい製品や概念が / 現存する

to have existing names? // ⑬ This is because / these names / help people have /
名前を持つ傾向にあるのは // これは～だからです / こういった名前は / 人々が持つことを助ける /

a clear image of / the new product or idea / we are describing. //
～の明確なイメージを / 新しい製品あるいは概念 / 私たちが述べている //

⑭ For example, / the word "Web" / comes from the web of spider. // ⑮ This
たとえば　/「ウェブ」という言葉は /　クモの巣に由来します　// この言葉

word was used / because / the way network connections work / is similar to /
は用いられました / なぜなら　ネットワーク接続の機能の仕方が　/ ～と似ているから /

the links of a spider's web. // ⑯ Nowadays, / this word is used / to refer to network
クモの巣のつながり　// 最近では / この言葉は使われます / ネットワーク接続を

connections / much more frequently / than it is to the original spider's web. //
表すために　/　ずっとよく　/　本来のクモの巣を表すためよりも　//

✅ **構成＆内容チェック**　本文を読んで，（　）に合う日本語を書きなさい。

①・② アカリがPart 1のタクの発表から，ハナの発表を促している。
ハナが，タクとはまた別の例を示すと紹介している。

↓

③〜⑬ ハナが言語の変化の例を挙げ，変化の理由を説明している。
「マウス」，「ツイート」，「クラウド」，「ストリーム」などの言葉を例に挙げ，新しく開発された(1.　　　　　　　　)を表すには，真新しい言葉を作り出すよりも現存する言葉を用いるほうが一般的であることを説明している。それは,現存する言葉は,人々が新しい製品や概念の明確な(2.　　　　　　　　)を持つ手助けになるからだと加えている。

↓

⑭〜⑯ ③〜⑬にさらに例を加えている。
「ウェブ」の本来の意味は(3.　　　　　　　)であるが，今では「ネットワーク接続」の意味で使われることが多い。

🔔 **教科書Qのヒント**

Q3 Why do new products and ideas tend to use existing names?
（新しい製品や概念が現存する名前を使う傾向にあるのはなぜですか。）　→本文⑬

Q4 What change has happened to the word "web"?
（「ウェブ」という言葉にはどんな変化が起こりましたか。）　→本文⑯

🔑 **読解のカギ**

⑤ **Many of you might think of a computer device, but ..., is a small animal.**
➡ 助動詞 might はここでは過去形の意味ではなく，現在や未来の推量を表している。
➡ think of *A* はここでは「*A* を思いつく」という意味。
➡ a small animal「小さな動物」は「ネズミ」を指している。

⑥ **[As you know,] the equipment was named a "mouse" because its shape**
　　接続詞 as　　　　　　　S　　be ＋過去分詞（受動態）　　C
　looked like a mouse.
➡ ここでの as は「〜するように」という意味の接続詞で，as you know は「ご存じのように」という意味を表す。
➡ the equipment was named a "mouse"は〈name＋O＋C〉「O を C と名づける」の受動態。

✏️ **Q1. 日本語にしなさい。**
As you know, the tower was named "Big Ben."
（　　　　　　　　　　　　　　　　　　　　　　　　　　　　　　　　　　）

✅ **構成＆内容チェック** の解答　1. 科学技術　2. イメージ　3. クモの巣

⑧ **... is taken from existing words rather than created brand-new.**
　　　　　　　　　　　　 A 　　　　　　　　　　　　　　　 B

➡ *A* rather than *B* で「B よりむしろ A」という意味。A と B は同じ性質の語句の組み合わせとなり，ここでは受け身の形〈be＋過去分詞～〉に含まれる〈過去分詞～〉の部分の組み合わせになっている。

⑪ **It is more common to name something (using an existing word) than to**
　 形式主語　　　　　　　　　 真主語　　　　　　　　 分詞構文〈付帯状況〉

create a brand-new one.

➡ It は形式主語で to name ... word が真主語となっている。

➡ using an existing word は，「～しながら」という〈付帯状況〉を表す分詞構文。

➡ than の前の to name ... word と，あとの to create ... one を比較している。

⑫ **Why [do you think] new products and ideas tend to have existing names?**
　 疑問詞＋ do you think ... 　　　　　　　 S 　　　　　　 V 　　　　　 O

➡ 〈疑問詞＋do you think ...?〉の形の疑問文で，〈S＋V〉の形が続く。疑問詞で始まる文に，do you think「思いますか」が組み込まれた形。　　　　　 文法詳細 **p.138**

➡ tend to *do* で「～する傾向にある」という意味を表す。

♪ Q2. 並べかえなさい。

あなたは彼がどんなスポーツが好きだと思いますか。

(do / he / what sports / think / likes / you)?

_____?

⑬ **... help people have a clear image of the new product or idea [we are describing].**
　　　 help + O + *do* 　　　　　　　　　　　　　　 先行詞　　　 which[that] の省略

➡ 〈help＋O＋*do*〉で「O が～するのを助ける」という意味を表す。

➡ we are describing が the new product or idea を修飾している。idea のあとに目的格の関係代名詞 which[that]が省略されている。

⑮ **... the way [network connections work] is similar to the links of a spider's web.**
　　　 S 　　　 関係副詞節 S'　　　 V' V 　 C

➡ network connections work は the way を修飾する関係副詞節で，〈the way＋S'＋V'〉は「S'が V'する仕方[方法]」という意味を表す。the way のあとに関係副詞の how が省略されている。work はここでは「機能する」という動詞。

⑯ **... this word is used to refer to ... than it is to the original spider's web.**
　　　　　　　　　　　　 used to refer の省略

➡ than it is のあとには used to refer が省略されている。

♪ 読解のカギ Q の解答　**Q1.** ご存じのように，そのタワーは「ビッグ・ベン」と名づけられた。
　　　　　　　　 Q2. What sports do you think he likes(?)

PART ③　英文を読む前に，初めて習う文法を含んだ文を確認しましょう！ → p.131 ⑪

ポイント　政治の影響下での言語の変化の例として，トムはどのような例を挙げているか。

Akari: ① Thank you very much, Hana. // ② It would be interesting / to search /
アカリ：　　　どうもありがとう，ハナ　　//　　おもしろいでしょう　/ 調べるのは /

how many such examples / exist around us. // ③ The last part of our
そのような例がどれだけ　/ 私たちの周りに存在しているのかを //　　私たちの発表の最後の

presentation / will be given by Tom. // ④ Tom will present / an interesting
パートは　　/　トムがしてくれます　//　トムは発表します　/ 〜の興味深い例を

example of / how language changes / under the influence of politics. //
　　　　/ 言語がどのように変化するのか /　　政治の影響下で　　　//

Tom: ⑤ Thank you, Akari. // ⑥ As you know, / the word "president" is usually used /
トム：　ありがとう，アカリ //ご存じのように /「プレジデント」という言葉はたいてい使われます/

to refer to the leader of a country. // ⑦ Do you know / how this word / got this
一国の指導者を表すために // みなさんはご存じですか / この言葉がどのようにして / この意味を

meaning? // ⑧ When the United States achieved independence, / they didn't
持ったかを　//　　　アメリカ合衆国が独立を達成したとき　　/ 彼らはわかりません

know / what to call / the leader of their country. // ⑨ This was debated / in
でした / どう呼ぶべきか /　　自国の指導者を　　// このことは議論されました /

Congress / for a long time. // ⑩ Some people wanted to use / a strong term like
議会で　/　　長い間　　//　　使いたいという人もいれば　/「キング」のような強い

"king," / but others disagreed with that idea. // ⑪ As the United States became
用語を　/ しかしその考えに異議を唱える人もいました //　　　アメリカ合衆国は共和国に

a republic country, / they didn't want their new leader / to get the idea / that he
なったので / 彼らは新しい指導者にしてほしくありませんでした / 考えを持つことを /　大きな

has great power. // ⑫ And the term with the least powerful meaning / was
力があるという　//　　そして最も影響力のない意味を持つ用語が　　　/

"president." //
「プレジデント」でした //

⑬ The word "president" existed / before that, / but it just meant / somebody
「プレジデント」という言葉は存在しました / それ以前に / しかしそれは単に意味していました /

who presides over a meeting. // ⑭ The discussion continued, / and people
会議を取り仕切るだれかを　//　　話し合いは続き　　/ 人々はついに

finally agreed / to use the word "president" / only temporarily. // ⑮ This
同意しました /「プレジデント」という言葉を用いることに / 一時的にのみ // この

temporary word "president" / gradually gained / the image of someone / with
「プレジデント」という一時的な言葉が / 徐々に獲得しました / だれかのイメージを /

great power, / and now, / about 150 countries have presidents. //
大きな力を持つ / 今や / およそ150か国にプレジデント(大統領)がいます //

✔ **構成&内容チェック** 　本文を読んで，（　）に合う日本語を書きなさい。

①〜④ アカリがトムの発表内容について紹介している。
　トムの発表内容：「(1.　　　　　　　)の影響下での言語変化の例」について

↓

⑤〜⑫ トムが「プレジデント」という言葉を例に挙げて説明している。
　アメリカ合衆国が独立を達成して共和国になったとき，自国の指導者に「キング」のよ
　うな強い言葉ではなく，最も(2.　　　　　　　)のない言葉「プレジデント」を選んだ。

↓

⑬〜⑮ 「プレジデント」という言葉がどのように変化していったか説明している。
　「プレジデント」が「大統領」という意味を持つ以前は，「(3.　　　　　　　)を取り
　仕切る人」という意味だった。その言葉が大きな力を持つ人のイメージを獲得し，「大
　統領」を意味する言葉になった。

📕 **教科書Qのヒント**

Q5 Why did some congress members disagree with the idea of using a strong term to refer to their leader? （なぜ自分たちの指導者を表すために強い言葉を使うという考えに反対した議員がいたのですか。）　→本文⑪

Q6 How many countries have their presidents now?
（現在，何か国に大統領がいるでしょうか。）　→本文⑮

🔑 **読解のカギ**

② It would **be interesting** to search [how many **such examples** exist …].
　形式主語　　　　　　　　　　　　　真主語　　間接疑問　　　S'　　　　　　　V'

➡ It は形式主語で to 以下が真主語となっている。

➡ would は過去の意味ではなく「〜でしょう」という現在や未来の推量を表す。

➡ how many 以下は search の目的語となる間接疑問で，how many such examples が S'で，exist が V'となっている。

④ … example of [how **language changes under the influence of politics**].
　　　　　　　　　間接疑問　　S'　　　　V'

➡ how 以下は前置詞 of の目的語となる間接疑問。間接疑問は名詞節として働き，このように前置詞の目的語となることができる。language が S'，changes が V'となっている。

⑩ Some **people wanted to use a strong term like "king,"** but others **disagreed with that idea.**

➡ Some …, others 〜. は「…する人もいれば，〜する人もいる」という意味を表す。

✔ **構成&内容チェック** の解答 　1. 政治 　　2. 影響力 　　3. 会議

⑪ **[As the United States became a republic country,] they didn't want their**
　　接続詞 as　　　　　　　　　　　　　　　　　　　　　　　want +

new leader to get the idea [that he has great power].
人 + to *do*　　　　　　　└＿＝＿┘同格の that

➡ この as は理由を表す接続詞として使われている。

➡〈want + 人 + to *do*〉で「(人)に〜してほしい」という意味を表す。

➡ that 以下は the idea の具体的な内容を説明する働きをしている。名詞 the idea と that 節は同格の関係になり、「…という考え」という意味を表す。　文法詳細 p.139

Q1. 日本語にしなさい。

We are surprised to hear the news that he will leave Japan next month.

(　　　　　　　　　　　　　　　　　　　　　　　　　　　　　　　)

⑫ **And the term (with the least powerful meaning) was "president."**
　　　　S　　↑└＿＿＿＿＿＿┘　　　　　　　　　　　　　　　V　　　C

➡ with ... meaning という前置詞句が主語の the term を「〜を持った」という意味で修飾している。

➡ the least は副詞 little の〈the + 最上級〉で、ここでは the least 〜で「最も〜でなく」という意味。

⑬ **... that, but it just meant somebody [who presides over a meeting].**
　　　　　　　　　　　　　先行詞└＿＿↑＿＿┘関係代名詞(主格)

➡ who は主格の関係代名詞で who ... a meeting が、直前の somebody を修飾している。

➡ preside over A は「A を取り仕切る、A の司会をする」という意味を表す。主節の動詞 meant は過去形だが、it が指す「『プレジデント』という言葉」には今も「会議を取り仕切るだれか」という意味があるので、時制の一致を受けず現在形で表されている。

Q2. ＿＿＿ を埋めなさい。

加藤先生が去年その行事を取り仕切った。

Ms. Kato ＿＿＿＿＿＿ ＿＿＿＿＿＿ the event last year.

⑮ **This temporary word "president" gradually gained the image of someone with great power, and now, about 150 countries have presidents.**

➡ This temporary word "president"「この『プレジデント』という一時的な言葉」とは、アメリカ合衆国が共和国になったとき自国の指導者を表す、「会議を取り仕切るだれか」という意味で使った president という言葉を指す。最後の presidents は「大統領」という意味で使われている。

読解のカギ Q の解答　**Q1.** 私たちは彼が来月日本を出発するという知らせを聞いて驚いている。
　　　　　　　　　Q2. presided over

PART ④-1

ポイント 日常生活に取り入れられた言語の変化の例として，どんなものがあるか。

Akari: ① Thank you, Tom. // ② Now, / we would like to think / of some more
アカリ： ありがとう，トム // さて / 考えてみたいと思います / さらにいくつかの

examples / for language change. // ③ Does anyone have any ideas? //
例について / 言語の変化の // だれか考えはありますか //

Taku: ④ We often borrow words / from foreign languages, / such as "pizza" and
タク： 私たちはよく言葉を借用します / 外国語から / 「ピザ」や「ハンバーガー」

"hamburger," / but they are now used / as Japanese words. //
のような / しかし今やそれらは用いられています / 日本語の言葉として //

Tom: ⑤ That's right. // ⑥ English speakers also borrow words / from Japanese /
トム： そのとおりです // 英語話者もまた言葉を借用します / 日本語から /

such as "sushi" and "dashi." //
「スシ」や「ダシ」のような //

Akari: ⑦ That's a great point. // ⑧ What about the words / created by young
アカリ： それはよい着眼点です // 言葉はどうでしょうか / 若者によって作り

people? // ⑨ My parents don't know / some of the words / that I use. //
出される // 私の両親は知りません / 言葉のいくつかを / 私が使う //

Tom: ⑩ That's another example. // ⑪ It is said / that young generations like us /
トム： それはまた別の例ですね // 言われています / 私たちのような若い世代は /

tend to communicate / with each other / differently from other generations / in
意思疎通する傾向があると / 互いと / ほかの世代とは違った形で /

order to establish their own identity. // ⑫ In English, / for example, / young
自分たちの独自性を確立するために // 英語では / たとえば / 若者は

people often create new words / by taking the first part of a word / such as /
しばしば新しい言葉を作り出します / 単語の最初の部分を取り出すことによって / ～のように /

"congrats" for "congratulations," / or / "perf" for "perfect." //
"congratulations（おめでとう）"を意味する"congrats" / あるいは / "perfect（完璧な）"を意味する"perf" //

✓ **構成&内容チェック** 本文を読んで，（ ）に合う日本語を書きなさい。

①～⑥ 言語の変化のそのほかの例について話している。
　　タクは外国語から日本語に取り入れられた「ピザ」や「ハンバーガー」などを例に挙
　　げ，トムは(1.　　　　　　　　)にも用いられている「スシ」，「ダシ」などの日本語を
　　例に挙げた。

↓

⑦～⑫ (2.　　　　　　　　)の言葉について言及している。
　　アカリは自分たちのような(2)の言葉には，両親が知らないものもあると述べ，トムは
　　(2)は(3.　　　　　　　　)を確立するために独特の方法で意思疎通すると述べている。

✓ **構成&内容チェック** の解答　1. 英語(話者)　2. 若者[若い世代]　3. 独自性

❶ 教科書Qのヒント

Q7 What are some of the examples of English words that were borrowed from Japanese?
（日本語から借用された英単語の例の中には何があるでしょうか。）　→本文⑥

Q8 What are some of the examples of English words recently created by young people?
（最近若い人々によって作られた英単語の例の中には何があるでしょうか。）　→本文⑫

♪ 読解のカギ

⑧ What about **the words**（**created by young people**）?
　　　　　　　　　　　　　過去分詞＋語句（副詞句）

➡ What about *A*? は「A はどうか。」と尋ねる表現。
➡ 過去分詞 created が語句を伴って直前の the words を修飾している。

♪ Q1. ＿＿ を埋めなさい。
その作者によって書かれたこの本はどうですか。
What ＿＿＿＿＿ this book ＿＿＿＿＿ by the author?

⑨ My parents don't know some of the words［that I use］.
　　　　　　　　　　　　　　　　　先行詞　　　　関係代名詞（目的格）

➡ that は目的格の関係代名詞で，that I use が先行詞 the words を修飾している。

⑩ That's another example.
➡ That はアカリが⑧・⑨で若者の言葉を例に挙げ，アカリの両親はアカリが使う言葉のいくつかを知らないことを指している。
➡ another example は「言語の変化」についてこれまでの発表や話し合いの中で「時の経過」，「新しい科学技術」，「政治の影響」，「ほかの言語からの借用」が変化の理由として挙げられていたのに対し，それとはまた「別の（言語の変化の）例」だという意味。

⑪ It is said［that young generations（like us）tend to communicate with
　形式主語　　真主語　　　S'　　　　　　　　　　V'
each other differently from other generations（in order to establish ...）］.
➡ It は形式主語で，that 以下が真主語となっている。〈It is said that＋S'＋V'.〉で「S'が V'すると言われている」という意味を表す。
➡ tend to *do* で「～する傾向にある」という意味を表す。
➡ in order to *do* は「～するために」と目的を表す表現である。

♪ Q2. 日本語にしなさい。
It is said that we spend too much time on our smartphones.
（　　　　　　　　　　　　　　　　　　　　　　　　　　　）

♪ 読解のカギ Q の解答　**Q1.** about, written
　　　　　　　　　Q2. 私たちはスマートフォンに時間を費やしすぎていると言われている。

PART ④-2

ポイント　言語の変化について知ることは，何につながっていくか。

Hana: ⑬ Tom, / you are so knowledgeable. // ⑭ I'm sure / there are similar
ハナ：　　トム　/　あなたはとても博識ですね　// きっと思います /　　よく似た例が

examples / in Japanese. //
あると　　/　　日本語で　　//

Akari: ⑮ Well, / maybe / I should conclude our presentation. // ⑯ We have looked
アカリ：それでは /〜のようです / 私たちの発表を締めくくったほうがいい //　　私たちはさまざまな

at various reasons / for language change. // ⑰ It is surprising to know / that
理由を見てきました　/　　言語の変化の　　//　　　〜を知るのは驚きです　/ とても

there are so many examples — / gradual language change over time, / new words
たくさんの例があることを　/ 時が経つにつれて起こる段階的な言語の変化 / 新しい科学

for new technologies, / the influence of politics, / words from other languages, /
技術のための新しい言葉 /　　政治の影響　　/　　ほかの言語からの言葉　　/

and new words created by young generations. // ⑱ There could be other words /
　若い世代によって作り出される新語　　//　ほかの言葉もあるかもしれません /

with an interesting history. // ⑲ If we do further research, / we might be able
　興味深い歴史を持つ　//　　さらに調査すれば　　/ 手がかりを見つけられる

to find clues / that help us understand / the history of our society. //
かもしれません / 私たちが理解する手助けになる /　　社会の歴史を　　//

✓ 構成＆内容チェック 本文を読んで，（　）に合う日本語を書きなさい。

⑬・⑭ トムの説明を受けて，ハナが感想を述べている。
（1.　　　　　　　）にもよく似た例（＝若者によって新しく作られた言葉の例）がある
と考えている。

↓

⑮〜⑰ アカリが発表の内容をまとめている。
今までの発表や話し合いで，時が経つにつれて起こる言語の変化・新しい科学技術のため
の新しい言葉・政治の影響・ほかの言語からの言葉・若い世代によって作り出される新語
など，言語の変化のいろいろな（2.　　　　　　　）をまとめている。

↓

⑱・⑲ アカリが発表を締めくくっている。
まだほかにも興味深い歴史を持つ言葉があるかもしれないと付け加え，さらに調査す
れば（3.　　　　　　　）を理解する手助けになるかもしれないと述べている。

✓ 構成＆内容チェック の解答　1. 日本語　2. 理由　3.（社会の）歴史

🔑 **読解のカギ**

⑭ I'm sure [there are similar examples in Japanese].
　that の省略⤴　　　　　V'　　　　　S'

➡ 〈I'm sure (that) + S' + V'.〉で「私は〜ということを確信している[きっと〜だと思う]」
　という意味を表す。ここでは that が省略されている。

⑰ It is surprising to know that there are so many examples — gradual language
　形式主語　　　　　　真主語

change over time, new words for new technologies, the influence of politics,
　　　A　　　　　　　　　　　B　　　　　　　　　　　　C

words from other languages,(and)new words created by young generations.
　　　　　D　　　　　　　　　　　　　　E

➡ It は形式主語で to 以下が真主語となっている。
➡ ダッシュ(—)以降にその直前の so many examples の具体例が述べられている。
➡ and は A, B, C, D, and E と 5 つの語句をつないでいる。

🎵 **Q1. 日本語にしなさい。**

It is exciting to watch games played by professional soccer players.

(　　　　　　　　　　　　　　　　　　　　　　　　　　　　　　　)

⑱ There could be other words (with an interesting history).
　　　　V　　　　　S　　↑└──────┘前置詞句

➡ 〈There + be 動詞 + S.〉「S がある。」という構文の be 動詞の前に助動詞 could があ
　るので, be 動詞が原形の be になっている。could は過去の意味ではなく, 現在や未
　来の可能性を表している。
➡ 前置詞句 with an interesting history が直前の名詞 other words を修飾している。
　前置詞 with には「〜がある, 〜を持つ」という意味がある。

　　　　　　　　　　　　　　　　　　　　先行詞┌──┐関係代名詞
⑲ If we do further research, we might be able to find clues [that help us
　　　　　　　　　　　　　　　　　　　　　　　　　　　　　help + O

understand the history of our society].
　+ do

➡ might は過去の意味ではなく, 「〜かもしれない」という現在や未来の推量を表す。
➡ be able to do は「〜することができる」という意味を表す。助動詞の might と can
　は一緒に使うことができないので might be able to do の形になっている。
➡ 主格の関係代名詞 that 以下が, clues を修飾している。
➡ 〈help + O + do〉の形で「O が〜するのを手助けする」という意味を表す。

🎵 **Q2. ＿＿ を埋めなさい。**

私は明日のパーティーに行けないかもしれない。

I may not ＿＿＿＿＿ ＿＿＿＿＿ to go to the party tomorrow.

🔑 **読解のカギ** Q の解答　**Q1.** プロのサッカー選手によって行われる試合を見ることはわくわくする。　**Q2.** be able

🔵 Comprehension 🟠ヒント

Fill in the blanks in the table to complete the summary for language change.
(表内の下線部に適切な語を入れて，言語の変化の要約を完成させなさい。)

1 演劇『ロミオとジュリエット』の有名な言葉は，何と非常に異なっているか。
（教 p.83, ℓℓ.5~7）

2 空欄 3~7 を含む例は，新しい何を表す新語か。
（教 p.84, ℓℓ.10~11）

3 「マウス」という言葉はもともと小さな動物を意味しているが，今は何を指し示すためによく使われるか。
（教 p.84, ℓℓ.5~7）

4 「ウェブ」，「ツイート」，「クラウド」，「ストリーム」といった科学技術に関連する多くの用語は，すべて何に由来するか。
（教 p.85, ℓℓ.1~3）

5~7 「ウェブ」という言葉は今はどのように使われ，もともとのクモの巣という意味と比較して何が言えるか。
（教 p.85, ℓℓ.12~14）

8 空欄 9・10 を含む例は，何の影響の下で使われているか。
（教 p.86, ℓℓ.4~6）

9 「プレジデント」という言葉がアメリカ合衆国の指導者を表すために選ばれたのは，人々が指導者に何を持っているという考えを持ってほしくなかったからか。
（教 p.86, ℓℓ.15~17）

10 「プレジデント」は(名前の)リストの中でどんな名前だったか。
（教 p.86, ℓℓ.17~18）

11 英語話者は，「スシ」や「ダシ」のような日本語からの言葉をどうするか。
（教 p.88, ℓℓ.7~8）

12 空欄 13~15 を含む例は，若者によってどうされた言語か。
（教 p.88, ℓℓ.9~10）

13, 14 若者はどんな目的で年上の人々とは異なる方法で互いに意思疎通をする傾向にあるのか。
（教 p.89, ℓℓ.1~4）

15 若者が単語の最初の部分を取り出して新しい言葉を作り出す例として，「perfect(完璧な)」を表す「perf」を挙げているが，もう 1 つの例の「congrats」は何を意味するか。
（教 p.89, ℓℓ.4~7）

Questions

・**教** p.94 で述べられている，言語が変化する理由について，それぞれどのような例が挙げられているかを答える。また，自分の考えた例を追加する。

➡ 言語が変化する理由の具体例については，**教** p.94 やレッスン内から探す。

・Trade and migration

➡ 「貿易と移住」によって起こる言語の変化の例を探す。

➡ **教** p.94 の 1. の Examples「例」のあとに注目する。また，同じような例をレッスン内から探すとよい。

・New words for new inventions

➡ 「新しい発明のための新しい言葉」の例を探す。

➡ **教** p.94 の 2. の 2 つの For example「たとえば」のあとに注目する。

・Old words acquiring new meanings

➡ 「新しい意味を獲得している古い言葉」の例を探す。

➡ **教** p.94 の 3. の For example「たとえば」のあとに注目する。また，時代とともに古い言葉が新しい意味を持つようになった例をレッスン内から探すとよい。

・Others

➡ 1.〜3. のどれにも当てはまらない例を自分で考えて書く。レッスン内から探して書いてもよい。

Development

・言語が変化する証拠を示す言葉(英語または日本語)を 1 つ選び，**教** p.95 の表中の 2 つの事柄についての情報を探す。

➡ **教** p.95 の表中の Example の列で Nice についてまとめられているので，これを参考にして，Your research の列に自分が選んだ言葉についてまとめるとよい。

・Word

➡ 言語が変化する証拠を示す英語または日本語の言葉を 1 つ選ぶ。

・How has the word changed?

➡ 選んだ言葉がどのように変化したかを書く。

➡ It was invented[created] by 〜「それは〜によって作り出された」，It was borrowed from 〜「それは〜から借用された」などで始めて，to refer to 〜「〜を表すために」，when 〜「〜のとき」などの表現を続けてもよい。

・Why has it changed?

➡ 選んだ言葉がなぜ変化したかを書く。

➡ describe things that didn't exist before「以前は存在しなかったことを表す」など，**教** p.94 やレッスンに出てきた表現を参考にするとよい。

📖 Grammar

G-11 感想・意見・理由などを尋ねる疑問詞で始まる疑問文

▶感想・意見・理由などを尋ねる疑問詞で始まる疑問文とは

・〈疑問詞＋do you think ...?〉は疑問詞で始まる疑問文に do you think「思いますか」を組み込んだ形で、「あなたは何が［なぜ（など疑問詞の意味）］〜だと思いますか」という意味を表す疑問文。相手に Yes / No ではなく、**具体的な考えを尋ねている**。

・Yes / No で答える〈Do you think ...?〉との違いに注意する。

・この形をとる動詞には、think のほかに suppose, believe, consider, expect, hope, imagine, say［tell］などがある。

〈How ＋形容詞［副詞］...?〉の文

How old do you think she is?
How ＋形容詞　　　　　　S　V

（あなたは、彼女は何歳だと思いますか。）

➡ この文では、how old を使って〈年齢〉を尋ねている。

➡ How old is she? と Do you think? を組み合わせた文。How old を文頭に置き、do you think を組み入れ、後ろの疑問文 is she を肯定文の語順 she is にする。

疑問詞が１語の文

When do you suppose we should leave?
疑問詞　　　　　　　　S　　V

（あなたは、私たちはいつ出発すべきだと思いますか。）

➡ この文では、when を使って〈時〉を尋ねている。

➡ When should we leave? と Do you suppose? を組み合わせた文。疑問詞を文頭に置き、do you suppose を組み入れ、後ろの疑問文 should we leave を肯定文の語順 we should leave にする。

＋α

疑問詞（＋名詞）が主語の文

Who do you think will fall in love with her?
S：疑問詞　　　　　　V

（あなたはだれが彼女に恋をすると思いますか。）

➡ Who will fall in love with her? と Do you think? を組み合わせた文。

➡ 疑問詞が主語の場合、〈S＋do you think＋V?〉という形になる。

Which man do you believe is right for Judy?
S：疑問詞＋名詞　　　　　V

（あなたはどちらの男性がジュディにとってふさわしいと思いますか。）

➡ Which man is right for Judy? と Do you believe? を組み合わせた文。

➡〈疑問詞＋名詞〉が主語の場合、〈S＋do you believe＋V?〉という形になる。

G-12 同格の that

▶同格の **that** とは

・名詞の内容をそれに続く that 節が説明する場合がある。この節を導く that を**同格の that** と呼ぶ。同格の that 節は名詞の働きをして，その**名詞と同格**の関係になる。「…という〜」という意味を表す。

・同格の that 節はどの名詞にも使えるわけではなく，**事実，情報，希望，要求や欲求**などを表す名詞の後ろに置かれることが多く，chance, news, belief, hope などがある。

---

fact, truth など，事実を表す名詞を説明

He faced the fact [**that** he would have to try again].
└─同格─┘ the fact の具体的な内容を説明している

（彼は再び挑戦しなければならないという事実に直面した。）

cf. He faced the fact [**that** he didn't want to know].
先行詞└──────┘　関係代名詞（目的格）

（彼は知りたくなかった事実に直面した。）

---

news, information など，情報を表す名詞を説明

I was surprised at the news [**that** the man had come back to Japan].
└─同格─┘ the news の具体的な内容を説明している

（私は，その男性が日本に帰ってきたという知らせに驚いた。）

+α

hope, demand など，希望や要求を表す名詞を説明

I have hope [**that** Mark will pay attention to me].
└─同格─┘ hope の具体的な内容を説明している

（私は，マークが私に注意を向けてくれるといいなという希望を持っている。）

+α

・同格の that 節と関係代名詞節を混同しないように注意する。

・同格の関係を導く **that** は接続詞なので，that のあとには**完全な文**が続く。

　　　　　　　　　　SVO の完全な文
Everyone knows the fact [**that** Mary likes Tom].
└─同格─┘　　S　　V　　O

（だれもがメアリーはトムを好きだという事実を知っている。）

・**関係代名詞の that** は先行詞である名詞を修飾して不完全な文が続く。

目的格の関係代名詞 ──┐　　needs の目的語がない不完全な文
We know the fact [**that** Mary needs].
先行詞└──────┘　S　　V

（私たちはメアリーが必要としている事実を知っている。）

📝 定期テスト予想問題　　　　解答 ➡ **p.142**

1 日本語に合うように, ＿＿に適切な語を入れなさい。
(1) 女性は男性より長生きする傾向にある。
Women ＿＿＿＿＿＿＿＿ ＿＿＿＿＿＿＿＿ live longer than men do.
(2) だれがその会議の司会をしてくれるの？
Who will ＿＿＿＿＿＿＿＿ ＿＿＿＿＿＿＿＿ the conference?
(3) 戦争中ここで多くの人が亡くなったと言われている。
It is ＿＿＿＿＿＿＿＿ ＿＿＿＿＿＿＿＿ many people died here during the war.

2 次の会話文が成り立つように, ＿＿に適切な語を入れなさい。
(1) *A:* What ＿＿＿＿＿＿＿＿ you ＿＿＿＿＿＿＿＿ made Ayako so depressed?
B: I believe she felt pressure about her entrance exams.
(2) *A:* ＿＿＿＿＿＿＿＿ long do you ＿＿＿＿＿＿＿＿ he will stay in our city?
B: I suppose he will stay for five days.

3 日本語に合うように, （　）内の語句を並べかえなさい。
(1) その試合はいつ終わると思いますか。
(when / will / the game / you / end / think / do)?
＿＿＿＿＿＿＿＿＿＿＿＿＿＿＿＿＿＿＿＿＿＿＿＿＿＿＿＿＿＿＿＿？
(2) ユミが体調を崩しているという知らせを聞きましたか。
(heard / that / sick / you / is / the news / Yumi / have)?
＿＿＿＿＿＿＿＿＿＿＿＿＿＿＿＿＿＿＿＿＿＿＿＿＿＿＿＿＿＿＿＿？
(3) 彼はどんな種類の食べ物が好きだと思いますか。
(of / likes / think / what / food / you / do / kind / he)?
＿＿＿＿＿＿＿＿＿＿＿＿＿＿＿＿＿＿＿＿＿＿＿＿＿＿＿＿＿＿＿＿？

4 次の英語を日本語にしなさい。
(1) There is a good chance that he will pass the exam.
(　　　　　　　　　　　　　　　　　　　　　　　　　)
(2) What do you think caused the fire last night?
(　　　　　　　　　　　　　　　　　　　　　　　　　)
(3) He has hope that his test score will be better than the previous one.
(　　　　　　　　　　　　　　　　　　　　　　　　　)
(4) What do you expect will happen at tomorrow's meeting?
(　　　　　　　　　　　　　　　　　　　　　　　　　)

5 次の英文を読んで，あとの問いに答えなさい。

Hana: That's right. What image do you get in your mind when you hear the word "mouse"?　Many of you might ①(　　)(　　) a computer device, but the original meaning, of course, is a small animal.　As you know, the equipment was named a "mouse" because its shape looked like a mouse.

　　When we develop new technology, we need a new word to refer to it.　On such an occasion, ②the word is taken from existing words rather than created brand-new.　Think of other technology-related words such as "tweet," "cloud," and "stream."　They all come from things in nature.　It is more common ③to name something using an existing word than to create a brand-new one.

(1) 下線部①が「〜を思いつく」という意味になるように，(　)に適切な語を入れなさい。

　　_____ _____

(2) 下線部②の英語を日本語にしなさい。

　　(　　　　　　　　　　　　　　　　　　　　　　　　　　　　　　)

(3) 下線部③の例として挙げられているものを，１語で本文中から４つ抜き出しなさい。

　　_____, _____, _____, _____

6 次の英文を読んで，あとの問いに答えなさい。

Tom: Thank you, Akari.　As you know, the word "president" is usually used to refer to the leader of a country.　①Do you know how this word got this meaning?　When the United States achieved independence, they didn't know what to call the leader of their country.　This was debated in Congress for a long time.　Some people wanted to use a strong term like "king," but others disagreed with ②that idea.　As the United States became a republic country, ③(has / they / that / the idea / want / get / their / to / new leader / didn't / he) great power.　And the term with the least powerful meaning was "president."

(1) 下線部①の英語を, this meaning が指すものを明らかにして,日本語にしなさい。

　　(　　　　　　　　　　　　　　　　　　　　　　　　　　　　　　)

(2) 下線部②が表す内容を日本語で答えなさい。

　　国の指導者を表すために(　　　　　　　　　　　　　　)という考え。

(3) 下線部③が「彼らは新しい指導者に大きな力があるという考えを持ってほしくありませんでした」という意味になるように，(　)内の語句を並べかえなさい。

　　_____ great power

定期テスト予想問題　解答　pp.140~141

1 (1) tend to　(2) preside over　(3) said that

2 (1) do, believe　(2) How, suppose

3 (1) When do you think the game will end(?)
(2) Have you heard the news that Yumi is sick(?)
(3) What kind of food do you think he likes(?)

4 (1) 彼が試験に受かる可能性は十分にある。
(2) 昨夜の火事は何が原因だった[引き起こした]と思いますか。
(3) 彼はテストの点数が以前の点数よりよくなるという希望を持っている。
(4) 明日の会議では何が起きると期待[予想]していますか。

5 (1) think of　(2) その言葉は真新しく作り出されるよりもむしろ現存する言葉から採り入れられる　(3) mouse, tweet, cloud, stream　(順不同)

6 (1) あなたはこの言葉がどのようにして一国の指導者という(この)意味を持ったか知っていますか。　(2)「キング[王様]」のような強い用語を使う
(3) they didn't want their new leader to get the idea that he has

解説

1 (1)「~する傾向にある」は tend to *do* で表す。　(2)「Aの司会をする」は preside over A で表す。　(3)「~であると言われている」は It is said that ~ . で表す。

2 〈疑問詞(+副詞)+do you believe[suppose](+S)+V?〉は，相手に Yes や No ではなく具体的な考えを尋ねる表現。

3 (1) When will the game end? に do you think が組み込まれた形の疑問文にする。think のあとは平叙文の語順になる。　(2) the news の直後に同格の that 節を置いて，the news の具体的な内容を説明する文にする。　(3) What kind of food does he like? に do you think が組み込まれた形の疑問文にする。

4 (1)(3) 同格の that 節が a good chance, hope の具体的な内容を説明している。(2) What caused the fire last night? に do you think が組み込まれた形。(4) What will happen at tomorrow's meeting? に do you expect が組み込まれた形。

5 (1) think of A で「Aを思いつく」という意味。　(2) A rather than B は「Bよりむしろ A」という意味。　(3) 下線部は「現存する言葉を用いて何かを名づけること」という意味。

6 (1) this meaning は前文の the leader of a country を指している。　(2) 下線部②を含む文の前半部分の内容を指す。　(3) want A to *do*「Aに~してほしい」を使い，否定形で「新しい指導者に考えを持ってほしくなかった」という意味にする。さらに，the idea のあとに同格を表す that 節を続け，「~が…するという考え」という意味にする。

Lesson 6 Gaudi and His Messenger

単語・熟語チェック

PART ❶

structure	名 建造物	We need to protect historic **structures** forever. 私たちは歴史的建造物を永遠に守る必要がある。
Barcelona	名 バルセロナ	There are many old buildings in **Barcelona**. バルセロナには多くの古い建物がある。
construction	名 建設	The **construction** of the bridge took three years. その橋の建設に3年かかった。
be under construction	熟 建設中である	The bridge **is under construction**. その橋は建設中だ。
odd	形 変わった	Some houses are on **odd**-shaped pieces of land. 変わった形の土地に建っている家もある。
donation	名 寄付(金)	With **donations**, the child may be helped. 寄付があれば，その子どもは助かるかもしれない。
admission	名 入場(許可)	The **admission** fee for the garden is low. その庭園への入場料は安い。
construct A	動 A を建設する	I bought a piece of land to **construct** a new house. 私は新しい家を建てるために土地を購入した。
unknown	形 知られていない	**Unknown** low-price brands sell well. 知られていない安価なブランドがよく売れている。
stick	動 くっつく	I used glue, but the poster didn't **stick** to the wall. 私はのりを使ったが，そのポスターは壁にくっつかなかった。
stick to A	熟 A を堅持する	He always **sticks to** his schedule. 彼はいつも自分のスケジュールを堅持する。
drastically	副 抜本的に	The technology will change our life **drastically**. その技術は私たちの生活を抜本的に変えるだろう。
completely	副 まったく	I **completely** disagree with your idea. 私はあなたの意見にはまったく反対だ。
Catalonia	名 カタルーニャ	Which country does **Catalonia** belong to? カタルーニャはどの国に属していますか。
have poor [good] health	熟 病弱[健康]な	She **had poor health** at that time. 彼女は当時病弱だった。
keen	形 鋭い	A good artist needs to have a **keen** sense of color. 優れた芸術家は色への鋭い感覚を持つことが必要である。
curiosity	名 好奇心	My **curiosity** about the story kept me reading. その物語についての好奇心が私を読み続けさせた。

PART ❷

Catholic	形 カトリックの，旧教の	She is a member of a **Catholic** church. 彼女はカトリック教会の信者である。
faith	名 信仰，信念	**Faith** can move mountains. 信仰は山をも動かす。
devote A	動 A をささげる	That man **devoted** his own life to poor people. その男は自身の人生を貧しい人々にささげた。

latter	形 後半の	The weather was fine in the **latter** half of the week. 週の後半は天気がよかった。
structurally	副 構造的に	That old building was **structurally** weak. あの古い建物は構造的にもろかった。
harmonious	形 調和のとれた	The little hotel was **harmonious** with the scenery. その小さなホテルは景色と調和がとれていた。
chaos	名 大混乱, 無秩序	The street was in **chaos**. 通りは大混乱だった。
pupil	名 弟子	He instructed his **pupils** what to study next. 彼は次に何を研究すべきかを弟子たちに指示した。
base A on B	熟 A を B に基づかせる	This novel is **based on** Japanese history. この小説は日本の歴史に基づいている。
have A in mind	熟 A を考えている	Do you **have** anything else **in mind**? あなたはほかに何か考えていることがありますか。
be to do	熟 ～することになっている	The welcome party **is to** be held at 7:00 p.m. today. 歓迎会は今日の午後7時から催されることになっている。
pace	名 速度, ペース	He read the famous novel at a good **pace**. 彼はその有名な小説を順調なペースで読んだ。
UNESCO	名 ユネスコ	Do you know what **UNESCO** stands for? ユネスコが何の略か知っていますか。
sculpture	名 彫刻	Many **sculptures** are figures of human beings. 多くの彫刻は人間の形をしている。
sculptor	名 彫刻家	The **sculptor** created a wooden figure of a man. その彫刻家は男性の木像を作成した。
internal	形 内部の	Water damaged some of the **internal** parts of the car. 水によってその車の内部の部品のいくつかが損傷した。
major in A	熟 A を専攻する	Some students **majored in** French literature. 何人かの生徒はフランス文学を専攻した。
part-time	形 非常勤の	There are some **part-time** workers at our shop. 私たちの店には何人かの非常勤の従業員がいる。
graduation	名 卒業	I worked at a bank after **graduation**. 私は卒業後銀行で働いた。
impulse	名 衝動	I had a sudden **impulse** to eat Chinese food. 突然, 私は中華料理が食べたい衝動にかられた。
carve A	動 A を彫る	He has learned to **carve** figures for a year. 彼は像を彫ることを1年間習っている。
stonework	名 石細工, 石造建築	Much of the **stonework** of this building is old. この建物の石細工の大半は古いものだ。
satisfied	形 満足した	I'm sure you will be **satisfied** with the result. あなたはきっとその結果に満足するでしょう。
destination	名 目的地	New York is the final **destination** of this tour. ニューヨークがこのツアーの最終目的地だ。
happen to do	熟 偶然～する	I **happened to** see a rainbow after the rain. 私はその雨のあと, 偶然虹を見た。
otherwise	副 もしそうでなければ	Leave home soon; **otherwise** you'll be late. すぐに家を出なさい。そうしなければ遅刻するよ。

PART ❸

PART ④

pile up A [A up]	熟 A を積み上げる	I **piled up** books on the desk in my bedroom. 私は寝室の机の上に本を積み上げた。
work on A	熟 A に取り組む	We have been **working on** this project for years. 私たちはもう何年もこのプロジェクトに取り組んでいる。
(in) the way ~	熟 ~する方法で[ように]	We sang the song **in the way** our teacher did. 私たちは先生がしたように，その歌を歌った。
interior	名 内部	The **interior** of the room was decorated in white. その部屋の内部は白で飾られていた。
column	名 柱	The ceiling is held up by a series of **columns**. その天井は柱の列によって支えられている。
incline	動 傾く，傾斜する	The tower **inclines** slightly. その塔は少し傾いている。
as for A	熟 A について言えば	**As for** him, he will enter college this year. 彼について言えば，今年大学に入るつもりだ。
colleague	名 同僚	I usually have lunch with my **colleagues**. 私はたいてい同僚と昼食をとる。

PART ①-1　英文を読む前に，初めて習う文法を含んだ文を確認しましょう！ →p.147 ④・⑨

ポイント　サグラダ・ファミリアはどのように今日のものになったか。

① A world-famous structure stands / in Barcelona, / Spain. // ② It has been
　　世界的に有名な建造物がある　　 /　　バルセロナに　 /　スペインの //　　　　 それは

under construction / for more than a century / since 1882. // ③ It is an odd-shaped
建設中だ　　 /　　　 1世紀以上もの間　　　/　1882年以来 // それは変わった形の教会だ

church / named the Sagrada Familia. // ④ Funded only by donations / from church
　/ サグラダ・ファミリアと名付けられた // 寄付金によってのみ資金が提供されているので / 教会員

members / and admission fees, / it has taken many years / to construct. //
からの　　/　　そして入場料　　/ それは多くの年月がかかっている / 建設するのに //

　⑤ The architect / who designed the church / is Antonio Gaudi / (1852 – 1926). //
　　　 建築家は　　/　その教会を設計した　/ アントニオ・ガウディだ /（1852年～1926年）//

⑥ He took over / the head architect's position / in 1883, / when he was just 31 / and
彼は引き継いだ /　　主任建築家の職を　　/ 1883年に / その時彼はまだ31歳だった /そして

almost unknown. // ⑦ Gaudi did not stick to / the original plans. // ⑧ Instead, / he
ほとんど知られていなかった// ガウディは〜を堅持しなかった / 当初の計画 // それどころか /

changed the design drastically. // ⑨ Without Gaudi, / the Sagrada Familia would
彼は抜本的に設計を変更した　　　 //　 もしガウディがいなかったなら / サグラダ・ファミリアは

be completely different / from what it is today. //
まったく違うものになっているだろう / 今日のものとは　//

✓ 構成＆内容チェック　本文を読んで，（　）に合う日本語を書きなさい。

①〜④ 本レッスンの導入部分。
　　（1.　　　　　　　）のバルセロナにあるサグラダ・ファミリアは変わった形の教会で，
　　教会員からの寄付金と入場料だけが資金源なので建設に多くの年月がかかっている。

　　↓

⑤〜⑨ サグラダ・ファミリアを設計した（2.　　　　　　　　）について説明している。
　　サグラダ・ファミリアの主任の（2）はアントニオ・ガウディで，1883年にその職を
　　引き継いだ。彼は当初の計画を堅持せず，設計を（3.　　　　　　　）に変えた。

❗ 教科書Qのヒント

Q1 Where does the Sagrada Familia stand?
（サグラダ・ファミリアはどこにありますか。）　→本文①・③

✒ 読解のカギ

② **It has been under construction （for more than a century）（since 1882）.**
　　has ＋過去分詞　　　　　　　　　　　　　　　　　　　　　　〈期間〉を表す前置詞句
　　→ has been は現在までの〈状態の継続〉を表す現在完了形。be under construction は

➡「～の間」という意味の for と,「～以来」という意味の since が一緒に使われている。

by 以下を修飾

④ **Funded (only) (by donations from church members and admission fees),**

過去分詞で始まる分詞構文

it has taken many years to construct.

has ＋過去分詞

➡ Funded から fees までは過去分詞 Funded で始まる受動態の分詞構文。「～なので」と〈理由〉を表している。funded は fund「～に資金を提供する」の過去分詞。

文法詳細 p.164

➡ 過去分詞で始まる分詞構文は受動的な意味を表す。前に being が省略されていると考える。only は「ただ～だけ」と,動作主を表す by 以下の句を修飾している。

➡〈It takes ＋時間＋to *do*〉で「～するのに（時間）がかかる」という意味を表す。has taken は現在完了形で,has taken many years to construct は「建設するのに多くの年月がかかっている」となる。

♪ Q1. 日本語にしなさい。

Written in plain English, this story is easy to read.

(   )

⑥ **He took over the head architect's position in 1883, [when he was just**

he was が省略されている　　　　　　　　　関係副詞

31 and almost unknown].

➡ when は関係副詞。when の前にコンマ(,)が置かれ,〈時〉を表す先行詞を「…,そしてその時～」と補足的に説明している。この用法を関係副詞の非限定用法という。

⑨ **Without Gaudi, the Sagrada Familia would be completely different from**

仮定法の文の if 節の代わりをしている　　　　would ＋動詞の原形

[what it is today].

➡ この文は if 節を用いずに,それに代わる表現〈without ＋(代)名詞〉で〈条件〉の意味を表している仮定法の文。

➡「ガウディがいた」という事実は過去のことなので,Without Gaudi の部分は仮定法過去完了である。「(あの時)ガウディがいなかったなら」という意味になる。

➡ 文の述語動詞は〈would ＋動詞の原形〉の形なので,仮定法過去で「サグラダ・ファミリアは…になっているだろう」という意味になる。

文法詳細 pp.164～165

➡ what は関係代名詞。〈what ＋S＋is[are, am]〉で「今の S」という意味を表す。

♪ Q2. 日本語にしなさい。

Without your help, I would not have passed the exam.

(   )

PART ①-2

ポイント　子どものころのどのような経験がガウディの作品に影響を与えたか。

⑩ Gaudi was born / into a craftsman's family / in Catalonia, / Spain. //
　　ガウディは生まれた　/　　　職人の家庭に　　/　カタルーニャの / スペインの //

⑪ When he was a child, / he had poor health / and was not able to play outside. //
　　彼は子どものころ　　/　　　病弱だった　　/　だから外で遊ぶことができなかった　//

⑫ Instead of running around / with his friends, / he had to sit still and alone. //
　　走り回る代わりに　　/　友だちと　/　彼はじっとひとりで座っていなければならなかった　//

⑬ He spent / most of his childhood / observing the nature / around him / such as
　彼は過ごした / 子ども時代のほとんどを /　自然を観察して　/　彼の周りにある/　植物の

plants, / flowers, / and insects, / with his keen eye / and strong curiosity. //
ような　/　花　/　そして昆虫　/　鋭い目で　/　そして強い好奇心で　//

⑭ This experience / had a great influence / on his art. //
　　この経験が　　/　大きな影響を与えた　/　彼の芸術に //

✓ 構成＆内容チェック　本文を読んで，（　）に合う日本語を書きなさい。

⑩ ガウディの生まれについて述べている。
　　ガウディはカタルーニャの(1.　　　　　　　　)の家に生まれた。

⑪～⑬ ガウディの生い立ちについて述べている。
　　子どものころ体が弱く，外で遊ぶことができず，ひとりでじっと座っていなければな
　　らなかった。子ども時代のほとんどを自分の周囲にある自然を鋭い目と強い
　　(2.　　　　　　　)を持って観察して過ごした。

⑭ 子ども時代の過ごし方がガウディに与えた影響について述べている。
　　自然を観察した(3.　　　　　　)が彼の芸術に大きな影響を与えた。

---

① 教科書Qのヒント

Q2 How did Gaudi spend most of his childhood?
（ガウディは子ども時代のほとんどをどのように過ごしましたか。）　→本文⑬

✓ 構成＆内容チェック の解答　1. 職人　2. 好奇心　3. 経験

📖 読解のカギ

⑩ **Gaudi was born into a craftsman's family in Catalonia, Spain.**
→ be born は「生まれる」, into は「〜の中へ」という意味を表し, be born into *A* で「A に生まれる」という意味を表す。

⑪ **When he was a child, he had poor health and was not able to play outside.**
→ have poor health は「病弱な」という意味。poor には「貧しい」, 「かわいそうな」という意味以外に「(健康が)すぐれない」, 「下手な」, 「(資源などが)乏しい」などさまざまな意味がある。have good health で「健康な」という意味を表す。
→ be able to *do* で「〜することができる」という意味。

🎵 **Q1.** ＿＿＿＿ を埋めなさい。
私の祖母は 80 歳で, 健康だ。
My grandmother is 80 years old, and she has ＿＿＿＿＿＿＿ ＿＿＿＿＿＿＿.

⑫ **(Instead of running around with his friends), he had to sit still and alone.**
　　2語で前置詞として働く　　　　　　　　　　　　　 S　　V　　　　　C
→ instead of *A* は「A の代わりに」という意味を表し, 2語で1つの前置詞として働いている。of のあとに続く running はその目的語となる動名詞。
→ sit still and alone は〈sit＋C[形容詞]〉で「〜の状態で座っている」という第2文型の文。still は「じっとした」という意味の形容詞で, still と alone の2つの形容詞が C となっている。

🎵 **Q2.** 日本語にしなさい。
Instead of going out, they watched a movie at home.
(　　　　　　　　　　　　　　　　　　　　　　　　　　　)

⑬ **He spent most of his childhood observing the nature around him (such**
　　spend＋　　　時間　　＋　動名詞
as plants, flowers, and insects), (with his keen eye and strong curiosity).
→ spent は spend の過去形。〈spend＋時間＋(in) *do*ing〉は「〜して(時間)を過ごす」という意味を表す。ここでは in が省略されている。
→ observing は spend 〜 in *do*ing の in の目的語になる動名詞である。原形は observe「〜を観察する」。
→ such as *A* は「A のような」と〈例示〉を表し, the nature around him の具体例を述べている。
→ 前置詞 with は〈手段・道具〉を表し, with 以下は observing を修飾する副詞句。

🎵 **Q3.** 並べかえなさい。
彼女はゲームをして週末を過ごした。
(her / playing / she / games / spent / weekend).

PART ②-1

┌─ ポイント ─┐　ガウディの死後，サグラダ・ファミリアの建設はどうなったか。

① Besides the Sagrada Familia, / Gaudi designed Parc Güell, / Palau Güell, /
　サグラダ・ファミリアに加えて　/　ガウディはグエル公園を設計した　/　　グエル邸　　/

Casa Milà, / and other places / in Barcelona, / the state capital of Catalonia. // ② His
カサ・ミラ / そしてほかの建物を / バルセロナの / 　カタルーニャの州都　 //彼の非常に

highly original designs / inspired many artists / such as Picasso, / Miró, / and Dali. //
独創的なデザインは　 / 多くの芸術家に刺激を与えた / ピカソのような / ミロ / そしてダリ//

③ Having a strong Catholic faith, / Gaudi devoted / the latter half of his life / to
　カトリックの強い信仰を持っていたので / ガウディはささげた / 　人生の後半を　 　/

the construction of the Sagrada Familia. // ④ He wanted to create a church / that
サグラダ・ファミリアの建設に　　　　 // 　彼は教会を作ることを望んだ 　/

was structurally perfect, / harmonious, / and beautiful. //
構造的に完璧で　　　 / 　調和のとれた / そして美しい //

⑤ After Gaudi's death, / the Sagrada Familia continued / to be built, / but
　　ガウディの死後　　 / 　サグラダ・ファミリアは続けた /建設されることを/しかし

Gaudi's designs / and models / were no longer used. // ⑥ They were burned, /
ガウディの設計図　/ そして模型は / 　もはや使われなかった 　// 　それらは燃やされた /

destroyed, / or lost / in the chaos / of the Spanish Civil War. // ⑦ Instead, /
破壊された / あるいは失われた / 大混乱の中で / 　スペイン内戦の　 // 　その代わりに /

Gaudi's pupils drew designs / based on what they had heard / from Gaudi. //
ガウディの弟子たちが設計図を描いた / 　彼らが聞いたことに基づいた　 / 　ガウディから 　//

⑧ Construction of the church / is still being continued today / by builders / who
　　教会の建設は　　　　　 / 　今日もまだ続けられている 　/ 建設者たちによって/

try to imagine / what Gaudi had in mind. //
想像しようとする / ガウディが考えていたことを //

✔ 構成&内容チェック　**本文を読んで，（　）に合う日本語を書きなさい。**

①～④ ガウディの業績について説明している。

・ガウディはバルセロナにあるグエル公園，グエル邸，カサ・ミラなども設計した。

・彼の(1.　　　　　　　)なデザインは多くの芸術家に刺激を与えた。

・彼は(2.　　　　　　　)の強い信仰を持っていたので，人生の後半をサグラダ・ファ
ミリアの建設にささげた。

↓

⑤～⑧ ガウディの死後のサグラダ・ファミリアの建設について説明している。

ガウディの死後，彼の設計図や(3.　　　　　　　)は，スペイン内戦のせいで燃やさ
れたり壊されたりしたが，弟子たちがガウディから聞いたことに基づいた設計図を描
き，今日も教会の建設は続けられている。

✔ 構成&内容チェック の解答　1. 独創的　　2. カトリック　　3. 模型

❶ 教科書Qのヒント

Q3 What kind of church did Gaudi want to create?
（ガウディはどんな種類の教会を作りたかったのですか。）　→本文④

🎵 読解のカギ

③ **Having a strong Catholic faith**, Gaudi devoted the latter half of ....
　現在分詞で始まる分詞構文

➡ Having から faith までは現在分詞 Having で始まる分詞構文。「カトリックの強い信仰を持っていたので」と〈原因・理由〉を表している。

⑤ **After Gaudi's death, [the Sagrada Familia continued to be built]**, (but)
　　　　　　　　　　　　　　　　　　└──────────────┘ 対照的に使われている
[Gaudi's designs and models were (no longer) used].
　　　　　　　　　　　　　　　　　　　　　副詞句

➡ but は〈対立〉を表し，A but B で「A，しかし B」という意味を表す。この文では but の前後で the Sagrada ... built と Gaudi's ... used が対照されている。

➡ no longer は「もはや〜ない」という否定を表す副詞句。ここでは were used を修飾している。

⑦ **Instead, Gaudi's pupils drew designs (based on [what they had**
　　　　　　　　　　　　　　　　　　　↑　　　　　　　　　過去分詞　関係代名詞　had +
heard from Gaudi]).
　過去分詞

➡ base A on B で「A を B に基づかせる」。A based on B は「B に基づいた A」となる。

➡ based は過去分詞で，based で始まる句が名詞 designs を後ろから修飾する形容詞的な働きをしている（分詞の限定用法）。過去分詞の場合は「〜される，された」という受動的な意味を表す。

➡ what は関係代名詞。「彼らがガウディから聞いたこと」という意味の名詞節を導き，on の目的語になっている。

➡ had heard は過去完了形。過去のある時点よりも以前のことを表す大過去の用法。

⑧ **Construction of the church is still being continued today by builders [who**
　　　　　　　　　　　　　　still は being continued を修飾└───┘ 現在進行形の受動態　　　先行詞
try to imagine [what Gaudi had in mind]].
　　V′　　　　　　O′(関係代名詞節)

➡ is being continued は〈be 動詞＋being＋過去分詞〉の形の現在進行形の受動態。進行形の受動態は，「〜されているところだ」という意味を表す。

➡ who は主格の関係代名詞。who で始まる節が先行詞の builders を説明している。

➡ what は関係代名詞。what で始まる節は「〜すること」という意味を表す名詞節になり，ここでは imagine の目的語になっている。

🎵 Q1. ＿＿＿＿を埋めなさい。
　あなたが知っていることを話しなさい。Tell us ＿＿＿＿＿＿ you ＿＿＿＿＿＿.

🎵 読解のカギ Q の解答　**Q1.** what, know

PART ❷-2

ポイント　サグラダ・ファミリアの建設予定はどう変わっているか。

⑨ At first, / they said / that the Sagrada Familia would take / at least /
最初は　/　人々は言った　/　サグラダ・ファミリアはかかるだろうと　/　少なくとも /

three hundred years / to finish. // ⑩ However, / the church organization
　300年　　　/　完成するのに //　　しかし　/　　　　　教会組織は

announced / that the church is to be completed / in 2026: / 100 years / after Gaudi's
発表した　/　教会は完成されることになっていると　/ 2026年に / 100年になる /　ガウディの

death. // ⑪ As the Sagrada Familia becomes more famous, / it gets more donations /
死後　//　　サグラダ・ファミリアはより有名になるにつれて　/より多くの寄付金を得ている/

and admission fees. // ⑫ The builders are increasing / the pace of its construction, /
そして入場料を　//　　建設者たちは上げている　/　　建設のペースを　　/

helped by more funds and advanced technology. // ⑬ In 2018, / they started to
より多くの資金や先進技術に助けられて　//　2018年に /　彼らは建造し

build / the tower of Jesus Christ / and the construction / entered the final stage. //
始めた /　イエス・キリストの塔を　/　そして建設は　/　最終段階に入った　//

✓ 構成&内容チェック　本文を読んで，（　）に合う日本語や数字を書きなさい。

⑨・⑩ サグラダ・ファミリアの完成予定について述べている。
　最初は少なくとも(1.　　　　　)年かかると言われていた。しかし，教会組織が
2026年に完成されると発表した。

　　理由
⑪・⑫ 完成時期が早まった理由について説明している。
　・サグラダ・ファミリアが有名になるにつれて，より多くの寄付金や入場料
　　を得るようになった。
　・資金と(2.　　　　　)によって，建設のペースが上がった。

⑬ 最終段階に入ったことを述べている。
　(3.　　　　　)の建造開始により，建設が最終段階に入った。

❗ 教科書Qのヒント

Q4 When is the Sagrada Familia to be completed?
（サグラダ・ファミリアは，いつ完成されることになっていますか。）　→本文⑩

✓ 構成&内容チェック の解答　1. 300　2. 先進技術　3. イエス・キリストの塔

🔑 読解のカギ

⑨ **At first, they said [that the Sagrada Familia would take at least three**
　　　　　S　　　V　　　O(that 節)

hundred years to finish].

➡ they は特定の人ではなく，「(一般の)人々」を指す。

➡ 〈S＋V＋O〉の第3文型の文。〈say＋that 節〉で「～であると言う」という意味。

➡ would は過去から見た未来を表している。

➡ 〈S＋take＋(時間)＋to *do*〉で「S は～するのに(時間)がかかる」という意味を表す。

➡ at least は「少なくとも」という意味を表す。

🖋 **Q1. 日本語にしなさい。**

The job took two hours to complete.

(　　　　　　　　　　　　　　　　　　　　　　　　　　　　)

⑩ **However, the church organization announced [that the church is to be**
　　　　　　　　　　S　　　　　　　　V　　　　　O(that 節)

completed in 2026: (100 years after Gaudi's death)].
　　　　　　　　└── 2026 について説明している

➡ 〈S＋V＋O〉の第3文型の文。〈announce＋that 節〉で「～であると発表する」という意味。

➡ is to be completed は「完成されることになっている」という意味。be to *do* はここでは「～することになっている」という〈予定〉を表す。to be completed は不定詞の受動態。

➡ コロン(:)は接続詞のように働き，節や語句をつなぐことができる。ここでは，2026年の詳しい説明として 100 years after Gaudi's death が続いている。

⑪ **[As the Sagrada Familia becomes more famous], it gets more donations**

and admission fees.

➡ as は「～につれて」という〈比例〉の意味を表す接続詞。

➡ more は donations と admission fees の2つの名詞(句)を修飾している。

🖋 **Q2. 並べかえなさい。**

彼らは有名になるにつれて忙しくなった。

(became / as / more / they / they / famous / became / ,) busier.

_____ busier.

⑫ **The builders are increasing the pace of its construction, (helped by more**
funds and advanced technology).　　　　過去分詞で始まる分詞構文

➡ helped ... technology は過去分詞 helped で始まる分詞構文。「～されながら」という付帯状況を表している。付帯状況を表す分詞構文は，主節のあとに置かれることが多い。

PART ❸-1

♦ポイント 外尾さんはどのような人か。

① Between 1984 and 2005, / seven of Gaudi's works / were declared World
 1984年から2005年の間に / ガウディの作品の7つが / 世界遺産であると宣言された

Heritage Sites / by UNESCO. // ② Among them / was "The Nativity Façade" / in the
 / ユネスコにより // それらの中に / 「生誕のファサード」があった / サグラダ・

Sagrada Familia. // ③ It was completed in 2000 / with the sculpture of 15 angels / by
ファミリアの // それは2000年に完成された / 15体の天使の彫刻を含めて /

a Japanese sculptor, / Sotoo Etsuro. // ④ He is now / in charge of / the internal
日本人彫刻家による / 外尾悦郎 // 彼は現在 / ～を担当している / 塔の

design of the tower / of Jesus Christ. //
内部設計 / イエス・キリストの //

⑤ Sotoo was born in Fukuoka / in 1953. // ⑥ He majored in sculpture / at
 外尾は福岡で生まれた / 1953年に // 彼は彫刻を専攻した /

university / and became a part-time art teacher / after graduation. // ⑦ One day, /
大学で / そして美術の非常勤講師になった / 卒業後 // ある日 /

at the age of 25, / Sotoo suddenly felt an impulse / to carve stone / for no particular reason. //
 25歳のとき / 外尾は突然衝動を感じた / 石を彫りたいという / 特に理由もなく //

⑧ His passion made him leave Japan / for Europe, / where there is a strong culture /
 彼の情熱は彼に日本を去らせた / ヨーロッパへ向かって / そこには根強い文化がある /

of stonework. // ⑨ He visited Paris first, / but did not feel satisfied there. //
 石細工の // 彼は最初にパリを訪れた / しかしそこでは満足しなかった //

✓ 構成&内容チェック 本文を読んで，（ ）に合う日本語を書きなさい。

① (1.　　　　　　　　　)に登録されたガウディの作品について紹介している。
1984年から2005年の間に，ガウディの作品のうち7つが，ユネスコにより（1）で
あると宣言された。
↓

②～④ そのうちの1つである「生誕のファサード」とその彫刻家について説明している。
「生誕のファサード」は，外尾悦郎という日本人彫刻家が彫った15体の
(2.　　　　　　　　　)の彫刻を含めて2000年に完成された。
↓

⑤・⑥ 外尾さんの経歴について説明している。
大学で(3.　　　　　　)を専攻し，卒業後は美術の非常勤講師になった。
↓

⑦～⑨ 25歳のときの外尾さんの行動について述べている。
突然，特に理由もなく，(4.　　　　　　　　)という衝動にかられて，石細工の根強い
文化のあるヨーロッパへ向かった。最初にパリを訪れたがそこでは満足しなかった。

✓ 構成&内容チェック の解答 1. 世界遺産 2. 天使 3. 彫刻 4. 石を彫りたい

❶ 教科書Qのヒント

Q5 Who carved the 15 angels of "The Nativity Façade"?
（「生誕のファサード」の15体の天使を彫ったのはだれですか。）　→本文③

Q6 What did Sotoo feel at the age of 25?　（外尾さんは25歳のときに何を感じましたか。）　→本文⑦

♪ 読解のカギ

① **Between 1984 and 2005, seven of Gaudi's works were declared World Heritage Sites by UNESCO.**
　　　　　　　　　　　　　　　　　　be 動詞　過去分詞　　C
→ were declared World Heritage Sites は「世界遺産であると宣言された」という意味。declare は〈declare＋O＋C〉「OをCであると宣言する」という第5文型の形をとることができ、ここではその受動態となっている。

♪ Q1. 日本語にしなさい。

He was declared the President of the United States.
（　　　　　　　　　　　　　　　　　　　　　　　　　　　　　）

② **(Among them) was "The Nativity Façade" in the Sagrada Familia.**
　副詞句＝前置詞句　　V　　　　　　　　　　　　　　S
→ among は「〜の間に、〜の中に」という意味の〈場所〉を表す前置詞で、them を伴って副詞句になっている。
→ この文のように、〈場所〉を表す副詞(句)が第1文型〈S＋V〉の主語の前に出ると、〈副詞(句)＋V＋S〉と主語と動詞の語順が逆になる倒置が起こることがある。
→ 文を元の語順に戻すと、"The Nativity Façade" in the Sagrada Familia was among them. となる。
→ them は前文①の seven of Gaudi's works を指している。

⑦ **... at the age of 25, Sotoo suddenly felt an impulse to carve stone for no particular reason.**
　　　　　　　　　　　　　　　　　　　　　　不定詞(同格)
→ 〈at the age of＋数字〉で「〜歳で」という意味。
→ to carve は〈同格〉を表す形容詞的用法の不定詞で、to carve stone が an impulse を修飾して「石を彫るという衝動」という意味を表す。

⑧ **His passion made him leave Japan for Europe, [where there is a**
　　　　　　make＋O＋原形不定詞　　　　　先行詞　　　場所を表す先行詞を補足説明
strong culture of stonework].
→ where は関係副詞。その前にコンマがあるので非限定用法。〈場所〉を表す先行詞 Europe を補足的に説明している。
→ made him leave は〈使役動詞 make＋O＋原形不定詞〉の形。「Oに〜させる」という意味。

♪ Q2. ＿＿＿を埋めなさい。

この映画は多くの人々を泣かせた。
This movie ＿＿＿＿＿＿ many people ＿＿＿＿＿＿.

♪ 読解のカギ Q の解答　**Q1.** 彼はアメリカ合衆国の大統領であると宣言された。　**Q2.** made, cry

PART ③-2　英文を読む前に，初めて習う文法を含んだ文を確認しましょう！ → pp.156〜157 ⑩

🔖**ポイント**　外尾さんはどのようにサグラダ・ファミリアの彫刻家になったか。

⑩ Looking for another destination, / he happened to get / on a train to Barcelona; /
　別の目的地を探し求めていたとき　/　　彼は偶然乗った　/　バルセロナ行きの電車に　/

otherwise he would not have seen the Sagrada Familia. // ⑪ It was not so popular /
そうでなければ，彼はサグラダ・ファミリアを見ていなかっただろう //それはそれほど人気はなかった /

with tourists / at that time. // ⑫ As soon as he saw a lot of stones piled up there, /
　観光客に　/　　当時　　//　　彼はそこに積み上げられている多数の石を見るとすぐに　/

he felt the impulse / to carve stone / again. // ⑬ He repeatedly asked the head architect, /
彼は衝動を感じた　/ 石を彫りたいという / 再び // 　　彼は主任建築家に繰り返し頼んだ　/

one of Gaudi's pupils, / to let him carve. // ⑭ Finally, / he was allowed / to take a test /
ガウディの弟子の１人である/彼に彫らせてくれるように//ついに/彼は許された/テストを受けることを/

and was accepted / as a full-time sculptor. //
そして受け入れられた / 　専任の彫刻家として　　//

✔ **構成＆内容チェック**　本文を読んで，（　）に合う日本語を書きなさい。

⑩・⑪ 外尾さんがサグラダ・ファミリアに出会ったきっかけについて書かれている。
　別の(1.　　　　　　　)を探していたとき，バルセロナ行きの電車に偶然に乗って当
　時は(2.　　　　　　)にそれほど人気の場所ではなかったサグラダ・ファミリアに
　出会った。

⑫ サグラダ・ファミリアに出会ったときの様子が述べられている。
　サグラダ・ファミリアで積み上げられた多数の(3.　　　　　)を見て，再び(3)
　を彫りたいという衝動にかられた。

⑬・⑭ サグラダ・ファミリアの(4.　　　　　　)になった経緯が述べられている。
　ガウディの弟子の１人であった主任建築家に，彫らせてくれるように繰り返し頼み，
　(4)として受け入れられた。

🔑 **読解のカギ**

⑩ **Looking for another destination, he happened to get on a train to**
　現在分詞で始まる分詞構文

Barcelona; otherwise he would not have seen the Sagrada Familia.
　　　　if 節の代わり　　would not have ＋過去分詞

→ Looking for another destination は，「〜していたときに」と〈時〉を表す分詞構文。
→ otherwise は「そうでなければ」という意味を表す副詞で，直前に述べられている事
　実に反する仮定を表す。ここでは「彼は偶然バルセロナ行きの電車に乗った」という
　過去の事実に反する仮定なので，otherwise は１語で「もし（あの時）乗っていなけれ

ば」という仮定法過去完了の条件節の働きをする。あとに続く〈would not have + 過去分詞〉も仮定法過去完了。 文法詳細 pp.164〜165

Q1. 日本語にしなさい。

Tom was tired; otherwise he would not have made such a mistake.

(　　　　　　　　　　　　　　　　　　　　　　　　　　　　　　)

⑫ [As soon as he saw a lot of stones piled up there], he felt the impulse (to
　　　3語で接続詞　　　　see　　　+ O　　　+過去分詞
　　　として働く

carve stone) again.
不定詞

➡ As soon as は「〜するとすぐに」という意味を表し，接続詞として働いている。

➡ saw a lot of stones piled up は〈知覚動詞 see + O + 過去分詞〉の形。「O が〜され(てい)るのを見かける」という意味を表す。

➡ to carve は the impulse を修飾する形容詞的用法の不定詞。

⑬ He repeatedly asked (the head architect, one of Gaudi's pupils), (to let
　　　　　　　　　　　　　　　　　　━━━同格━━━　　　　　　　　let

him carve).
+ O +原形不定詞

➡ asked以下は〈ask + O + to do〉の形で「Oに〜するように頼む」という意味を表している。

➡ one of Gaudi's pupils の前のコンマは同格を表し，直前の the head architect を補足的に説明している。

➡ to の後ろは let him carve と〈使役動詞 let + O + 原形不定詞〉の形になっていて，「Oに(許可して)〜させる」という意味を表している。

⑭ ... he was allowed to take a test and was accepted as a full-time sculptor.

➡ was allowed to take は〈allow + O + to do〉「Oが〜するのを許す」という形の受動態。

Q2. 並べかえなさい。

少女はパーティーに行くのを両親に許された。

(the party / allowed / go / the girl / was / to / to) by her parents.

_____ by her parents.

PART ④-1

ポイント　ガウディは何が人を幸せにすると考えたか。

① Sotoo has been working / on the Sagrada Familia / for more than 40 years. //
外尾は取り組み続けている　/　サグラダ・ファミリアに　/　40年以上もの間　//

② As he carves there, / he thinks / of why Gaudi made the Sagrada Familia / in the way
そこで彫刻をしているとき / 彼は考える / なぜガウディがサグラダ・ファミリアを作ったかを / 彼が

he did, / and for what purpose. // ③ "Gaudi wanted to create something / that makes
したその方法で / そしてどういう目的で // 　　「ガウディは何かを作りたかった　/　私たちを幸

us happy," / Sotoo says. // ④ "Gaudi was happy / when he spent / his younger days /
せにする」　/　外尾は言う　//　「ガウディは幸せだった / 彼が過ごしたとき / 若い日々を /

surrounded by nature. // ⑤ Therefore, / he believed / nature can make us happy. //
自然に囲まれて　//　したがって / 彼は信じていた / 自然は私たちを幸せにすることができると //

⑥ He thought of nature / as a message / from God. // ⑦ He also believed / that the
彼は自然を考えた　/　メッセージとして　/　神からの　//　また彼は信じていた / 最も美しい

most beautiful forms / can be found / in nature." // ⑧ In fact, / the interior / of the
形は　　　　　　　/　見つけられる　/　自然の中に」//　　実際　　/　内部は / サグラダ・

Sagrada Familia / looks like a forest, / with columns / that incline / like branching trees. //
ファミリアの　　　/　森のように見える　/　柱があり　/　傾いている / 枝を広げた木々のように //

✔ 構成&内容チェック　本文を読んで，（ ）に合う日本語を書きなさい。

①・② サグラダ・ファミリアについて外尾さんが何を考えているかを説明している。
　・なぜガウディは彼のやり方でサグラダ・ファミリアを作ったのか。
　・どういう(1.　　　　　　)でサグラダ・ファミリアを作ったのか。

↓

③〜⑦ 外尾さんがガウディの考えを述べている。
　・ガウディは私たちを幸せにしてくれる何かを作りたかった。
　・ガウディは(2.　　　　　　)に囲まれて若い日々を幸せに過ごしたので，(2)は
　　私たちを幸せにしてくれると信じていた。
　・ガウディは(2)を神からのメッセージだと考えた。
　・ガウディは最も(3.　　　　　　)形は(2)の中にあると信じていた。

　　さらに説明
　　⑧ 外尾さんの発言を裏付ける，サグラダ・ファミリアの内部構造について説
　　　明している。
　　　サグラダ・ファミリアの内部は枝を広げた木々のように傾いた柱があって，
　　　まるで(4.　　　　　　)のように見える。

❗ 教科書Qのヒント

Q7 According to Sotoo, what did Gaudi believe nature can do?
（外尾さんによると，ガウディは自然は何をすることができると信じていましたか。）　→本文⑤

✔ 構成&内容チェック の解答　1. 目的　2. 自然　3. 美しい　4. 森

🎵 **読解のカギ**

① **Sotoo has been working on the Sagrada Familia for more than 40 years.**

➡ has been working は，have[has] been *do*ing の形の現在完了進行形。「(今まで) ずっと～し続けている」という意味で，現在まで続いている〈動作の継続〉を表す。work は動作動詞なので，現在完了進行形を使って動作の継続を表している。

➡ work on *A* で「*A* に取り組む」。

🎵 **Q1. 日本語にしなさい。**

I have been playing tennis since this morning.

(　　　　　　　　　　　　　　　　　　　　　　　　　　　　　　　　)

② **[As he carves there], he thinks of [why Gaudi made the Sagrada Familia**
　　接続詞　　　　　　　　　　　　　　　　　　　間接疑問₁

in the way [he did]], and [for what purpose].
　　　　　　　　　　　　間接疑問₂　　└he made it が省略されている

➡ ここでの as は〈時〉を表す接続詞で，「～するとき」という意味になる。

➡ why から he did までと，for what purpose は thinks of の of の目的語になる間接疑問。2つの間接疑問が and でつながれている。purpose のあとには，he[Gaudi] made it[the Sagrada Familia]が省略されている。

➡ (in) the way ～は「～する方法で」という意味を表す。did は made the Sagrada Familia の代わりをしている。

🎵 **Q2. 並べかえなさい。**

母の作り方で私はカレーを作った。(the way / in / made / does / curry and rice / my mother / I).

_____.

　　　　　　　　　　　　　　関係代名詞

③ **Gaudi wanted to create something [that makes us happy] ....**
　　　　　　　　　　　　先行詞 ↑_____　make + O +形容詞

➡ that は主格の関係代名詞。先行詞の something を修飾している。

➡ makes us happy は〈make＋O＋C(形容詞)〉の形。「私たちを幸せにする」という意味を表している。

④ **Gaudi was happy when he spent his younger days (surrounded by**
　　　　　　　　　　　　　　　　　spend　　　　O　　　　過去分詞

nature).

➡ spent his younger days surrounded は〈spend＋O＋過去分詞〉の形で，「～されてO を過ごす」という意味を表す。「自然に囲まれて彼の若い日々を過ごした」となる。

➡ surrounded by nature は〈付帯状況〉を表す過去分詞で始まる分詞構文と考えてもよい。

🎵 **Q3. ＿＿＿ を埋めなさい。**

彼女は晩年を孫たちに囲まれて過ごした。

She _____ her last days _____ by her grandchildren.

PART ④-2

ポイント　　外尾さんは今，どんな思いで石を彫り続けているのか。

⑨ Sotoo adds, / "Gaudi created the Sagrada Familia, / and through his work on it, /
外尾は言い足す / 「ガウディはサグラダ・ファミリアを作った / そして彼のそこでの仕事を通して /

he became a great architect. // ⑩ As for me, / I've wanted / to carve stone / since
彼は偉大な建築家になった　　// 私について言えば / 私は欲してきた / 石を彫ることを /

I was young. // ⑪ Through carving stone, / I think / I've been looking for myself. //
若いころから　//　　石を彫ることを通して　/ 私は思う / 私は自分自身を探し続けていると //

⑫ Now / I can say / carving stone has created / what I am." //
今　/ 私は言うことができる / 石を彫ることが作ってきたと / 現在の私を」//

⑬ The last words / Gaudi said / to his craftsmen / before he died / were, / "Let's
最後の言葉は　/ ガウディが言った / 職人たちに　/ 亡くなる前に　/ であった /

make much better things / tomorrow, / folks." // ⑭ With Gaudi's will / in mind, /
「もっとよいものを作ろう　/　　明日　/ みなさん」// ガウディの遺志を持って / 心に /

Sotoo continues / to carve stone / with his colleagues / in Barcelona. //
外尾は続ける　/ 石を彫ることを /　　同僚たちと　/　バルセロナで　//

✓ 構成＆内容チェック　本文を読んで，（ ）に合う日本語を書きなさい。

⑨ 外尾さんがガウディについて言い足している。
　ガウディはサグラダ・ファミリアを作るという彼の(1.　　　　　　　)を通して偉大
　な建築家になった。

↓　自分との比較

⑩〜⑫ 外尾さんが自分自身について思うことを述べている。
　・石を彫りたいと若いころから思っている。
　・石を彫ることを通して(2.　　　　　　　)を探し続けている。
　・石を彫ることが現在の自分を作ってきたと言える。

↓

⑬ ガウディの最後の言葉について説明している。
　ガウディは亡くなる前に職人たちに「明日は(3.　　　　　　　)を作ろう」と言った。

↓

⑭ 外尾さんの現在について説明している。
　ガウディの(4.　　　　　　)を心に刻んでバルセロナで石を彫り続けている。

---

❶ 教科書Qのヒント

Q8 According to Sotoo, what has created what he is?
（外尾さんによると，何が現在の彼を作ってきたのですか。）　→本文⑫

✓ 構成＆内容チェック の解答　1. 仕事　　2. 自分自身　　3. もっとよいもの　　4. 遺志

🎵 **読解のカギ**

⑩ **As for me, I've wanted to carve stone since I was young.**

　　2 語で 1 つの前置詞　　**have+ 過去分詞**

➡ As for は前置詞が 2 つ続いて，1 つの前置詞になっている。as for *A* で「*A* について言えば」という意味を表す。

➡ I've は I have の短縮形。have wanted は〈状態の継続〉を表す現在完了形。

⑪ **Through carving stone, I think I've been looking for myself.**

　　前置詞＋動名詞　　　　　　　　　　　　**have been *doing***

➡ Through は「〜を通して」という意味の前置詞。

➡ carving は動名詞で Through の目的語になっている。

➡ have been looking は現在完了進行形。現在完了進行形は「(今まで)ずっと〜し続けている」という現在までの〈動作の継続〉を表す。

⑫ **Now I can say [carving stone has created [what I am]].**

　　　　　　　　└──that が省略されている　　　　　　　**関係代名詞**

➡ say のあとに接続詞の that が省略されている。that 節は say の目的語になっている。

➡ that 節内の主語は carving stone。carving は動名詞。

➡ what I am は関係代名詞 what で始まる関係代名詞節。名詞節として働き，has created の目的語になっている。「私であるもの」，つまり「現在の私」という意味。

🎵 **Q1. 日本語にしなさい。**

The music producer made the singer what she is.

(　　　　　　　　　　　　　　　　　　　　　　　　　　　　　　　　　　)

⑬ **The last words [Gaudi said to his craftsmen [before he died]] were, ...**

　　　　　　　S　　　└──関係代名詞が省略されている　　　　　　　　　V

➡ Gaudi の前に目的格の関係代名詞 that[which]が省略されている。Gaudi から died までが関係代名詞節で，先行詞である主語の The last words を説明している。

➡ 関係代名詞節の中に接続詞 before で始まる副詞節が含まれていることに注意する。

⑭ **With Gaudi's will in mind, Sotoo continues to carve stone ....**

　　with +　　**名詞句**　　**+ 前置詞句**

➡ With Gaudi's will in mind は〈with ＋名詞(句) ＋前置詞句〉の形で，「ガウディの遺志を心に持って[刻んで]」という〈付帯状況〉を表している。will は名詞で，ここでは故人であるガウディの「遺志」という意味。

🎵 **Q2. 並べかえなさい。**

彼は両手をポケットに入れたまま座っていた。

He (his hands / with / his pockets / in / sat).

He ＿＿＿＿＿＿＿＿＿＿＿＿＿＿＿＿＿＿＿＿＿＿＿＿＿＿＿＿＿＿＿＿.

──

🎵 **読解のカギ** Q の解答　**Q1.** その音楽プロデューサーがその歌手を現在の彼女にした。
　　　　　　　　　　Q2. sat with his hands in his pockets

😊 Comprehension ❗ヒント

Fill in the blanks to complete the information about the Sagrada Familia.

（下線部に適切な語を入れて，サグラダ・ファミリアに関する情報を完成させなさい。）

1 location は「場所」。スペインのどこに建っているか。
　（教 p.98, ℓℓ.1~2）

2 設計したのはだれか。
　（教 p.98, ℓℓ.7~8）

3, 4 fund は「資金」。建設資金は何によって生まれているか。
　（教 p.98, ℓℓ.4~6）

5, 6 feature は「特徴」。教会の特徴は何か。
　（教 p.98, ℓℓ.3~4, p.104, ℓℓ.10~12）

7 Part 4 で，外尾さんがガウディの考えについて言及している。
　（教 p.104, ℓℓ.4~5）

8 1852 年に，ガウディはスペインのどこで生まれたか。
　（教 p.98, ℓℓ.14~15）

9 1882 年に，サグラダ・ファミリアの何が始まったか。
　（教 p.98, ℓℓ.2~3）

10 1883 年に，ガウディは何をしたと書かれているか。
　（教 p.98, ℓℓ.8~10）

11 ガウディはいつ亡くなったか。
　（教 p.98, ℓℓ.7~8）

12~14 Part 3 の外尾さんとサグラダ・ファミリアとの出会いについての記述をよく読む。
　（教 p.103, ℓℓ.8~12）

15 2000 年に，外尾さんによってなされたことは何か。
　（教 p.102, ℓℓ.4~5）

16, 17 1984 年から 2005 年に，ガウディの 7 つの作品はどうなったか。
　（教 p.102, ℓℓ.1~2）

18 2018 年に何が始まったか。
　（教 p.101, ℓℓ.20~22）

19, 20 何年に教会はどうすることになっているか。
　（教 p.101, ℓℓ.14~16）

ℹ More Information ❶ヒント

Questions

1. 📕 p.110 の「世界の地域ごとの国際観光者数」は，地域ごとにその地域へやって来る外国人観光者数の推移を示している。このグラフから，過去 10 年で急速に観光者数が増えている理由としてどんなことが考えられるかを答える。

　➡ 過去 10 年のことなので，おおよそ 2010 年から 2018 年までのグラフの数値に注目するとよい。観光者数が増える理由を自分なりに考えたり，過去 10 年の社会の変化を調べたりしてみる。

2. 📕 p.110 の「国際観光収入と国際観光者数」を国別にまとめた表を見ると，観光収入ではアメリカが一位であるのに対し，観光者数ではフランスやスペインがアメリカより上位であることがわかる。なぜこのようなことになったのかを考えて，その理由を答える。

　➡ 観光収入が増える原因と観光者数が増える原因は何かを考える。アメリカとフランスやスペインの違い(国土面積や気候など)にも注目するとよい。

Development

・📕 p.110 のグラフで示されている 2018 年以降の,世界の観光者数についての情報を探し，10 年後に起こりうる変化について考える。それについてグループで話し合い，その変化を説明し，📕 p.111 の表内にグラフを描く。

　➡ 主語を the number of international tourists「国際観光者数」として，あとに increase「増える」や decrease「減る」などを続けるとよい。または，主語を more and more people「ますます多くの人々」として,あとに travel abroad「外国へ旅行する」や visit foreign countries「外国を訪れる」などを続けてもよい。そのほか, rapidly「急速に」，gradually「だんだんと」，slowly「ゆるやかに」などの語を加えてもよい。

・Changes between 2018 and now

　➡ 2018 年から現在までに観光者数がどのように変化してきたかを書く。

　➡ 現在完了形⟨have[has] + 過去分詞⟩や現在完了進行形⟨have[has] been + *do*ing⟩を使い，since 2018「2018 年以来」や for the past 〜 years「過去〜年間」などを続けるとよい。

　➡ 変化がなかった場合は，S have[has] not changed 〜「S は〜変化してこなかった」のように表すことができる。

・Changes from now

　➡ 現在から 10 年後までに観光者数がどのように変化していくかを書く。

　➡ It is expected that S' will 〜「S'は〜することが予想される」を使ってもよいし，単に S will 〜「S は〜するだろう」としてもよい。

　➡ 変化がない場合は，There will be no change in 〜「〜には変化はないだろう」のように表すことができる。

・Graph

　➡ 2018 年から現在までと，今後 10 年の変化がわかるグラフを描く。

🔊 Grammar

G-13 受動態の分詞構文

▶ **受動態の分詞構文とは**

・現在分詞や**過去分詞**で始まる句が副詞として働き，文の内容を補足説明することがある。このような句を**分詞構文**という。

・**過去分詞**で始まる**分詞構文**は〈being＋過去分詞〉の being が省略されたもので，「**～されるとき**」，「**～されるので**」など受動態の意味を含む。これを**受動態の分詞構文**という。

・現在分詞の分詞構文も過去分詞の分詞構文も〈**時**〉，〈**理由**〉，〈**付帯状況**〉などさまざまな意味を表し，when，because，while などの接続詞を用いて書きかえることができる。

過去分詞を使った分詞構文

(Being) Written in plain English, this book is easy to read.
　　省略　　過去分詞　　　　　　　　　　　　　　S　　V

(= Because this book is written in plain English, it is easy to read.)
　接続詞（理由）　　　└──────── 主語が同じ ────────┘

(簡単な英語で書かれているので，この本は読みやすい。)

➡ (Being) Written は「書かれているので」という理由を表す。意味は文脈によって判断する。

➡ 分詞の意味上の主語は主節の主語と原則として一致し，その場合は省略される。ここでは，this book is written in plain English という関係が成り立つ。Being は省略されることが多いが，使われることもある。

G-14 if を使わない仮定法

▶ **if を使わない仮定法とは**

・if 節に代わる表現で「もし～なら」の意味を表すものがある。

〈without[but for] ＋（代）名詞〉「～がなければ」

Without[But for] your help, I would not be able to do this job.
　　　　　　　　名詞句　　　　仮定法過去＝現在の事実に反する仮定

(もしあなたの助けがなければ，私はこの仕事はできないだろう。)

Without[But for] his advice, we couldn't have won the game.
　　　　　　　　名詞句　　　　仮定法過去完了＝過去の事実に反する仮定

(もし彼の助言がなかったら，私たちは試合に勝てなかっただろう。)

➡ 〈without＋（代）名詞〉で「～がなければ」という意味で，if 節と同じ働きをすることがある。but for で言いかえることもできる。

➡ 〈without＋（代）名詞〉が現在の事実に反する仮定のときは「（今）～がなければ」，過去の事実に反する仮定のときは「（あの時）～がなかったなら」という意味をそれぞれ表す。

otherwise「そうでなければ」

┌──セミコロン（;）が文をつないでいる

We know Jim very well; otherwise we would not trust him.

仮定法過去

（私たちはジムをとてもよく知っている。そうでなければ，彼を信じないだろう。）

（≒ If we didn't know Jim very well, we would not trust him.）

Lisa told me that day was Sally's birthday.　Otherwise, I would have missed it.

仮定法過去完了

（リサが私にその日はサリーの誕生日だと教えてくれた。そうでなければ，それを見過ごしていただろう。）

（≒ If Lisa had not told me that day was Sally's birthday, I would have missed it.）

➡ otherwise は「そうでなければ」という意味を表す副詞で，直前に述べられている事実に反する仮定を1語で表すことができる。

➡ 現在の事実に反する仮定のときは「（今）そうでなければ」，過去の事実に反する仮定のときは「（あの時）そうでなければ」という意味をそれぞれ表す。

➡ otherwise は接続詞ではなく副詞。節と節をつなぐことができないので，セミコロンがその役割を果たす。

＋α

〈with ＋（代）名詞〉「〜があれば」

With more time, he would have designed another building.

名詞句　　　　仮定法過去完了＝過去の事実に反する仮定

（もっと時間があったら，彼はほかの建物を設計していただろう。）

➡ 〈with＋（代）名詞〉は「〜があれば」という意味で，if 節と同じ働きをすることがある。

➡ 〈with＋（代）名詞〉が現在の事実に反する仮定のときは「（今）〜があれば」，過去の事実に反する仮定のときは「（あの時）〜があったなら」のように訳す。

不定詞で仮定を表す

To see the church, you would understand Gaudi's message.

不定詞句　　　　　　　仮定法過去

（その教会を見れば，あなたはガウディのメッセージを理解するだろう。）

➡ 不定詞句が**「〜すれば，〜すると」**という意味の条件・仮定を表すことがある。

主語が if 節の代わりをする

A truly great movie would impress many people.

S　　　　　　　　仮定法過去

（本当に優れた映画であれば，多くの人たちに感動を与えるだろう。）

➡ 主語のあとに〈助動詞の過去形＋動詞の原形〉が続く場合，主語が if 節の代わりをすることがある。その場合，主語に定冠詞の the を用いないのが通例。

➡ 一見 if 節のない普通の文に見えるので，仮定法であるかどうかは文脈から判断する。

解答 ➡ p.168

📝 **定期テスト予想問題**

1 日本語に合うように，___に適切な語を入れなさい。
(1) スミス先生がこのクラスの担当だ。
Ms. Smith is ＿＿＿＿＿ ＿＿＿＿＿ of this class.
(2) 彼は西洋史学を専攻している。
He ＿＿＿＿＿ ＿＿＿＿＿ the history of the Western world.
(3) 彼女の新しい CD が来週発売されることになっている。
Her new CD is ＿＿＿＿＿ ＿＿＿＿＿ released next week.
(4) その歌手は若い人たちに大きな影響を与えた。
The singer had a great ＿＿＿＿＿ ＿＿＿＿＿ young people.

2 次の英語を日本語にしなさい。
(1) Without your support, I could never have won the prize.
(　　　　　　　　　　　　　　　　　　　　　　)
(2) Seen from a plane, the island looks like a star.
(　　　　　　　　　　　　　　　　　　　　　　)
(3) The man was sleeping on a bed, surrounded by his family.
(　　　　　　　　　　　　　　　　　　　　　　)
(4) I left five minutes early; otherwise I would have missed the train.
(　　　　　　　　　　　　　　　　　　　　　　)

3 ___に適切な語を入れて，次の文を書きかえなさい。
(1) If the students had enough time, they could master English perfectly.
→ ＿＿＿＿＿ enough time, the students could master English perfectly.
(2) If you saw the picture, you would believe my story.
→ ＿＿＿＿＿ ＿＿＿＿＿ the picture, you would believe my story.
(3) Because the bridge is made of stone, it can't be damaged.
→ ＿＿＿＿＿ ＿＿＿＿＿ stone, the bridge can't be damaged.

4 日本語に合うように，(　)内の語句や符号を並べかえなさい。
(1) 努力がなかったら，彼女は成功していなかっただろう。
(for / would / her effort / she / have / but / not / ,) succeeded.
＿＿＿＿＿＿＿＿＿＿＿＿＿＿ succeeded.
(2) 雪で覆われると，その山はもっと美しく見える。
(looks / covered / snow / with / more / the mountain / ,) beautiful.
＿＿＿＿＿＿＿＿＿＿＿＿＿＿ beautiful.

5 次の英文を読んで，あとの問いに答えなさい。

A world-famous structure stands in Barcelona, Spain. It has been under construction for more than a century since 1882. It is an odd-shaped church named the Sagrada Familia. ①Funded only by donations from church members and admission fees, it has taken many years to construct.

The architect who designed the church is Antonio Gaudi (1852 – 1926). He took over the head architect's position in 1883, when he was just 31 and almost unknown. Gaudi did not stick to the original plans. Instead, he changed the design drastically. ②(　　) Gaudi, the Sagrada Familia would be completely different from what it is today.

(1) 下線部①の英語を日本語にしなさい。
　(　　　　　　　　　　　　　　　　　　　　　　　　　　　　)
(2) 下線部②が「もしガウディがいなかったら」という意味になるように，(　)に適切な語を入れなさい。
　_____ Gaudi
(3) 次の質問に英語で答えなさい。
　What did Gaudi do instead of sticking to the original plans?

　_____

6 次の英文を読んで，あとの問いに答えなさい。

Looking for another destination, he ①(　　)(　　) get on a train to Barcelona; ②otherwise he would not have seen the Sagrada Familia. It was not so popular with tourists at that time. ③(soon / of / up / a lot / stones / saw / he / piled / as / as) there, he felt the impulse to carve stone again. He repeatedly asked the head architect, one of Gaudi's pupils, to let him carve. Finally, he was allowed to take a test and was accepted as a full-time sculptor.

(1) 下線部①が「偶然～した」という意味になるように, (　)に適切な語を入れなさい。
　_____ _____
(2) 下線部②の英語を日本語にしなさい。
　(　　　　　　　　　　　　　　　　　　　　　　　　　　　　)
(3) 下線部③が「彼は多数の石がそこに積み上げられているのを見るとすぐに」という意味になるように, (　)内の語句を並べかえなさい。
　_____ there
(4) 次の質問に英語で答えなさい。
　What did he ask the head architect to do?

　_____

1 (1) in charge　(2) majors in　(3) to be　(4) influence on
2 (1) あなたのサポートがなかったら，私は決してその賞を得ることができなかっただろう。
(2) 飛行機から見ると，その島は星のように見える。
(3) 男性は家族に囲まれてベッドで眠っていた。
(4) 私は5分早く出発した。そうでなければ，その電車に乗り遅れていただろう。
3 (1) With　(2) To see　(3) Made of
4 (1) But for her effort, she would not have
(2) Covered with snow, the mountain looks more
5 (1) 教会員からの寄付金と入場料によってのみ資金が提供されているので，それは建設するのに多くの年月がかかっている。
(2) Without　(3) 例 He changed the design drastically.
6 (1) happened to
(2) そうでなければ，彼はサグラダ・ファミリアを見ていなかっただろう
(3) As soon as he saw a lot of stones piled up
(4) 例 He asked the head architect to let him carve.

💡 解説

1 (1)「Aの担当である」be in charge of A　(2)「Aを専攻する」major in A
(3)「〜することになっている」be to *do*　(4)「Aに影響を与える」have an influence on A
2 (1)〈without+(代)名詞〉「〜がなければ」がif節の働きをする仮定法過去完了の文。　(2) 過去分詞を用いた分詞構文。「時」を表している。　(3) 過去分詞を用いた分詞構文は受動態のように訳す。文脈から，付帯状況を表すために使われていると推測する。　(4) otherwiseは「そうでなければ」という意味を表す。セミコロン(;)は，節と節をつないでいる。
3 (1) if節の意味を〈with+(代)名詞〉「〜があれば」を使って表す。　(2) if節の意味を不定詞句を使って表す。　(3) 接続詞Becauseと主語を省略し，受動態の分詞構文〈(Being+)過去分詞〉にする。空所の数よりBeingは省略する。
4 (1)〈but for+(代)名詞〉は「〜がなければ」という意味を表す。　(2) 過去分詞から始めて分詞構文にする。
5 (1) Funded ...は過去分詞で始まる受動態の分詞構文。「〜されているので」と訳す。　(2)「(もし)〜がいなかったら」はwithoutで表す。　(3) 質問は「ガウディは当初の計画を堅持する代わりに何をしましたか」という意味。
6 (2) otherwiseがif節の代わりをする仮定法過去完了の文。　(3)「〜するとすぐに」はas soon as〜，「Oが〜されているのを見る」は〈see+O+過去分詞〉で表す。　(4) 質問は「主任建築家に彼は何をすることを頼みましたか」という意味。

Lesson 7 Letters from a Battlefield

単語・熟語チェック

hot-water	形 湯の	There are many **hot-water** springs in Japan. 日本には多くの温泉がある。
air-raid	形 空襲の	The **air-raid** signal made the children very scared. その空襲警報は子どもたちをとても怖がらせた。
blanket	名 毛布	It was cold, so I put an extra **blanket** on the bed. 寒かったので, 私はベッドにもう1枚毛布を掛けた。
make sure (that) ~	熟 必ず~する, ~かを確かめる	**Make sure** you take an umbrella in case it rains. 雨が降るといけないから, 傘を必ず持っていくようにしなさい。
matting	名 マット, むしろ	We put **matting** for the animals in the barn. 私たちは動物たちのために納屋にマットを敷いた。
feel sorry for A	熟 A を気の毒に思う	I **felt sorry for** the woman, so I gave her my seat. 私はその女性を気の毒に思い, 席を譲った。
cracked	形 ひび割れた	Don't touch that **cracked** window. そのひび割れた窓には触らないで。
thoroughly	副 完全に	First, dry the coat of paint **thoroughly**. まず, ペンキの塗りを完全に乾かしてください。
rub A	動 A をこする	I took a rest and **rubbed** my tired feet. 私は休憩をとって, 疲れた足をさすった。
lieutenant general	名 中将	My grandfather was a **lieutenant general**. 祖父は中将だった。
commander	名 指揮官, 司令官	The **commander** told them to guard the base. 指揮官は彼らに基地を守るように命令した。
battlefield	名 戦場	He hurt his leg on the **battlefield**. 彼は戦場で脚を負傷した。
barren	形 不毛の	The mountains are **barren** without any trees. その山々は不毛で, 木は1本も生えていない。
hard-fought	形 激戦の	The team won a **hard-fought** victory. そのチームは激戦の勝利をつかみ取った。
take place	熟 起こる	A traffic accident **took place** here yesterday. 昨日ここで交通事故が起こった。

significant	形 重要な	Having a car is **significant** for our family. 車を持っているということは, 私たちの家族にとっては重要だ。
mainland	名 本土	The island is located far from the **mainland**. その島は本土から遠く離れたところに位置している。
exposure	名 (身を)さらすこと	**Exposure** of your skin to sunlight is dangerous. 肌を日光にさらすことは危険だ。
unarmed	形 非武装の	The army should protect **unarmed** citizens. 軍隊は非武装の市民を守るのが当然だ。
citizen	名 国民, 市民	**Citizens** depend on the police to keep them safe. 市民は安全を維持するために警察を頼りにしている。

gunshot	名 砲撃(の音)，射撃(音)	I heard a sound like a **gunshot** at midnight. 私は真夜中に銃声のような音を聞いた。
whoever	代 ~する人は誰でも	**Whoever** comes will be welcome. 来る人は誰でも歓迎だ。
obvious	形 明らかな	The result of the game was **obvious**. その試合の結果は明らかだった。
troop	名 軍隊，部隊	The **troop** was altogether destroyed. その部隊は全滅した。
sole	形 唯一の	He is the **sole** foreigner who works at this company. 彼はこの会社で働く唯一の外国人だ。
be sure of A	熟 A を確信している	I **was sure of** his quick recovery. 私は彼の早い回復を確信していた。
defeat A	動 A を負かす[破る]	I couldn't believe he had been **defeated**. 私は彼が負けたなんて信じられなかった。
contrary	副 反して	People often act **contrary** to their beliefs. 人は自分の信念に反して行動することがしばしばある。
contrary to A	熟 A に反して	**Contrary to** our expectations, the plan changed. 私たちの予想に反して，その計画は変更された。
expectation	名 予想	Our **expectation** turned out to be wrong. 私たちの予想は間違っていたと判明した。
casualty	名 死傷者	There were some **casualties** in the crash. その衝突事故では，何人かの死傷者がいた。
exceed A	動 A を超える	Don't **exceed** the speed limit. 制限速度を超えてはいけない。
prepared	形 覚悟している	They were **prepared** for their death. 彼らは死を覚悟していた。
be prepared to *do*	熟 ~する覚悟ができている	I **am prepared to** study all night for the test. 私は，テストに備えて徹夜で勉強する覚悟ができている。
in the hope that ~	熟 ~であることを期待して	He walked **in the hope that** he would find a hotel. 彼はホテルが見つかることを期待して歩いた。
fighting	名 戦闘	Because of the **fighting**, they were injured. 戦闘によって，彼らはけがをした。
geographical	形 地理的な	This map has all the **geographical** information. この地図にはすべての地理的な情報が載っている。
gue(r)rilla	名 ゲリラ(兵)	The **guerrilla** attack did a lot of damage. そのゲリラ攻撃は，多くの被害を与えた。
underground	形 地下の	Some buildings have **underground** parking lots. いくつかの建物には地下駐車場がある。
strategy	名 戦術	We developed a **strategy** for our next test. 私たちは次のテストに向けて戦術を立てた。
dig	動 掘る	First, let's **dig** here. まず，ここを掘ろう。
sulfur	名 硫黄	**Sulfur** is a bad-smelling material. 硫黄はひどい臭いのする物質だ。
unbearable	形 耐えられない，耐え難い	The cold was so **unbearable** that he ran indoors. その寒さは耐え難かったので，彼は屋内に駆けこんだ。

PART ❸

heat	图 熱，暑さ	She seemed to feel sick because of the fierce **heat**. 彼女は猛烈な暑さで気分を悪くしているようだった。
drinkable	形 飲める	This is salt water, so it is not **drinkable**. これは塩水なので，飲めない。
abandon A	動 A をあきらめ る[断念する]	The firm **abandoned** its laptop computer project. その会社はノートパソコンの事業を断念した。

PART 4

shovel A	動 A を放り込 む[かき込む]	They **shoveled** soil into the flower bed. 彼らは花壇に土を放り込んだ。
urge	图 衝動	The dog suppressed an **urge** to eat. その犬は食べたい衝動を我慢した。
have an urge to do	熟 ～したい衝動 にかられる	Suddenly, I **had an urge to** go running. 私は突然ランニングをしに行きたい衝動にかられた。
handwriting	图 手書き，筆跡	It must have been a woman's **handwriting**. それは女性の筆跡に違いなかった。
hearten A	動 A を励ます	I was **heartened** by the letters from my mother. 私は母からの手紙に励まされた。
delivery	图 配達	The **delivery** of the package came after lunch. 小包の配達は昼食のあとにあった。
suspend A	動 A を（一時） 中断する	The company **suspended** train service because of the storm. その会社は嵐のために電車の運行を一時中断した。
tense	形 緊迫した，緊 張した	We were **tense** while we were taking the test. テストを受けている間，私たちは緊張していた。
be about to do	熟 まさに～しよ うとしている	I **was about to** take a bath when the phone rang. 電話が鳴ったとき，私はまさに風呂に入ろうとしていた。
invasion	图 侵入，侵略	The **invasion** of the country caused the war. その国の侵略が戦争を引き起こした。
totally	副 完全に	The snow **totally** melted in the sun. 日なたで，雪は完全に解けた。
come to an end	熟 終わる	They were crying when the movie **came to an end**. その映画が終わったとき，彼らは泣いていた。

PART 5

regret A	動 A を後悔する [残念に思う]	I **regretted** not studying for the test yesterday. 私はテスト勉強を昨日しなかったことを後悔した。
splendid	形 すばらしい， 立派な	Do you know any **splendid** new restaurants? すばらしい新しいレストランをどこか知っていますか。

PART ①-1

ポイント　第二次世界大戦中に夫から妻へ書かれた手紙はどんな内容だったか。

① *You will need to prepare a small foot warmer / or a hot-water bottle / to warm*
あなたは小さなあんかを用意する必要があるだろう　/　または湯たんぽを　/　自分自身を

yourself / when you enter the air-raid shelter / at our house, / because it is very cold
温めるために /　あなたが防空壕に入るとき　/　私たちの家の　/　なぜなら中はとても寒い

inside. // ② A blanket is also necessary. // ③ Make sure / you take matting, too. //
から　//　　　毛布も必要だ　　　//　　必ず　/　むしろも持っていきなさい //

(December 8th, 1944)
(1944 年 12 月 8 日)

④ *I really feel sorry for you, / hearing how your hands get cold and cracked /*
あなたを本当に気の毒に思う　/　いかにあなたの手が冷たくなってひび割れるのかを聞くとき /

because of the cold weather and water / in winter. // ⑤ Whenever you use water, /
寒い気候と冷たい水のせいで　　　/　　冬の　//　　水を使うときはいつも　　/

make sure / you dry your hands thoroughly / and then rub them / until they get warm. //
必ず　/　手を完全に乾かしなさい　/ そしてそれからこすりなさい / 温かくなるまで //

(December 11th, 1944)
(1944 年 12 月 11 日)

✓ **構成＆内容チェック**　本文を読んで，（　）に合う日本語を書きなさい。

①〜⑤ 本レッスンの導入部分。栗林中将が東京の妻に宛てて書いた 2 通の手紙を紹介している。
・1 通目…防空壕に入るときに持っていく物を指示している。
・2 通目…(1.　　　　　　　)を使うときの注意事項について書いている。

🎵 **読解のカギ**

③ *Make sure* [*you take matting*], *too.*

命令文　　　　└── 接続詞 that が省略されている

➡ make sure (that) ～は「必ず～する，～かを確かめる」という意味の熟語だが，ここでは命令文で使われ，「必ず～しなさい」という意味を表す。

➡ sure と you の間に接続詞の that が省略されている。省略された that で始まる節は，名詞節として，make sure の目的語になっている。

🎵 **Q1. 日本語にしなさい。**

Make sure you take an umbrella with you.

(　　　　　　　　　　　　　　　　　　　　　　　　　　　　　　　)

④ *I really feel sorry for you, hearing* [*how your hands get cold* (*and*) *cracked*

　　　　　　　　　　　　　　　現在分詞で始まる分詞構文　　　　　get ＋形容詞₁　　　形容詞₂

　(*because of the cold weather and water in winter*)].

➡ feel sorry for *A* は「*A* を気の毒に思う」という意味。

➡ hearing で始まる句は分詞構文。「～を聞くとき」という意味で〈時〉を表している。

➡ 疑問詞の how で始まる名詞節が hearing の目的語になっている。この how で始まる節は間接疑問と考えることができ，名詞の働きをする。

➡ 〈get ＋形容詞〉は「～になる」。2つの形容詞 cold と cracked を and がつないでいる。

➡ because of は2語で1つの前置詞のように働き，「～のせいで」という意味を表す。because of で始まる前置詞句は，your hands get cold and cracked の原因を表している。

⑤ [*Whenever you use water*], *make sure* [*you dry your hands thoroughly*

　　　　副詞節　　　　　　　　　　命令文　　　└── 接続詞 that が省略されている

　(*and*)*then rub them* [*until they get warm*]].

➡ whenever は〈関係副詞＋-ever〉の形の複合関係副詞。whenever で始まる節はここでは，「～するときはいつでも」という意味を表し，whenever は接続詞の働きをする。

➡ dry と rub の2つの動詞が and でつながれている。

➡ until はここでは「～するまで」という意味の接続詞。

🎵 **Q2. 日本語にしなさい。**

Whenever she visits a temple, she wears *kimono*.

(　　　　　　　　　　　　　　　　　　　　　　　　　　　　　　　)

🎵 **読解のカギ** Q の解答　**Q1.** 必ず傘を持っていきなさい。　　**Q2.** 彼女は寺を訪れるときはいつでも着物を着ている。

PART **1**-2

ポイント　手紙の差し出し地である硫黄島はどんなところだったか。

⑥ These are letters / written by a husband / to his wife in Tokyo / during World
　　これらは手紙だ　/　　夫により書かれた　/　東京にいる彼の妻へ　/　　第二次世界

War Ⅱ. // ⑦ The writer of these letters / was Lieutenant General Kuribayashi
大戦中　//　　これらの手紙の書き手は　/　　　　　　　　　　栗林忠道中将

Tadamichi, / a commander on Iwoto. // ⑧ He wrote these letters / from the battlefield, /
だった　/　　硫黄島の指揮官　//　彼はこれらの手紙を書いた　/　　戦場から　/

which was burned / like a sea of fire / by the US forces. //
　それは焼かれた　/　火の海のように　/　アメリカ軍によって　//

⑨ Iwoto is a small flat island of 23.73 km² (square kilometers) / that lies some
　硫黄島は 23.73km²(平方キロメートル)の小さな平坦な島だ　/　東京の約 1,250km

1,250 km (kilometers) south of Tokyo. // ⑩ It is a barren island / with no rivers or
(キロメートル)南に位置する　//　　　　　それは不毛の島だ　/　川や池が 1 つもない

ponds. // ⑪ However, / it was where / one of the hardest-fought battles / of
　//　しかしながら /それは場所だった /　　　一番の激戦のうちの 1 つが　/

World War Ⅱ / took place. //
第二次世界大戦の /　起きた　//

✔ **構成＆内容チェック**　本文を読んで，（　）に合う日本語を書きなさい。

⑥〜⑧ 手紙とその書き手である栗林中将について説明している。
　2 通の手紙は，（1.　　　　　　　　）中に（2.　　　　　　　　）の指揮官であった栗林中
将が東京の妻へ書いたものである。

↓

⑨〜⑪ 手紙の差し出し地である(2)について説明している。
　(2)は東京の南に位置する小さい島であり，(1)の一番の激戦のうちの 1 つが起きた
場所だった。

❗教科書 Q のヒント

Q1 From where did Kuribayashi write letters to his wife?
（栗林中将はどこから妻へ手紙を書きましたか。）　→本文⑦・⑧

Q2 What kind of island is Iwoto?　（硫黄島とはどんな種類の島ですか。）　→本文⑩

🔑 読解のカギ

⑥ These are letters（written by a husband to his wife in Tokyo during
　　　　　　　　└────┘ 過去分詞の後置修飾

World War Ⅱ）.

　➡ written は write の過去分詞形で，語句を伴って直前の名詞を修飾している。「書かれ
　　た」という受動の意味を表す。

⑧ He wrote these letters from the battlefield, [which was burned (like a sea

先行詞 ⌊_____⌋ 関係代名詞　　　　　前置詞

of fire) (by the US forces)].

前置詞

➡ which は前にコンマがあるので，非限定用法の関係代名詞。関係代名詞で始まる節
が先行詞の the battlefield に補足的な説明を加えている。

➡ like は前置詞で「～のような[に]」という意味。by も前置詞で「～によって」。

🎵 **Q1. 並べかえなさい。**

彼はその映画を映画館で見たが，そこは満員だった。

(people / saw / full / he / of / which / in / was / the movie / the theater / ,).

_____.

⑨ Iwoto is a small flat island of 23.73 km² (square kilometers) [that lies some

先行詞 ⌊_____⌋ 関係代名詞

1,250 km (kilometers) south of Tokyo].

➡ 23.73 は twenty-three point seven three と読む。英語では小数点は point と読む。

➡ km² は square kilometer(s)と読む。square は「平方の」という意味。

➡ that は主格の関係代名詞。先行詞 a small flat island を修飾している。

➡ lie は「位置する」という意味の自動詞。後ろに距離や場所を表す副詞(句)が続くと，
「～に位置する」という意味を表す。

➡ some は，ここでは「約，およそ」という意味。

⑩ It is a barren island (with no rivers or ponds).

↑⌊_____⌋ 前置詞句

➡ 前置詞句〈with + 名詞〉は「～のある…」，「～と一緒にいる…」という意味を表すが，
with のあとに no という否定語を置くと，without と同じように「～のない…」とい
う意味になる。with no A or B で「A も B もない…」という意味。

🎵 **Q2. ____ を埋めなさい。**

私は家もお金もない少女を教会に連れて行った。

I took a girl with _____ house _____ money to church.

⑪ ..., it was where one of the hardest-fought battles of World War Ⅱ took place.

形容詞 ⌊__⌋↑ 名詞

➡ この where は関係副詞で，先行詞の the place が省略されている。it was (the place)
where ～で「～(する[した])場所だった」という意味。

➡ one は「1 つ」という意味。〈one of the + 名詞の複数形〉で「～の中の 1 つ」となる。

➡ hardest-fought「一番の激戦の」は形容詞として，名詞 battles を修飾している。こ
のように，ハイフン(-)が複数の語をつなぎ，形容詞の働きをすることがある。

➡ take place は「起きる」という意味。

🎵 **読解のカギ** Q の解答　**Q1.** He saw the movie in the theater, which was full of people(.)
　　　　　　Q2. no, or

PART ②　英文を読む前に，初めて習う文法を含んだ文を確認しましょう！ → p.178 ⑥

ポイント　硫黄島はアメリカ軍にとって何をするための重要地点となっていたか。

① Iwoto was very significant / for both the US and Japan / in the war. // ② For the
硫黄島は非常に重要だった　／　アメリカと日本の両方にとって／　戦時中　//　アメリカに

US, / it was an important stopping point / to carry out big attacks / on Japanese cities. //
とって／　それは重要な中継地だった　／　大規模な攻撃を行うための／　日本の都市へ　//

③ For Japan, / on the other hand, / losing Iwoto meant losing the base / that
日本にとって／　　一方　　／　硫黄島を失うことは基地を失うことを意味した／

protected the mainland. // ④ It would lead to the exposure of unarmed citizens / to fire
本土を守る　//　そのことは非武装の市民をさらすことにつながるのだった／　砲火や

and gunshot. //
銃撃に　//

⑤ The number of Japanese soldiers / in the battle there / was 20,000, / while
日本兵の数は　／　そこでの戦いにおける／　2万人だった／　一方

American soldiers numbered 60,000. // ⑥ Whoever analyzed this war situation, / the
アメリカ兵は6万人という数になった　//　誰がこの戦争の状況を分析しようとも

difference was obvious / and there was little chance / of Japan winning the battle. //
その差は明らかだった　／　そして可能性はほとんどなかった／　日本がその戦いに勝つという　//

⑦ The Japanese troops were sent to Iwoto / with the sole aim / of delaying US attacks /
日本軍は硫黄島へ送られた　／たった1つの目的で／アメリカの攻撃を遅らせるという/

on the Japanese mainland / for as long as possible. //
日本本土への　／　できるだけ長く　//

⑧ The American side was sure / of the Japanese troops being defeated / within five days. //
アメリカ側は確信していた／　日本軍が敗北することを　／　5日以内に　//

⑨ However, / contrary to their expectations, / the battle continued / for over one month. //
しかしながら／　彼らの予想に反して　／　戦いは続いた　／　1か月以上　//

⑩ The number of American casualties there / was about 28,000. // ⑪ This was the only
そこでのアメリカ人の死傷者数は　／約2万8千人だった//これは唯一のケースだった

case / in which the loss of US troops exceeded that of the Japanese / in World War Ⅱ. //
／　アメリカ軍の死傷者が日本軍のそれを超えた　／第二次世界大戦において//

✓ 構成＆内容チェック　本文を読んで，（　）に合う日本語や数字を書きなさい。

①〜④ 戦時中，硫黄島が持つ日米双方にとっての重要な意味について述べている。
硫黄島はアメリカにとって，日本への攻撃を遂行するための重要な(1.　　　　)
であり，日本にとっては本土を守るための(2.　　　　)であった。

↓

⑤・⑥ 日本軍とアメリカ軍の兵士の数から予測される戦況を分析している。
アメリカ人兵士の数が6万人なのに対して，日本人兵士の数は(3.　　　)万
人だった。このことから日本軍が勝利する可能性はほとんどなかった。

⑦ 日本軍のねらいについて述べている。
　日本軍が硫黄島へ送られたのは，日本本土へのアメリカ軍の攻撃をできるだけ長く遅らせることが目的だった。

⑧ アメリカ側の確信について述べている。
　(4.　　　　　　)日以内に日本軍が敗北すると確信していた。

⑨〜⑪ 思いがけない戦闘結果について説明している。
　実際には戦闘は(5.　　　　　　)以上続いた。アメリカ人の死傷者は約２万８千人で，これは第二次世界大戦においてアメリカ軍の死傷者の数が日本軍の死傷者の数を超えた唯一のケースであった。

教科書Qのヒント

Q3 With what aim were the Japanese troops sent to Iwoto?
（何の目的で日本軍は硫黄島へ送られましたか。）　→本文⑦

Q4 How long did the battle of Iwoto continue?
（硫黄島の戦いはどのくらい続きましたか。）　→本文⑨

読解のカギ

② **For the US, it was an important stopping point (to carry out big attacks**
　　　　　　S　V　　　　　　C　　　　　　不定詞

on Japanese cities).

→ to carry out は形容詞的用法の不定詞。形容詞的用法の不定詞は，直前の名詞を修飾して「〜するための…」という意味を表す。an important 以下の意味は「日本の都市へ大規模な攻撃を行うための重要な中継地」となる。

→ it ... to do の形になっているが，it は形式主語ではない。it は前文①の Iwoto を指す。SVC の第２文型の文。

⑤ **The number of Japanese soldiers (in the battle there) was 20,000,**
　　　　　　S：単数扱い　　　　　　　　　　　　　V

[while American soldiers numbered 60,000].
接続詞　　　　　　　　　number＋数字

→ the number of A は「Aの数」という意味を表し，単数扱いになる。動詞が was であることに注目する。

→ while は接続詞で「〜の一方で」という〈対照〉の意味を表している。

→ while で始まる節内の numbered は他動詞 number の過去形。〈number＋数字〉で「〜という数になる」という意味を表す。

⑥ [Whoever analyzed this war situation], the difference was obvious and

  複合関係代名詞が導く副詞節

there was little chance of Japan winning **the battle.**

    動名詞の
    意味上の主語 ＋動名詞

➡ whoever は〈関係代名詞＋-ever〉の形の複合関係代名詞で，ここでは副詞節を導き，「誰が〜しようとも」という〈譲歩〉の意味を表している。

➡ 〈譲歩〉を表す whoever 〜は no matter who 〜を使って言いかえることができる。上の文で Whoever が導く副詞節は No matter who analyzed this war situation となる。

           文法詳細 pp.192〜193

➡ winning は前置詞 of の目的語になる動名詞。winning の前にある Japan は動名詞の意味上の主語になっている。動名詞の意味上の主語を示す場合は，動名詞の前に名詞・代名詞の所有格または目的格を置く。Japan winning は「日本が勝つこと」という意味を表す。

🖊 Q1. 並べかえなさい。

誰がその2つの絵を見ても，その違いがわからないだろう。

(tell / the difference / sees / no one / whoever / could / the two pictures / ,)
between them.

_____ between them.

⑧ **The American side was sure of** the Japanese troops being defeated **within**

      動名詞の意味上の主語 being ＋過去分詞
            →動名詞の受動態

five days.

➡ being defeated は〈being＋過去分詞〉の形の動名詞の受動態。前置詞 of の目的語になっている。動名詞の受動態は「〜されること」という意味を表す。defeat A は「A を負かす[破る]」。being defeated は「打ち負かされること」となる。

➡ the Japanese troops は，being defeated の意味上の主語になっている。

🖊 Q2. ＿＿＿ を埋めなさい。

私は私の父がそのレースに勝つことを確信している。

I am sure of _____ _____ _____ the race.

⑨ **However,** (contrary to their expectations), **the battle continued for over**

      副詞句

one month.

➡ contrary to A で副詞句として用いられ，「A に反して」という意味を表す。

🖊 Q3. 日本語にしなさい。

Contrary to my expectation, it started raining.

(   )

🎵 読解のカギ Q の解答 **Q1.** Whoever sees the two pictures, no one could tell the difference
        Q2. my father[father's] winning **Q3.** 私の期待[予想]に反して，雨が降り始めた。

PART ❸-1

ポイント　栗林中将は，どのような確信を持って，ゲリラ戦術をとることにしたか。

① The person / who led the Japanese side / in the battle / was Kuribayashi, / the
人物が　　　　日本側を率いた　　　　　その戦いで　　栗林中将だった

writer of the letters / shown at the beginning. // ② He understood his mission clearly /
手紙の書き手　　　　冒頭で示された　　　//　彼は自分の使命をはっきりと理解した

and was prepared to die on Iwoto / with his soldiers. // ③ It was all in the hope /
そして硫黄島で死ぬ覚悟ができていた　/　彼の兵士たちと　//　それはすべて期待してのことだった/

that their fighting would delay / the deaths of unarmed people / on the mainland, /
彼らの戦闘が遅らせるだろうということを /　　非武装の人々の死を　　/　　本土にいる

including their own families. //
彼ら自身の家族を含めて　　//

④ Kuribayashi analyzed the geographical features of Iwoto / and decided to fight /
栗林中将は硫黄島の地理的特徴を分析した　　　/そして戦うことを決意した/

a guerrilla war / against the US forces / by hiding in underground shelters. // ⑤ He
ゲリラ戦を　/　　アメリカ軍と　　/　　地下壕に隠れることによって　　//

was convinced / that this strategy would delay Japan's defeat / on Iwoto, / and thus
彼は確信していた /　この戦術が日本の敗北を遅らせることを　/　硫黄島での /　そしてひいては

slow down US attacks / on the mainland. //
アメリカの攻撃を遅らせることを /　本土への　//

✔ 構成＆内容チェック 本文を読んで，（ ）に合う日本語を書きなさい。

①～③ 栗林中将の使命について説明している。
栗林中将の硫黄島での使命は，本土にいる(1.　　　　　　)の人々の死を遅らせる
ことだった。

↓

④・⑤ 栗林中将の硫黄島での戦術について説明している。
栗林中将は硫黄島の(2.　　　　　)に隠れてゲリラ戦を戦うことを決意した。こ
の戦術により，日本の(3.　　　　　)とアメリカによる本土への(4.　　　　　)
を遅らせると確信していた。

---

❶ 教科書Qのヒント

Q5 After Kuribayashi analyzed the geographical features of Iwoto, what did he decide?
（栗林中将は硫黄島の地理的特徴を分析したあと，何を決意しましたか。）　→本文④

✔ 構成＆内容チェック の解答　1. 非武装　2. 地下壕　3. 敗北　4. 攻撃

読解のカギ

① **The person [who led the Japanese side in the battle] was Kuribayashi, ...**
S(先行詞)　　└─────┘関係代名詞　　　　　　　　　V　　C

➡ who は主格の関係代名詞。先行詞 The person を修飾している。
➡ led は lead の過去形。lead は「(組織・チームなど)を率いる」という意味。

② **He understood his mission clearly (and) was prepared to die on Iwoto with**
　　　　V₁　　　　　　　　　　　　　　　　V₂

his soldiers.

➡ and は動詞の understood で始まる句と was で始まる句をつないでいる。
➡ be prepared to *do* で「〜する覚悟ができている」という意味を表す。

Q1. ＿＿ を埋めなさい。
彼女は現実に直面する覚悟ができていなかった。
She was not ＿＿＿＿＿ ＿＿＿＿＿ face the reality.

③ **It was all in the hope [that their fighting would delay the deaths of**
　　　　　　└────┘同格の that　S′(動名詞)　　V′

unarmed people on the mainland, (including their own families)].

➡ It は前文②の「兵士たちと硫黄島で死ぬ覚悟ができていた」という内容を指す。
➡ that は同格の that で，the hope と that で始まる節は同格の関係になっている。in the hope that 〜で「〜であることを期待して」という意味。
➡ that 節の中の fighting は fight の動名詞で，that 節の中の主語になっている。
➡ including は「〜を含めて」という意味の前置詞。後ろにその目的語としての名詞句が続いている。

Q2. 並べかえなさい。
私は彼に会えるのではないかと期待して会に出席した。
I attended the meeting (I / see / the hope / him / that / in / might).
I attended the meeting ＿＿＿＿＿＿＿＿＿＿＿＿＿＿＿＿.

④ **Kuribayashi analyzed the geographical features of Iwoto (and) decided to fight**
　S　　V₁　　　　　　　　　　　　　　　　　　　　V₂

a guerrilla war against the US forces (by hiding in underground shelters).
　　　　　　　　　　　　　　　　　前置詞＋動名詞

➡ and は動詞の analyzed で始まる句と decided で始まる句をつないでいる。
➡ decide は，decide to *do* のように動名詞ではなく不定詞を目的語にとる動詞。
➡ by hiding の by は〈手段〉を表す前置詞。hiding はその目的語になる動名詞。

PART ❸-2

ポイント　地下壕を掘る作業にはどのような困難があったか。

⑥ To do this, / Kuribayashi's soldiers needed to dig into the ground / and make
このことをするために /　栗林中将の兵士たちは地面を掘る必要があった　 /　　そして

a network / of about 500 underground shelters. // ⑦ Digging there, / however, / was
網を作る　/　　　約500の地下壕の　　　　 //　　そこを掘ることは / しかしながら /

extremely difficult. // ⑧ To make the shelters strong enough / against bombing, / the
極めて困難だった　 //　　　　壕を十分頑丈にするために　　/　　爆撃に対して　　/

soldiers needed to dig 15 to 20 meters / below the surface of the ground. // ⑨ They
兵士たちは15〜20メートル掘る必要があった /　　　　地表から下に　　　　//　　　彼らは

suffered / from the "iwo," / or sulfur gas, / and the unbearable heat of up to 60 ℃
苦しんだ /　「硫黄」に　/　つまり硫黄ガス　/　　そして摂氏60度にまで達する耐え難い暑さ

(degrees Celsius), / so they had to take turns digging / for short periods of time: / five
　　　　　　 / それゆえ彼らは交代で掘らなければならなかった /　短時間で　　/

to ten minutes each. // ⑩ Furthermore, / there was not enough drinkable water / on
それぞれ5分から10分の // 　　さらに　　/　　　飲料水が十分になかった　　　/

Iwoto. // ⑪ Soldiers could only have one bottle of water per day. // ⑫ However
硫黄島には //　　　　兵士たちは1日に1瓶の水しか飲めなかった　　　//　　たとえ

hard the work was though, / Kuribayashi never abandoned it. //
その作業がどんなに厳しくても　/　栗林中将はそれを決してあきらめなかった //

✓ 構成&内容チェック　本文を読んで，（　）に合う日本語や数字を書きなさい。

⑥〜⑧ 地下壕を掘る作業の様子について説明している。
　約(1.　　　　　　　)の地下壕の網を作った。地下壕を頑丈にするために，地表から
　15〜20メートル掘る必要があった。

↓

⑨〜⑫ 困難な作業と悪環境について説明している。
　地下壕を掘るのは困難な作業で，作業をする際には摂氏60度にまで達する耐え難い暑さ
　と(2.　　　　　　)に苦しんだ。さらに飲料水も十分ではなかった。

✓ 構成&内容チェック の解答　1. 500　　2. 硫黄(ガス)

📖 教科書Qのヒント

Q6 To fight a guerrilla war by hiding in underground shelters, what did Kuribayashi's soldiers need to do?
（地下壕に隠れることによってゲリラ戦を戦うために，栗林中将の兵士たちは何をする必要がありましたか。）　→本文⑥

🔑 読解のカギ

⑥ (To do this), Kuribayashi's soldiers needed to dig into the ground (and) make
　　副詞句　　　　　　　　　　　　　　　　need to *do*　　　needed to┘　*do*

　a network of about 500 underground shelters.

➡ this は④の to fight 以下の内容を指す。

➡ To do は，「〜するために」という〈目的〉を表す副詞的用法の不定詞。ここでは，副詞句として主節の動詞を修飾している。

➡ need to *do* は「〜する必要がある」。*do* に当たる dig と make が and でつながれている。

Q1. 日本語にしなさい。

To help the injured person on the street, he called for help.

（　　　　　　　　　　　　　　　　　　　　　　　　　　　）

⑨ They suffered from (the "iwo," (or) sulfur gas), (and) (the unbearable heat of up to
　　　　　　　　　　　suffered from┘　　　　　　　　　　　　　　　　　前置詞

　60 °C (degrees Celsius)), [so they had to take turns digging for short
　　　　　　　　　　　　　　　　　接続詞

　periods of time: five to ten minutes each].
　　　　└── 同格 ──┘

➡ or は，ここでは「つまり」という意味で，the "iwo" を sulfur gas と言いかえている。

➡ up to は「〜まで」という最高点を表す。up to の2語で1つの前置詞の働きをしている。

➡ time のあとのコロン（：）は同格関係を示している。

⑩ Furthermore, there was not enough drinkable water on Iwoto.

➡ water は不可算名詞なので，be 動詞に was が使われている。

➡ enough は「十分な」という意味で，「十分に〜な…」は enough 〜 …という語順で表す。

⑫ [However hard the work was though], Kuribayashi never abandoned it.
　however ＋形容詞

➡ however は〈関係副詞＋-ever〉の形の複合関係副詞。〈however＋形容詞［副詞］＋S'＋V'〉は，「どんなに〜でも」という〈譲歩〉の意味を表す副詞節。

➡ 〈however＋形容詞［副詞］〉は〈no matter how＋形容詞［副詞］〉を使って言いかえることができる。上の文の However hard the work was though は No matter how hard the work was though となる。この though は接続詞ではなく副詞。

Q2. 並べかえなさい。

どんなに寒くても彼女はスキーに行きたがる。

(is / cold / to / it / she / however / wants / go / ,) skiing.

_____ skiing.

PART 4 -1   英文を読む前に，初めて習う文法を含んだ文を確認しましょう！ →pp.183〜184 ②

◆ポイント   栗林中将に奨励され，彼の兵士たちの1人は妻へどのような手紙を書いたか。

① Kuribayashi was very strict, / but he also had another side to him. // ② He is
栗林中将は大変厳格だった / しかし彼には別の一面もあった // 彼は

said / to have encouraged his soldiers / to write letters to their families. // ③ The
言われている / 自分の兵士たちに奨励したと / 家族へ手紙を書くことを //

following is one such letter / from a soldier to his wife: /
次のものはそのような手紙の1つだ / 兵士から妻へ宛てた /

④ *Whenever I can relax a little / in the evening, / I imagine / our children*
少しくつろげるときはいつでも / 夕方 / 私は想像する / 私たちの子どもたちが

being very hungry / and shoveling their meals / into their mouths. // ⑤ *I*
とてもお腹を空かせていることを / そして食事をかき込んでいるところを / 口の中に // 私は

sometimes feel / like I am sitting in front of Nobu / and have an urge / to talk to
ときどき感じる / 私が信の前に座っているように / そして衝動にかられる / 彼女に話しかけたい //

her. //
少しくつろげるときはいつでも

⑥ *Whenever I read the letters / from Jun and Hiro, / I think / that their*
手紙を読むときはいつも / 純と宏からの / 私は思う / 彼らの

handwriting is very good. // ⑦ *I know / I am blinded / by my love for our*
字はとても上手だと // 私は知っている / 私は判断力を失っている / 子どもたちへの

children. // ⑧ *Just having their letters with me / makes me feel heartened.* //
愛情で // 彼らの手紙を手元に持っておくだけで / 私は励まされると感じる //

✓ 構成＆内容チェック   本文を読んで，（ ）に合う日本語を書きなさい。

①〜③ 栗林中将の人柄とそれとは別の一面について述べている。
   栗林中将の人柄は大変厳格だったが，彼には別の一面があり，兵士たちに家族へ
   (1.   )を書くことを奨励していた。

     → ④〜⑧ ある兵士が妻に宛てて書いた(1)を紹介している。
         (1)は子どもたちへの愛情にあふれ，兵士は家族からの(1)に励まされていた。

❶ 教科書Qのヒント

Q7 What did Kuribayashi encourage his soldiers to do?
（栗林中将は兵士たちに何をするように奨励しましたか。） →本文②

♪ 読解のカギ

② **He is said** to have encouraged **his soldiers to write letters to their families.**
    V   encourage + O(不定詞の意味上の主語) + to do

➡ He is said to 〜「彼は〜と言われている」の「〜」の内容が，文の述語動詞が表す時
よりも前の時のことであることを示すために，不定詞を〈to have + 過去分詞〉の完了

不定詞で表す。

文法詳細 p.193

→ 〈encourage＋O＋to *do*〉は「O に〜するように勧める」という意味。

Q1. ＿＿＿ を埋めなさい。

彼は京都で亡くなったと言われている。 He is said to ＿＿＿＿＿＿ ＿＿＿＿＿＿ in Kyoto.

③ **The following is** <u>one such letter</u> **(from a soldier to his wife):**

→ The following は「次のもの」という意味を表し，主語になっている。

→ such が〈a＋単数名詞〉を修飾する場合は，〈such a＋単数名詞〉の語順になるが，ここでは，「1 通の」という意味を強めるために，a ではなく one が使われている。one のような数詞は such の前に置き，〈one such＋単数名詞〉の語順になる。

④ [*Whenever I can relax a little in the evening*], *I imagine* (*our children*

2つの動名詞の意味上の主語

being very hungry (*and*) *shoveling their meals into their mouths*).

動名詞　　　　　　　　　　　　　　動名詞

→ Whenever は〈疑問詞＋-ever〉の形をした複合関係詞。ここでは「〜するときはいつでも」という意味を表している。

→ our children は動名詞 being と shoveling の意味上の主語になっている。

→ 動名詞の being で始まる句と shoveling で始まる句が and によってつながれている。our children 以下が imagine の目的語になっている。

Q2. 並べかえなさい。

彼はときどき自分の娘が舞台で歌っている様子を想像する。

(his daughter / stage / he / sometimes / singing / on / imagines).

_____.

⑤ *I sometimes feel like* [*I am sitting in front of Nobu*] *and* <u>*have an urge to talk to her.*</u>

→ feel like のあとには名詞や動名詞と同様に節が続く場合がある。ここでは節が続いて，「〜しているかのように感じる」という意味を表している。

→ have an urge to *do* で「〜したい衝動にかられる」という意味。

⑥ [*Whenever I read the letters from Jun and Hiro*], *I think* [*that their handwriting is very good*].

　　　　　　　　　　　　　　　　　　　　　　　　　S　 V　　O(that 節)

→ この Whenever は「〜するときはいつでも」。

→ that は接続詞で名詞節を導き，that 以下が think の目的語になっている。

⑧ *Just having their letters with me* <u>makes</u> me <u>feel</u> *heartened.*

　　　　　　　S　　　　　　　　　　make　O　*do*

→ Just ... me の動名詞句が主語。makes me feel は〈make＋O＋*do*〉の形で「O に〜させる」という意味。

PART ④-2

ポイント　アメリカ軍の上陸後，硫黄島にいた日本兵たちはどうなったか。

⑨ Unfortunately, / the delivery of letters like this one / was suspended / on
　不幸にも　　　/　　このような手紙の配達は　　　/　　一時中断された　/

February 11th, / 1945. // ⑩ The situation was becoming tense / and the US forces
2月11日に　　/　1945年 //　　　　事態が緊迫しつつあった　　　/　そしてアメリカ軍がまさに

were about to land / on Iwoto. // ⑪ It became too dangerous / for the unarmed
上陸しようとしていた　/　硫黄島に //　　危険すぎるようになった　　/　　非武装の飛行機が

airplanes / to take letters back to the mainland. //
　　　/　　手紙を本土へ持って帰ることは　　//

⑫ On February 19th, / the US forces started / their all-out invasion of the island. //
　　2月19日に　　/　アメリカ軍が開始した　/　　　島への全面侵攻を　　　//

⑬ Kuribayashi's soldiers fought hard / from their underground shelters / for a month /
　栗林中将の兵士たちは懸命に戦った　/　　　地下壕から　　　/　1か月間　/

until the very end. // ⑭ His force of 20,000 soldiers / was almost totally destroyed. //
　最後の最後まで　//　彼の2万人の兵士から成る部隊は /　　ほぼ全滅した　　　//

⑮ About five months later, / World War Ⅱ came to an end. //
　　　約5か月後　　　/　　第二次世界大戦は終わった　//

✓ 構成&内容チェック　本文を読んで，（　）に合う日本語や数字を書きなさい。

⑨〜⑪ 取りやめになった手紙の配達について説明している。
戦況が緊迫化し，非武装の飛行機が日本へ手紙を持って帰ることが危険になったため，
配達は(1.　　　　　)された。

↓

⑫〜⑮ 硫黄島の戦いが終わったことについて述べている。
アメリカ軍が硫黄島へ全面侵攻を開始し，栗林中将の兵士たちは1か月後にほぼ全滅
した。その約(2.　　　　　)か月後に第二次世界大戦が終わった。

! 教科書Qのヒント
Q8 What happened on February 19th, 1945?
（1945年2月19日に何が起きましたか。）→本文⑫

🔑 **読解のカギ**

⑨ **Unfortunately, the delivery of letters like this one was suspended on February 11th, 1945.**
→ letters like this one「このような手紙」とは, ④〜⑧で紹介されている手紙のような, 兵士たちの家族への手紙を指す。

⑩ **The situation was becoming tense and the US forces were about to land**
　　　　　　　　　過去進行形　　　　　　　　　　　　　be about to *do*

on Iwoto.
→ become や get など変化を表す動詞は, 進行形になると「〜しつつある」という意味を表す。
→ be about to *do* で「まさに〜しようとしている」という意味を表す。

🖊 Q1. 日本語にしなさい。
It's getting dark. Look, the sun is about to set.
(　　　　　　　　　　　　　　　　　　　　　　　　　　　)

⑪ **It became too dangerous for the unarmed airplanes (to take letters**
　形式主語　　　　　　　　　　　　　不定詞の意味上の主語　　　　　真の主語

back to the mainland).
→ It は形式主語。不定詞句 to take ... the mainland が真の主語になる形式主語構文。
→ the unarmed airplanes は不定詞の意味上の主語。不定詞の意味上の主語を示す場合は〈for + (代)名詞〉を不定詞の直前に置く。

🖊 Q2. ＿＿ を埋めなさい。
私は再びピアノを習えるようになった。
＿＿＿＿＿ became possible ＿＿＿＿＿ me to learn the piano again.

⑮ **About five months later, World War Ⅱ came to an end.**
→ 副詞の later は,「〜後」という意味を表すとき, 数字の後ろに置かれる。
→ come to an end で「終わる」という意味。

PART ⑤

ポイント 硫黄島で戦死した日本兵の遺品にはどのようなものがあったか。

① Since the war, / many efforts have been made / to return the Japanese soldiers'
その戦争以降 / 多くの努力がなされている / 日本兵の所持品を返還

belongings / to their families from the US. // ② They were taken from Iwoto / by
するために / アメリカから彼らの家族へ // それらは硫黄島から持ち去られた /

the American soldiers / and included notebooks, / diaries, / and family photos. //
アメリカ兵によって / そしてノートを含んでいた / 日記 / そして家族の写真 //

③ Among them / were letters / that seemed to be the Japanese soldiers' farewell
それらの中には / 手紙があった / 日本兵たちの遺書と思われる

notes. // ④ When they were written, / no flights could deliver them to the soldiers'
// それらが書かれたとき / それらを兵士たちの家族へ届けることができる

families anymore. // ⑤ Knowing this situation, / what kind of thoughts / do you
飛行機はもうなかった // この状況を知りながら / どんな思いを / あなたは

think / the soldiers tried to put in their letters? // ⑥ The following is one such
思うか / 兵士たちが手紙に込めようとしたと // 次のものはそのような手紙の

letter. // ⑦ Unfortunately, / the family members of the writer / have not been found yet. //
1つだ // 不幸なことに / この書き手の家族は / まだ見つかっていない //

⑧ *Father, / Mother, / Torao, / Kei, / Eizo, / Tadashi, / Otaka, / Sueharu, / Tatsumi, /*
お父様 / お母様 / 虎雄 / ケイ / 榮造 / 糺 / オタカ / 季治 / 辰巳 /

Fumiko, / and Tatsuko. // ⑨ *I would like to wish you all / good health and long life. //*
文子 / そしてタツ子 // 私はあなたたち皆に祈りたい / 健康と長寿を //

⑩ *Father and Mother, / please take good care of yourselves / as you are getting*
お父様とお母様 / お体を大事にしてください / 老齢になりつつあるの

older. //
だから //

⑪ *I only regret / that I have not been able to see the splendid new house / that*
私はただ残念に思う / あの立派な新しい家を見ることができないままであることを /

you built / through all your hard work so far. // ⑫ *I have no other regrets. //*
あなたがたが建てた / これまで一生懸命に働いて // ほかに心残りはない //

✓ 構成&内容チェック 本文を読んで，（ ）に合う日本語を書きなさい。

①〜③ 戦後の兵士たちの遺品について説明している。
戦後，アメリカ兵が硫黄島から持ち去った日本兵の(1.　　　　　)を家族へ返還
するために多くの努力がなされている。

↓

④〜⑦ 遺品の中の(2.　　　　　)について読者へ問いかけている。
兵士たちはどのような思いで(2)を書いたのか。

↓ 例示

⑧〜⑫ ある兵士が家族に宛てた(2)を紹介している。

　ある兵士が，家族の健康と長寿を祈り，新しく建てた(3.　　　　　　)を見ること
ができていないことだけが心残りだと書き残している。

📗 教科書 Q のヒント

Q9 For what purpose have many efforts been made since the war?

（戦後，どのような目的で多くの努力がなされていますか。）　→本文①

Q10 In what situation was the letter at the end of Part 5 written?

（Part 5 の終わりの手紙はどのような状況で書かれましたか。）　→本文③・④

🔑 読解のカギ

① (Since the war), many efforts have been made to return the Japanese
　　　前置詞　　　　　　　　　　　　have been ＋過去分詞　　不定詞

　soldiers' belongings to their families from the US.

　➡ since は「〜からずっと」という意味で，ここでは前置詞。

　➡ make an effort で「努力をする」という意味。ここでは現在完了形の受動態になっている。

　➡ to return は「〜するために」という〈目的〉を表す副詞的用法の不定詞。

　#### 🖊 Q1. ＿＿ を埋めなさい。

　　成功するつもりならたくさん努力すべきだ。

　　If you are to succeed, you should ＿＿＿＿＿＿ many ＿＿＿＿＿＿.

② They were taken from Iwoto by the American soldiers (and) included
　　　V₁(be 動詞＋過去分詞)　　　　　　　　　　　　主語が省略されている┘　　V₂

　notebooks, diaries, and family photos.

　➡ They は前文①の the Japanese soldiers' belongings を指している。

　➡ take A from B で「A を B から持ち去る」という意味。ここでは受動態になっている。

　#### 🖊 Q2. 並べかえなさい。

　　誰かが家から私の自転車を持ち去った。

　　(my bike / taken / someone / has / from / house / my).

　　＿＿＿＿＿＿＿＿＿＿＿＿＿＿＿＿＿＿＿＿＿＿＿＿＿＿＿＿＿＿＿＿＿＿＿.

③ (Among them) were letters [that seemed to be the Japanese soldiers'
　　場所を表す副詞句　　　V　　S(先行詞)関係代名詞　seem to be「〜のように思われる」

　farewell notes].

　➡ among は「〜の中に」という〈場所〉を表す前置詞。Among them は動詞 were を修
　　飾する副詞句になる。〈場所〉を表す副詞(句)が文頭に出ると倒置が起こり，〈副詞(句)
　　＋ V ＋ S〉の語順になることがある。were は「〜があった」という意味を表す。

　➡ that は主格の関係代名詞で，文の主語でもある先行詞 letters を修飾している。

　➡ note は「ノート」ではなく，「短い手紙，メモ」の意味。farewell note で「遺書」。

⑤ <u>Knowing this situation</u>, <u>what kind of thoughts</u> [do you think] <u>the soldiers</u>
　　現在分詞で始まる分詞構文　　　　　疑問詞 what ＋名詞　　　　　　　　　　S

<u>tried</u> to put in their letters?
　V

➡ Knowing this situation は現在分詞 Knowing で始まる分詞構文。「この状況を知りな
　がら」という〈付帯状況〉を表している。

➡ what 以下は〈疑問詞＋do you think＋S＋V ...?〉の形の疑問文。〈what＋名詞〉で始ま
　る疑問文に do you think が組み込まれた形。

➡ what のあとに名詞が続くと、「何の〜、どの〜」という意味を表す。what kind of
　thoughts は「どのような(種類の)思い」という意味。

⑦ Unfortunately, the family members of the writer <u>have not been found</u> yet.
　　　　　　　　　　　　　　　　　　　　　　　　　　　have not been ＋過去分詞

➡ unfortunately は文全体を修飾する副詞で、「不幸にも」という意味を表す。

➡ have not been found は、〈have been＋過去分詞〉の形で表す現在完了形の受動態の
　否定形。現在完了形は〈完了・結果〉を表している。

➡ yet は〈完了・結果〉を表す現在完了形の否定文で用いられると「まだ」という意味を
　表すので、have not been found yet は「まだ見つけられていない」となる。

⑨ *I would like to wish* <u>*you all*</u> *good health and long life*.
　　　　　　　　　　　　　　　O₁　　　　　　　O₂

➡ 〈wish＋O₁(人)＋O₂(幸運・成功など)〉は「(人)に(幸運・成功など)を祈る」という
　意味を表す。SVOO の第4文型。

➡ all は、you や we などの〈人〉を表す代名詞の後ろに置いて、「〜のすべて」という意
　味を表す。you all は「あなたたち全員」という意味になる。

⑪ *I only regret* [*that I have not been able to see* <u>*the splendid new house*</u> [*that*
　　　　V　　　O(that 節)　　　　be able to *do*　　　　　先行詞　　　　関係代名詞

you built <u>*through*</u> *all your hard work so far*]].
　　　　　　前置詞

➡ regret のあとの that で始まる節が名詞節の働きをし、regret の目的語になっている。

➡ have not been は〈have＋過去分詞〉の形の現在完了形の否定形。ここでは〈状態の継
　続〉を表している。

➡ be able to *do* は can *do* と同じ「〜することができる」という意味を表す。助動詞の
　have と can は一緒に使うことができないので have not been able to *do* の形になっ
　ている。have not been able to see で「〜を見ることができないままだ」という意味。

➡ new house の後ろにある that は目的格の関係代名詞。先行詞の the splendid new
　house を修飾している。

➡ through は前置詞で、ここでは「〜によって」という〈手段・原因〉を表している。

➡ so far は「今まで[これまで]のところ」という意味の熟語。

📘 読解のカギ Qの解答　**Q1.** make, efforts　　**Q2.** Someone has taken my bike from my house(.)

🎯 **Comprehension** ①ヒント

Fill in the blanks to complete the information about the battle of Iwoto.

(下線部に適切な語を入れて，硫黄島の戦いについての情報を完成させなさい。)

1, 2 硫黄島の地形や地理について考える。

（教 p.117, ℓℓ.3~5）

3, 4 硫黄島は，アメリカ軍にとって，日本の都市へ何をするためのどのような場所であったか。

（教 p.118, ℓℓ.2~4）

5~7 日本軍にとって，硫黄島を失うことはどのようなことであったか考える。

（教 p.118, ℓℓ.4~5）

8~10 栗林中将が硫黄島でとった戦略について考える。

（教 p.120, ℓℓ.8~10）

11, 12 栗林中将がとった具体的な戦略についての記述を見つける。

（教 p.121, ℓℓ.4~6）

13, 14 栗林中将は，兵士たちにどのようなことをするように勧めたか。

（教 p.122, ℓℓ.2~3）

15, 16 1945年2月11日の出来事について考える。

（教 p.123, ℓℓ.1~2）

17 1945年2月19日のアメリカ軍の行動について考える。

（教 p.123, ℓℓ.6~7）

18 硫黄島での戦闘は1か月続いたあとどうなったか。

（教 p.123, ℓℓ.7~10）

19 現在何が返還されているのかについての記述を見つける。

（教 p.124, ℓℓ.1~3）

① More Information ①ヒント

Questions

1. 教 p.130 で紹介されている，第二次世界大戦中に，アメリカの兵士であるコラドが，戦地であるイタリアから兄弟に送った手紙を読んで，手紙の中で，彼が「機会があればできるだけ早くイタリアからのお土産を送ります」と述べたのはなぜだと思うかを答える。

 ➡ 手紙の中で，その理由が直接述べられているわけではないので，自分の考えを I think he mentioned that to[because] 〜 .「私は，彼がこのように述べたのは〜するため[〜から]だと思う」などの表現を使って書くとよい。

 ➡ 彼が手紙を書いたときの状況(＝故郷であるアメリカに家族を残して，戦争に出向いていたこと)に着目して考えるとよい。

2. 教 p.130 で紹介されている手紙と，硫黄島で書かれた日本兵の手紙との共通点を答える。

 ➡ care about 〜「〜のことを気にかける」，think of 〜「〜のことを思う」，worry about 〜「〜のことを心配する」などの表現を使って，コラドも日本兵も家族を思っていることを書くとよい。また，〈imagine[picture]＋O＋doing〉「O が〜しているのを想像する」という表現を使って，家族と過ごす様子を想像していることについて書いてもよいだろう。

Development

・2 段落以上を使って，あなたにとって特別な人への手紙を書く。

・手紙の冒頭には，日付と宛名を書く。

 ➡ 日本語と違って，英語では「月→日→西暦」の順番で日付を書くことが多い。

  教 p.131 の Example でも，日本語では「2023 年 12 月 9 日」と書くところを，この順番に従って，December 9, 2023 と書かれている。

・手紙の本文には，2 段落(またはそれ以上)に分けて，感謝や近況を伝える内容を書く。

 ➡ 教 p.131 の Example を参考にして，I would like to express my gratitude for 〜 .「私は〜のことに対する感謝を述べたい」という表現を使ってもよい。

・手紙の最後には，日本語の手紙で「敬具」などと表される結びの挨拶を書く。

 ➡ 教 p.131 の Example の Sincerely yours[Yours sincerely]「敬具」(面識のある人へのフォーマルな手紙の結びに使われる)のほか，Yours truly[faithfully]「敬具」(面識のない人へのフォーマルな手紙の結びに使われる)，With kind regards「敬具」(友だちへの手紙の結びに使われる)などがある。そのほかの表現として，Best wishes「ご多幸を祈って」，Yours「草々」，Take care「じゃあ，また」，See you「またね」なども挙げられる。これらの挨拶はピリオド(.)ではなくコンマ(,)で締め，そのあとに手紙の差出人の名前(自分の名前)を書く。

・グループを作り，グループのほかのメンバーと自分が書いた手紙を交換し，手紙を改善するためにフィードバックを行う。

📖 Grammar

G-15 副詞節を導く複合関係代名詞

・whatever や whoever のように〈関係代名詞＋-ever〉の形の語を**複合関係代名詞**と呼ぶ。
・複合関係代名詞が「**～しようとも**」という〈譲歩〉の意味を表す**副詞節**を導くことがある。
・複合関係代名詞が〈譲歩〉の意味を表す場合は，〈no matter＋疑問詞〉でも言いかえられる。

whoever「誰が[誰を]～しようとも」

You're welcome, [whoever you are].　（あなたが誰であろうとも歓迎する。）
　　　　　　　　　　　補語　 S' V'

= You're welcome, no matter who you are.

[Whoever visits me], I'll welcome him or her.　（誰が訪ねてこようとも，私はその人を歓迎する。）
　 S'　　 V'

= No matter who visits me, I'll welcome him or her.

whichever「どれ[どちら]が[を]～しようとも」

[Whichever you choose], you'll be satisfied.
　 目的語　　 S'　 V'

（あなたはどちらを選ぼうとも，満足するだろう。）

= No matter which you choose, you'll be satisfied.

[Whichever comes], I'll be happy.　（どちらが来ようとも，私はうれしい。）
　 S'　　　 V'

= No matter which comes, I'll be happy.

whatever「何が[何を]～しようとも」

He is always calm, [whatever happens].
　　　　　　　　　　　　　 S'　　 V'

（何が起ころうとも，彼はいつも落ち着いている。）

= He is always calm, no matter what happens.

[Whatever I said], he didn't stop watching TV.
　 目的語　 S' V'

（私が何を言おうとも，彼はテレビを見るのをやめなかった。）

= No matter what I said, he didn't stop watching TV.

＋α

複合関係副詞 wherever「どこへ[で]～しようとも」

[Wherever you are], I worry about you.
　　　　　　 S'　 V'

（あなたがどこにいようとも，私はあなたのことを気にかけている。）

= No matter where you are, I worry about you.

複合関係副詞〈however ＋形容詞[副詞]〉「どんなに〜でも」

[However tired he was], he continued his work.
　　　　　形容詞 S'　V'

（どんなに疲れていても，彼は仕事を続けた。）

= **No matter how** tired he was, he continued his work.

➡ however は後ろに形容詞または副詞を続け，副詞節を導く場合が多い。

＋α

複合関係副詞 whenever と wherever

・whenever には「〜するときはいつでも」，wherever には「〜するところはどこへ[で]でも」という，〈譲歩〉以外の意味を表す場合もあるので注意する。この場合，no matter when[where]には言いかえられない。

She takes her child [wherever she goes].
（彼女は自分の行くところならどこへでも子どもを連れて行く。）

G-16 完了不定詞

・完了不定詞は〈**to have ＋過去分詞**〉という形で表す。
・完了不定詞は，**述語動詞よりも前の時**を表す。

述語動詞が現在形のときの完了不定詞

He seems that he was ill. = He seems to have been ill.
　　現在←時制が違う→過去　　　　　現在　　完了不定詞

（彼は病気だったように思われる。）

cf. He seems that he is ill. = He seems to be ill.
　　　　現在←時制が同じ→現在　　　　現在　　不定詞

　　（彼は病気であるように思われる。）

➡ 述語動詞 seems（現在）と that 節が表す内容 he was ill（過去）の時制がずれているので，完了不定詞を使って，「病気だった」のが述語動詞 seems より前であることを表す。

述語動詞が過去形のときの完了不定詞

He seemed that he had been ill. = He seemed to have been ill.
　　過去←時制が違う→過去完了　　　　　　過去　　完了不定詞

（彼は病気だったように思われた。）

cf. He seemed that he was ill. = He seemed to be ill.
　　　　過去←時制が同じ→過去　　　　　過去　　不定詞

　　（彼は病気であるように思われた。）

➡ 述語動詞 seemed（過去）と that 節が表す内容 he had been ill（過去完了）の時制がずれているので，完了不定詞を使って，「病気だった」のが述語動詞 seemed より前であることを表す。

定期テスト予想問題　解答 ➡ p.196

1 日本語に合うように，＿＿に適切な語を入れなさい。

(1) 彼は任務の完了を確信していた。

He was ＿＿＿＿＿＿＿＿ ＿＿＿＿＿＿＿＿ the completion of the mission.

(2) あなたの荷物には必ず常に注意を払うようにしてください。

＿＿＿＿＿＿＿＿ ＿＿＿＿＿＿＿＿ that you always pay attention to your luggage.

(3) 彼を気の毒に思って，水をあげた。

I felt ＿＿＿＿＿＿＿＿ ＿＿＿＿＿＿＿＿ him, and I gave him some water.

2 ＿＿に適切な語を入れて，次の文を書きかえなさい。

(1) She seems that she was busy last night.

→ She seems to ＿＿＿＿＿＿＿＿ ＿＿＿＿＿＿＿＿ busy last night.

(2) Whatever I cook for him, he eats happily.

→＿＿＿＿＿＿＿＿ ＿＿＿＿＿＿＿＿ what I cook for him, he eats happily.

3 日本語に合うように，（　）内の語句や符号を並べかえなさい。

(1) 母は有名なテニス選手だったと言われている。

(been / to / a famous tennis player / said / my mother / have / is).

＿＿＿＿＿＿＿＿＿＿＿＿＿＿＿＿＿＿＿＿＿＿＿＿＿＿＿＿＿＿.

(2) 誰が彼らを批判しようとも，兵士たちは自分たちの命令を完遂した。

(them / completed / whoever / the soldiers / criticized / ,) their mission.

＿＿＿＿＿＿＿＿＿＿＿＿＿＿＿＿＿＿＿＿＿＿ their mission.

(3) 彼は交通事故で亡くなったと信じられていた。

(he / to / in / believed / died / was / have / a traffic accident).

＿＿＿＿＿＿＿＿＿＿＿＿＿＿＿＿＿＿＿＿＿＿＿＿＿＿＿＿＿＿.

(4) どれほどスケジュールが厳しくとも，彼らは計画を変更すべきではない。

(tight / they / change / the schedule / is / not / however / should / ,) the plan.

＿＿＿＿＿＿＿＿＿＿＿＿＿＿＿＿＿＿＿＿＿＿＿＿ the plan.

4 次の英語を日本語にしなさい。

(1) Wherever I went, the popular toy was sold out.

(　　　　　　　　　　　　　　　　　　　　　　　)

(2) Whichever mountain I see, Mt. Fuji is the most beautiful to me.

(　　　　　　　　　　　　　　　　　　　　　　　)

(3) She was thought to have been in the library.

(　　　　　　　　　　　　　　　　　　　　　　　)

5 次の英文を読んで，あとの問いに答えなさい。

The number of Japanese soldiers in the battle there (　①　) 20,000, while American soldiers numbered 60,000. ②(No matter who) analyzed this war situation, the difference was obvious and there was little chance of Japan ③(win) the battle.　The Japanese troops were sent to Iwoto with ④the sole aim of delaying US attacks on the Japanese mainland for as long as possible.

(1) (　①　)に適切な be 動詞を入れなさい。　＿＿＿＿＿＿＿＿

(2) 下線部②について，次の質問に答えなさい。
　　a. (　)内の語句を 1 語で書きかえなさい。　＿＿＿＿＿＿＿＿
　　b. 日本語にしなさい。
　　(　　　　　　　　　　　　　　　　　　　　　　　　　　　)

(3) 下線部③の(　)内の語を，適切な形に書きかえなさい。
　　　　　　　　　　　　　　　　　　　　＿＿＿＿＿＿＿＿

(4) 下線部④の the sole aim が表す内容を，具体的に日本語で説明しなさい。
　　(　　　　　　　　　　　　　　　　　　　　　　　　　　　)

6 次の英文を読んで，あとの問いに答えなさい。

①He is said to (　　) (　　) his soldiers to write letters to their families. The following is one such letter from a soldier to his wife:

②(　　) *I can relax a little in the evening, I imagine our children being very hungry and shoveling their meals into their mouths.*　③*I sometimes feel like I am sitting in front of Nobu and have an urge to talk to her.*

②(　　) *I read the letters from Jun and Hiro, I think that their handwriting is very good.　I know I am blinded by my love for our children.　Just having their letters with me makes me feel heartened.*

(1) 下線部①が「彼は自分の兵士たちに家族へ手紙を書くことを奨励したと言われている」という意味になるように，(　)に適切な語を入れなさい。
　　＿＿＿＿＿＿＿＿＿＿　＿＿＿＿＿＿＿＿＿＿

(2) 下線部②の 2 つの(　)が「〜するときはいつでも」という意味になるように，適切な語を入れなさい。
　　＿＿＿＿＿＿＿＿＿＿

(3) 下線部③を日本語にしなさい。
　　(　　　　　　　　　　　　　　　　　　　　　　　　　　　)

(4) 次の質問に対する答えの文を英語で完成させなさい。
　　What made the writer of the letter feel heartened?
　　＿＿＿＿＿＿＿＿＿＿＿＿＿＿＿＿＿＿＿＿＿＿＿＿＿＿ did.

📝 **定期テスト予想問題　解答**　　**pp.194~195**

1　(1) sure of　　(2) Make sure　　(3) sorry for

2　(1) have been　　(2) No matter

3　(1) My mother is said to have been a famous tennis player(.)
　(2) Whoever criticized them, the soldiers completed
　(3) He was believed to have died in a traffic accident(.)
　(4) However tight the schedule is, they should not change

4　(1) 私がどこへ行っても，その人気のおもちゃは売り切れだった。
　(2) どの山を見ても，私にとっては富士山がいちばん美しい。
　(3) 彼女は図書館にいたと思われていた。

5　(1) was　　(2) **a.** Whoever　　**b.** 誰がこの戦争の状況を分析しようとも
　(3) winning　　(4) 例日本本土へのアメリカの攻撃をできるだけ長く遅らせること。

6　(1) have encouraged　　(2) Whenever
　(3) 私はノブ[信]の前に座っているようにときどき感じる
　(4) 例 Having his children's letters with him[His children's letters]

💡 **解説**

1　(2)「必ず〜する」は make sure (that) 〜で表す。

2　(1) that 以下の内容は，述語動詞 seems より前のことなので，完了不定詞で表す。　　(2) 複合関係代名詞(-ever)は〈no matter + 疑問詞〉と書きかえられる。

3　(1) is said to 〜「〜と言われている」の「〜」の内容が「言われている」ときよりも前のことなので完了不定詞で表す。　　(2)「誰が〜しようとも」は whoever で始まる副詞節で表す。　　(3) was believed to 〜「〜と信じられていた」の「〜」の内容が「信じられていた」ときよりも前のことなので完了不定詞で表す。(4) however は複合関係副詞。あとには形容詞または副詞が続く。

4　(1)〈譲歩〉を表す副詞節を導く wherever は「どこへ〜しようとも」という意味を表す。　　(2) Whichever mountain I see は〈譲歩〉を表す副詞節。〈whichever + 名詞〉は「どの[どちらの]…が[を]〜しようとも」という意味を表す。　　(3) was thought「と思われていた」のあとに，それより前のことを表す完了不定詞が続いているので，時制の違いがわかるように「いたと思われていた」と訳す。

5　(1) the number of A は単数扱い。　　(2) **a.** No matter who「誰が〜しようとも」は Whoever と言いかえることができる。　　(3)「(日本が)勝つこと」という意味にする。　　(4) 下線部のあとの of 以下をよく読む。

6　(1) is said to「と言われている」に続く内容が「奨励した」という過去のことなので，完了不定詞で表す。　　(2)「〜するときはいつでも」は whenever で表す。(4)「何が手紙の書き手を励まされると感じさせましたか」最後の文参照。〈make + O + *do*〉で「O を〜させる」という意味。

Lesson 8 Edo: A Sustainable Society

単語・熟語チェック			

PART ①

ton	名 トン	Cars usually weigh about a **ton**. 自動車はたいてい約１トンの重さがある。
household	名 家庭, 世帯	Put your **household** garbage into this plastic bag. ご家庭のごみをこのビニール袋に入れてください。
mass	形 大量の	Did he take action against the **mass** layoffs? 彼は大量解雇に対して行動を起こしたのですか。
consumption	名 消費（量）	The **consumption** of energy went up last summer. この前の夏は，エネルギー消費量が上がった。
environmental	形 環境上の	The country has many **environmental** problems. その国は多くの環境問題を抱えている。
sustainable	形 持続可能な	They aimed for **sustainable** economic growth. 彼らは持続可能な経済成長を目指した。
summit	名 首脳会談, サミット	The **summit** will be held in our city. 首脳会談が私たちの市で行われる。
require A to do	熟 A に ～ することを求める	The rule **requires** us **to** promote recycling. その規則は私たちにリサイクルを促進することを求めている。
measure	名 （公的な）対策	Many **measures** are needed to protect society. 社会を守るために多くの対策が必要とされる。
pursue A	動 A を追求する[遂行する]	It is important to keep **pursuing** a goal. 目標を追い求め続けることは大切だ。
minimum	名 最低限, 最小限	The **minimum** I need for lunch is ten minutes. 私が昼食に必要とする最低限（の時間）は 10 分だ。

PART ②

secondhand	形 中古の	Many children used to wear **secondhand** clothes. かつては，多くの子どもたちがお古の服を着ていた。
dealer	名 販売業者	I asked a car **dealer** to show me some new cars. 私は車の販売業者に何台か新車を見せてくれるように頼んだ。
worn-out	形 使い古した, すり切れた	The **worn-out** shoes need to be replaced. その履き古した靴は取り替える必要がある。
ash	名 灰	A lot of **ash** blew in the strong wind. 強風で大量の灰が舞い上がった。
fertilizer	名 肥料	I added some **fertilizer** to the soil before planting flowers. 花を植える前に，私は土に肥料を混ぜた。
dye	名 染料	In Japan, **dye** is used to color clothes dark blue. 日本では，衣類を藍色に染めるために染料が使われる。
detergent	名 洗剤	I noticed I had ran out of **detergent** this morning. 私は洗剤を切らしていることに今朝気がついた。
buyer	名 買手, 買い付け業者	The fish market was full of fish **buyers**. 魚市場は魚の買手でいっぱいだった。
resell A	動 A を転売する	The dealer **resells** old imported cars. その販売業者は古い輸入車を転売している。

resold	動 resell の過去形・過去分詞形	I **resold** my bags and shoes online. 私はインターネットで自分のカバンや靴を転売した。
collector	名 集める人	Some stations have ticket **collectors** even now. いくつかの駅には今でも切符を集める人がいる。
pick up A[A up]	熟 A を拾う	She **picked up** a lot of plastic bottles thrown away on the street. 彼女は道路に捨てられたたくさんのペットボトルを拾った。
from one A to another	熟 一方の[ある]Aからもう一方の[ほかの]Aへ	Colds were passed **from one** person **to another**. ある人からほかの人へと風邪がうつった。
arithmetic	形 算数の	The children worked on **arithmetic** problems. その子どもたちは算数の問題に取り組んだ。
specialized	形 専門の	They received a **specialized** training program. 彼らは専門の研修プログラムを受けた。
tinker	名 鋳掛け屋	In the past, **tinkers** sold various metal objects. かつては，鋳掛け屋はさまざまな金属の物を売った。
pan	名 平なべ	Fry the fish in that **pan** with some oil. あのフライパンに油を入れて魚を揚げてください。
kettle	名 やかん	She put the **kettle** on the stove to make tea. 彼女はお茶をいれるためにコンロにやかんをかけた。
ceramic	形 陶磁器の	He gave the guest coffee in a blue **ceramic** cup. 彼は青い陶磁器のカップでコーヒーを客に出した。
repairer	名 修理工	I took my camera to a **repairer** to get it fixed. 修理してもらうために，私はカメラを修理屋に持って行った。
PART ❸ metal	名 金属	Coin means money made of **metal**. コインとは金属でできたお金だ。
in return for A	熟 A のお返しに	Here are some cookies **in return for** your gift. これは，贈り物のお返しのクッキーです。
regularly	副 規則正しく，定期的に	You had better sleep and eat **regularly**. あなたは規則正しく睡眠をとり，食事をしたほうがいい。
retailer	名 小売業者	That jeans shop is a popular **retailer** in this city. そのジーンズショップはこの市で人気の小売り店である。
dweller	名 住人	Most of the city **dwellers** are middle class. その市の住民のほとんどは中流階級だ。
advantageous	形 有利な，都合のよい	This contract is more **advantageous** for us. この契約は私たちにとってより有利だ。
unemployment	名 失業	Due to the recession, **unemployment** increased. 不景気によって，失業が増えた。
PART ❹ dramatically	副 劇的に	The plants grew **dramatically** larger in a month. その植物は1か月で劇的に大きくなった。
timber	名 木材	The price of **timber** for building has risen. 建築に使う木材の価格が上がってきている。
consequence	名 結果，結論	The accident was a natural **consequence**. その事故は当然の結果だった。
as a consequence	熟 その結果	**As a consequence**, the long hike was canceled. その結果，その長距離ハイキングは中止された。
flood	名 洪水	There was a **flood** in May when a lot of rain fell. 大雨が降った5月に洪水があった。

agricultural	形 農業の	This town does a lot of **agricultural** business. この町は多くの農業ビジネスを行っている。
barely	副 かろうじて	I **barely** got on the train at the station. 駅で私はかろうじて電車に乗ることができた。
cultivable	形 耕作できる	My new house has **cultivable** land behind it. 私の新居の裏には耕作できる土地がある。
available	形 利用できる	Cell phone service is **available** even in tunnels. 携帯電話はトンネル内でも利用できる。
deforestation	名 森林破壊[伐採]	What caused the large-scale **deforestation**? 大規模な森林破壊の原因となったものは何ですか。
come (back) to life	熟 生き生きとする[生き返る]	In spring, plants become green and **come to life**. 春には，植物が青々となり，生き生きとする。
farmland	名 農地	The farmer sold his **farmland** at a big profit. その農家は農地を売却して大きな利益を得た。
extend A	動 A を拡張する	The high school will **extend** its property. その高校は敷地を拡張するだろう。
productive	形 生産的な	He was **productive** and did all his work within one day. 彼は生産的で，すべての仕事を 1 日で終えた。
urban	形 都会の	**Urban** development is advancing rapidly. 都市開発は急速に進んでいる。
rural	形 田舎の	I grew up in a **rural** area full of big farms. 私は大きな農場がたくさんある田舎の地域で育った。
overall	形 総合の，全体の	He was surprised at the **overall** results of the test. 彼はテストの総合結果に驚いた。
standard	名 水準	The living **standard** of the country was low. その国の生活水準は低かった。
rise	動 上がる，高くなる	I can see an airplane **rising** in the sky. 私は飛行機が空を上がっているのが見える。
risen	動 rise の過去分詞形	The unemployment rate has **risen** recently. 失業率が最近上がっている。
objective	形 客観的な	The police looked for **objective** evidence. 警察は客観的な証拠を探した。
remarkable	形 注目すべき	The engineers in our factory have **remarkable** skills. 私たちの工場の機械工は注目すべき技術を持っている。
achievement	名 偉業，成果	It was a great **achievement** to pass the exam. その試験に合格することはすばらしい偉業だった。
before or since	熟 あとにも先にも	The win was our hardest, **before or since**. あとにも先にも，その勝利は最も困難なものだった。
self-sufficient	形 自給自足の	Japan is less **self-sufficient** in its food supplies. 日本は食糧供給に関しては，自給自足が低いほうだ。
policy	名 政策	The politician criticized the government **policy**. その政治家は政府の政策を批判した。
isolation	名 孤立	The village was in **isolation** after the earthquake. その村は地震のあと孤立した。
treat A	動 A を扱う	Animals are **treated** carefully in the animal shelter. その動物保護施設では動物は注意深く扱われている。

PART 5

valuable	形 貴重な	I had a **valuable** experience this summer.
		私はこの夏，貴重な体験をした。
trader	名 貿易業者，商人	Those **traders** sell foreign goods.
		その商人たちは外国製品を売っている。
mentality	名 心的傾向，ものの見方	That famous actor had a childish **mentality**.
		その有名な俳優は子どもじみたものの見方をしていた。
modesty	名 控えめ，謙虚，節度	People show **modesty** in their formal clothes.
		人はフォーマルな服を身につけて謙虚さを示す。
satisfaction	名 満足(感)	I felt **satisfaction** when I won the long race.
		長距離走に勝って，私は満足を感じた。

PART ①　英文を読む前に，初めて習う文法を含んだ文を確認しましょう！ → p.202 ①，p.203 ⑨

ポイント　江戸時代，人々のどのような行いが環境への被害を最小限にしていたか。

① In Japan, / we throw away over 400 million tons of waste / per year, / about a
日本で / 私たちは4億トンを超えるごみを捨てている / 1年につき/ その約

tenth of which comes from households and offices. // ② It means / that we throw away
10分の1は家庭と職場から出ている // それは意味している / 私たちは約1キロ

about one kilogram of waste / for each person per day. // ③ In a society / of mass
のごみを捨てているということを / 1日に1人あたり // 社会において / 大量

production / and mass consumption, / we throw away a huge amount. // ④ In the
生産の / そして大量消費 / 私たちは莫大な量を捨てている //

near future, / the day may come / when we will have to live / buried in waste. //
近い将来 / 日がやって来るかもしれない / 私たちが生活しなくてはならない/ ごみに埋もれて //

⑤ Environmental problems / including too much waste / are taken up / in the
環境問題は / 多すぎる廃棄物を含む / 取り上げられている /

Sustainable Development Goals (SDGs), / which were set / by the United Nations
持続可能な開発目標(SDGs)て / それは設定された / 国際連合の

Sustainable Development Summit / in 2015. // ⑥ Among the 17 goals, / Goal 12 is
持続可能な開発サミットによって / 2015年に // その17の目標の中で / 目標12が

"Responsible Consumption and Production" / and it requires us to take action / to
「責任ある消費と生産」て / それは私たちに行動することを求めている /

"Ensure sustainable consumption and production patterns." // ⑦ Not only Japan
「持続可能な消費と生産のパターンを確保する」ために // 日本だけでなく

but the whole world / is now taking measures / to pursue a sustainable society. //
全世界が / 今対策をとっている / 持続可能な社会を追求するための //

⑧ Surprisingly, / people in the Edo period (1603-1867) / actually achieved such a
驚いたことに / 江戸時代(1603 ~ 1867)の人々は / 実際にそのような社会を

society. // ⑨ At that time, / almost every resource was recycled, / which reduced
達成した // 当時 / ほぼすべての資源が再生利用されていた / そうすることは被害を

damage / to the environment / to a minimum. //
減らした / 環境への / 最小限に //

✓ 構成＆内容チェック　本文を読んで，（　）に合う日本語を書きなさい。

①～④ 本レッスンの導入部分。現代の日本の人々が出すごみの量について説明している。
　・年間のごみの量…(1.　　　　　　　　)トンを超える。
　　→その約10分の1は(2.　　　　　　　　)と職場から出ている。
　　→1日に1人あたり約1キロのごみを捨てていることになる。
　・近い将来，ごみに埋もれて生活しなければならない日がやって来るかもしれない。
　↓

⑤～⑦ 現代の人々の(3.　　　　　　　)な社会を目指す取り組みを説明している。

SDGs(持続可能な開発目標)のうち,目標 12 は「責任ある消費と(4.　　　　　)」
で,人々は(3)な消費と(4)のパターンを確保することが求められている。

↕ 対比

⑧・⑨ 江戸時代の人々が,(3)な社会を実現していたことを説明している。

ほぼすべての資源が(5.　　　　　　)され,環境への被害を最小限に減らした。

🛈 教科書Qのヒント

Q1 Among the 17 goals of SDGs, what is Goal 12?

(SDGsの17の目標の中で,目標12は何ですか。)　→本文⑥

Q2 What did people in the Edo period actually achieve?

(江戸時代の人々は実際に何を達成しましたか。)　→本文⑦・⑧

🗝 読解のカギ

① In Japan, we throw away over 400 million tons of waste per year,

先行詞

[about a tenth of which comes from households and offices].

数量を表す語＋関係代名詞：about a tenth of which は先行詞の一部を受ける

➡ per は前置詞。〈per＋単数名詞〉は「～につき」という意味を表す。per の後ろの名詞
は無冠詞になる。per year は「1 年につき」。

➡〈, ～ which〉は,先行詞 over 400 million tons of waste per year を受ける非限定用
法の主格の関係代名詞。about a tenth of which で始まる節が先行詞に追加の説明を
加えている。

➡ 関係代名詞が about a tenth of which のように〈数量〉を表す語とともに用いられる
と,「そのうちの～は…だ」という意味になる。a tenth of A は「A の 10 分の 1」な
ので, over 400 million tons of waste per year, about a tenth of which は「1 年につ
き 4 億トンを超えるごみ,そのうちの約 10 分の 1」という意味。つまり「約 4 千万
トンを超えるごみ」となる。

文法詳細 **p.220** ▶

✏ Q1. 日本語にしなさい。

I have a lot of bags, half of which were made by my mother.

(　　　　　　　　　　　　　　　　　　　　　　　　　　　　　　　　)

② It means [that we throw away about one kilogram of waste for each
　　 V　　 O(that 節)

person per day].

➡ It は前文①の内容を指している。

➡ 接続詞の that で始まる節が名詞の働きをして, means の目的語になっている。

➡ for each person は「1 人あたり」という意味。for は every, each, 数詞の前で「～ご
とに,～に対して」という意味を表す。each「それぞれの」の後ろには単数名詞が続く。

④ **In the near future, the day may come [when we will have to live**
　　　　　　　　　　　S(先行詞)↑　　　　　V　　　　関係副詞　V'(will have to *do*)

buried in waste].
受動態の分詞構文

➡ when は関係副詞。関係副詞 when は〈時〉を表す語(句)を先行詞とし，関係代名詞のように先行詞を修飾する。ここでは，the day が先行詞。

➡ 文の主語である the day の直後に関係詞節を続けると主語が長くなるので，関係詞節は後ろに回されて，〈S＋V＋主語を修飾する関係詞節〉の形の文になっている。

➡ buried in waste は「ごみに埋もれて」という意味で，〈付帯状況〉を表す受動態の分詞構文。

Q2. 並べかえなさい。

戦争のない時代が来るかもしれない。

(come / may / will / when / we / have / no / the time) war.

＿＿＿＿＿＿＿＿＿＿＿＿＿＿＿＿＿＿＿＿＿＿＿ war.

⑤ **Environmental problems (including too much waste) are taken up in**
　　　　　　　　　　　　　↑＿＿＿｜前置詞句

the Sustainable Development Goals (SDGs), [which were set by the United
　　　　　先行詞　　　　　　　　　　　↑関係代名詞

Nations Sustainable Development Summit in 2015].

➡ including ～は名詞を後ろから修飾し，「～を含む…」という意味を表す。

➡ 〈, which〉は非限定用法の主格の関係代名詞。関係代名詞で始まる節が先行詞の the Sustainable Development Goals (SDGs)に補足的な説明を加えている。

⑥ **... and it requires us to take action to "Ensure sustainable ...."**

➡ it は and の前にある「責任ある消費と生産」という SDGs の目標 12 を指している。

➡ require *A* to *do* は「A に～することを求める」という意味。

⑦ **Not only Japan but the whole world is now taking measures (to pursue ...).**

➡ not only *A* but *B* は「A だけでなく B も」という意味。　　　↑＿＿＿｜不定詞句

➡ to pursue は形容詞的用法の不定詞で，後ろに語句を伴って measures を修飾している。なお，to pursue を〈目的〉を表す副詞的用法の不定詞で，後ろに語句を伴って is taking を修飾していると解釈してもよい。

⑨ **At that time, [almost every resource was recycled], [which reduced**
　　　　　　　先行詞は文全体 ｜＿＿＿＿＿＿＿＿＿＿＿↑

damage to the environment to a minimum].

➡ 〈, which〉は非限定用法の主格の関係代名詞で，almost every resource was recycled という前の文全体が先行詞になっている。このように文や節，句などを先行詞にして追加の説明を加える場合は，which を非限定用法で用いる。　**文法詳細 p.220**

PART ❷-1

◆ポイント　もともと着物だったぞうきんを燃やした灰は，何に使われていたか。

① Let's take a closer look at life / in the Edo period. // ② Clothes were so precious
生活をもっと詳しく見よう　/　江戸時代の　//　服は当時とても貴重で

and expensive then / that ordinary people bought old clothes / from secondhand dealers /
高価だったので　/　ふつうの人々は古着を買った　/　古物商から　/

or / recycled their clothes / for other purposes. // ③ Worn-out clothes were reused /
または / 服を再生利用した　/　ほかの目的のために　//　すり切れた服は再利用された

as floor cloths, / and finally burned to ashes. // ④ Even the ash was used / as
床ふき用のぞうきんとして / そして最後には燃やして灰にされた　//　灰までも利用された　/

fertilizer, / used in dyes and detergents, / or sold to ash buyers. // ⑤ The buyers
肥料として / 染料や洗剤の中に利用された　/ または灰買い付け業者に売られた // 買い付け業者は

then sold the ash / to farmers / as fertilizer. //
そのあと灰を売った / 農家に / 肥料として　//

✓ 構成&内容チェック　本文を読んで，（　）に合う日本語を書きなさい。

①～⑤ 江戸時代の暮らし１：着古した（1.　　　　　　）について説明している。
（1）は貴重で高価だった。→ふつうの人々は古物商から古着を購入。
→すり切れた（1）は（2.　　　　　）にした。
→（2）は最後には燃やして（3.　　　　　）にした。
→（3）は肥料として使われたり，染料や洗剤の中に使われたりした。

🔑 読解のカギ

① **Let's take a closer look at life in the Edo period.**
　　　　　　　　　　形容詞　名詞

➡ take は，ここでは「～をする」という意味を表す。take a look at A で「A を見る」。
➡ closer は形容詞 close の比較級。close は，look など〈観察〉を表す語と組み合わせると，「細かい，綿密な」という意味になる。[klóus] という発音にも注意。

✐ Q1. 並べかえなさい。
その写真をもっとよく見ていいですか。
(a / I / closer / the picture / can / at / take / look)?

_____?

② **Clothes were so precious and expensive then [that ordinary people**
　　　　　　　　　形容詞₁　　　形容詞₂　副詞　that節　S′
bought old clothes from secondhand dealers or recycled their clothes
　　V′₁　　O′₁　　　　　　　　　　　　　V′₂　　O′₂
for other purposes].

➡ 〈so ＋形容詞［副詞］＋ that ...〉は「とても〜なので…」という〈結果〉を表す。that 節は文末の purposes まで続く。so のあとの２つの形容詞が and でつながれている。

➡ that 節の中では，主語を受ける bought ... dealers と recycled ... purposes が or でつながれている。

➡ then は副詞で，ここでは「当時（＝江戸時代）は」という意味。

Q2. 日本語にしなさい。

I'm so tired that I'll go to bed early.

(　　　　　　　　　　　　　　　　　　　　　　　　　　　　)

──── were が省略されている ────┐

③ **Worn-out clothes <u>were reused</u> as floor cloths,（and）finally <u>burned</u> to ashes.**
　　　　　　　　　were ＋過去分詞　　　　　　　　　　　　　　　　過去分詞

➡ were reused は〈was［were］＋過去分詞〉の形の過去形の受動態。受動態の動詞句が A and (finally) B の形で並列されているが，B の過去分詞 burned の前には were が省略されている。

┌──── was が省略されている ────┐

④ **Even the ash <u>was used</u> as fertilizer, <u>used</u> in dyes and detergents,（or）<u>sold</u>**
　　　　　　　was ＋過去分詞　　　　　　　過去分詞　　　　　　　　　　　　　　過去分詞

to ash buyers.

➡ Even は名詞 the ash を強調している。「灰までも」という意味。

➡ was used は〈was［were］＋過去分詞〉の形の過去形の受動態。受動態の動詞句が A, B, or C の形で並列されているが，B の過去分詞 used と C の過去分詞 sold の前には was が省略されている。

読解のカギ Q の解答　**Q1.** Can I take a closer look at the picture (?)
　　　　　　　　　　Q2. 私はとても疲れているので早く寝るつもりだ。

PART 2 -2

ポイント 江戸時代の人々は，紙や家財道具をどのように再利用していたか。

⑥ As for paper, / people used it many times / and then sold it to used paper
紙について言えば / 　人々はそれを何度も使った　 / そしてそのあとそれを古紙買い付け業者に

buyers. // ⑦ These buyers resold it to paper makers, / who made it into recycled
売った　　// 　こういった買い付け業者はそれを製紙業者に転売した / 　（製紙業者は）それを再生紙に

paper. // ⑧ In addition, / used paper collectors walked around towns / picking up
作りかえた // 　　その上　　 / 　　　　古紙回収業者が町を歩き回った　　　 / 　　紙くずを

waste paper / to sell to used paper buyers. // ⑨ Printed paper, / on the other hand, /
拾いながら　 / 　古紙買い付け業者に売るための　// 　　印刷された紙は / 　　　一方　　 /

was passed on / from one generation to another. // ⑩ According to records, / one
受け継がれた　 / 　　　世代から世代へ　　　 / 　　　記録によれば　　 /

arithmetic textbook in a *terakoya* (temple school) / was used for over 100 years. //
寺子屋にあった１冊の算術の教科書は 　　　　　 / 　　100 年を超える間使われた　　 //

⑪ When household articles were broken, / they were never thrown away / but
　　　家財道具が壊れたとき　　　　　 / 　それらは決して捨てられたりせず /

repaired by specialized craftsmen. // ⑫ For instance, / tinkers repaired / old pans, /
専門の職人に修理された　　　　 // 　　たとえば　 / 　鋳掛け屋は修理した / 古い平なべ/

kettles, / and pots. // ⑬ Ceramic repairers fixed / broken dishes and bowls / with glue. //
やかん / そしてかまを // 　瀬戸物焼き継ぎは修理した / 　割れた皿やどんぶりを　 / 　接着剤で　//

✓ **構成＆内容チェック** 本文を読んで，（ ）に合う日本語を書きなさい。

⑥〜⑩ 江戸時代の暮らし２：(1.　　　　　　　)について説明している。
何度も使ったあと→古紙買い付け業者→製紙業者→再生紙
印刷された(1)：世代から世代へ受け継がれた。
↓

⑪〜⑬ 江戸時代の暮らし３：(2.　　　　　　　)について説明している。
壊れたときは専門の職人が修理…平なべ，やかん，かま，割れた皿やどんぶりなど。

教科書Qのヒント

Q3 What were recycled in the Edo period? Give two items.
（江戸時代には何が再生利用されましたか。２つ挙げなさい。）　→本文②・⑥・⑦

Q4 When household articles were broken, what was done with them?
（家財道具が壊れたとき，それらに何がなされましたか。）　→本文⑪

✓ **構成＆内容チェック** の解答　1．紙　　2．家財道具

🔑 読解のカギ

⑥ As for paper, people used it many times and then sold it to used paper buyers.

S   V₁   = paper   V₂   = paper

➡ as for A は「A について言えば」という意味で，文頭に置くことが多い。

➡ 1 つ目の used と sold は people を主語とする動詞。and でつながれている。

➡ ここでの then は「当時は」ではなく，「それから」という意味。

🎵 Q1. ＿＿ を埋めなさい。

私に関して言えば，何も不満はない。

＿＿＿＿＿＿ for ＿＿＿＿＿, I have nothing to complain of.

⑦ These buyers resold it to paper makers, [who made it into recycled paper].

先行詞 |＿＿＿＿＿＿| 関係代名詞

➡ resold は resell の過去形。resell A to B は「A を B に転売する」という意味。

➡ 2 つの it は前文⑥にある paper を指している。

➡ 〈, who〉は非限定用法の主格の関係代名詞。先行詞の paper makers に追加の説明を加えている。

⑧ In addition, used paper collectors walked around towns picking up waste

現在分詞で始まる分詞構文

paper (to sell to used paper buyers).

|＿＿＿＿＿| 不定詞

➡ in addition は「その上」という意味で，〈追加〉を表すディスコースマーカーでもある。

➡ 現在分詞 picking で始まる副詞句は分詞構文になっている。ここでは「～しながら」という意味で，〈付帯状況〉を表している。

➡ to sell は形容詞的用法の不定詞で，直前の名詞 waste paper を修飾している。

🎵 Q2. 並べかえなさい。

彼らはごみを拾いながら公園の中を歩いた。

They (picking up / walked / the park / in / garbage).

They ＿＿＿＿＿＿＿＿＿＿＿＿＿＿＿＿＿＿＿＿＿＿＿.

⑨ Printed paper, on the other hand, was passed on from one generation to another.

➡ on the other hand は「一方では」という意味を表し，すでに述べられた事柄に対し，〈対比〉となる事柄を述べる場合に使う表現。この文と対比となる事柄は前文⑥～⑧で述べられている。

⑩ According to records, one arithmetic textbook in a *terakoya* (temple school) was used for over 100 years.

was ＋過去分詞 期間を表す前置詞

➡ according to A は「A によると」という意味を表す。

➡ was used は〈was[were] ＋過去分詞〉の形の過去形の受動態。

➡ for は〈期間〉を表している。was used for over 100 years は「100 年を超える間使われた」。

🔑 読解のカギ Q の解答 **Q1.** As，me   **Q2.** walked in the park picking up garbage

PART ③

ポイント 江戸時代には，再生利用によって何が多く生み出されていたか。

① Various kinds of buyers, / repairers, / and collectors / were engaged in reuse /
さまざまな種類の買い付け業者 / 修理業者 / そして回収業者が / 再利用に携わった /

and recycling. // ② One of the most unique examples / was the metal collectors / who
そして再生利用 // 最もユニークな例の１つは / 金属回収業者だった /

walked around the town, / singing, / "Let's exchange, / let's exchange." // ③ They offered
町を歩き回った / 歌いながら / 「交換しよう / 交換しよう」 // 彼らは

small toys and candies / to children / in return for old nails / and other pieces of metal /
小さなおもちゃや飴を与えた / 子どもたちに / 古いくぎのお返しに / そしてほかの金属片 /

the children found / while they were playing. //
子どもたちが見つけた / 遊んでいる間に //

④ You may be surprised to know / that people in the Edo period / even recycled
あなたは知って驚くかもしれない / 江戸時代の人々は / 人糞さえ

human waste. // ⑤ In those days, / human waste was the most important fertilizer
再生利用したと // 当時 / 人糞は最も重要な肥料源だった

source / for farmers. // ⑥ Farmers regularly visited homes / and paid money, / or
源 / 農民にとって // 農民は定期的に家を訪れた / そしてお金を払った /

offered vegetables / they had grown, / in return for human waste. // ⑦ Later, / human
または野菜を与えた / 彼らが育てた / 人糞のお返しに // のちに / 人糞

waste retailers appeared / and bought human waste / from city dwellers / to sell to
の小売業者が現れた / そして人糞を買った / 町の住人から / 農民に売る

farmers. //
ための //

⑧ Although recycling was practiced / fully throughout society, / there was no
再生利用は実践されたけれども / 社会の隅々まで十分に / 再生利用を表す

word for recycling / because it was just a normal part of life. // ⑨ Moreover, /
言葉はなかった / それは通常の生活の一部でしかなかったので // さらに /

recycling had the advantageous effect / of creating many kinds of jobs. // ⑩ It is said /
再生利用には都合のよい効果があった / 多くの種類の仕事を創出するという // 言われている /

that there was little unemployment / in the Edo period. //
失業はほとんどなかったと / 江戸時代には //

✓ **構成＆内容チェック**　本文を読んで，（　）に合う日本語を書きなさい。

①〜③ 江戸時代の再利用や再生利用に関わるさまざまな職業を挙げている。

買い付け業者，修理業者，(1.　　　　　　　　　)業者。

例示

┌ ④〜⑦ (2.　　　　　　　　　)でさえ再生利用したことを説明している。
│ （2）は農家の重要な(3.　　　　　　　　　)源。町の住人から（2）を買い，農家
│ に売る小売り業者が出現した。

⑧〜⑩ 江戸時代に再生利用が社会に浸透していたことを説明している。
・生活の一部だったので再生利用を表す言葉はなかった。
・多くの種類の(4.　　　　　　　　　)を創出→失業がほとんどなかったと言われている。

❶ **教科書Qのヒント**

Q5 Who were engaged in reuse and recycling?
（再利用や再生利用にはだれが携わっていましたか。）　→本文①

Q6 In the Edo period, what was the most important fertilizer source?
（江戸時代に最も重要な肥料源だったのは何ですか。）　→本文⑤

🔑 **読解のカギ**

② One of the most unique examples was the metal collectors [who walked
　S(単数)　the　＋最上級＋　名詞の複数形　V　　先行詞　　　　　　　　　関係代名詞

around the town, singing, "Let's exchange, let's exchange]."
　　　　　　　　現在分詞で始まる分詞構文

➡ 〈one of the＋最上級＋A〉は，「最も〜なAのうちの1つ」という形容詞の最上級を
　使った比較の表現。Aの部分には名詞の複数形がくるが, one は単数扱いなので注意。
➡ who は主格の関係代名詞で先行詞の the metal collectors を修飾している。
➡ singing 以下は〈付帯状況〉を表す分詞構文。「〜しながら」という意味を表す。

③ They offered small toys and candies to children (in return for old nails and
　= The metal collectors　　　　　┌── 関係代名詞が省略されている　　　先行詞

other pieces of metal [the children found [while they were playing]]).
　　　　　　　　　　　　　　　　　　　　　接続詞　　　were doing

➡ in return for A は「Aのお返しに」という意味の副詞句。
➡ metal と the children の間に，目的格の関係代名詞 which[that]が省略されている。
　the children から playing までの節が先行詞である old nails and other pieces of
　metal を説明している。
➡ while は「〜している間に」という継続的な〈時〉を表す接続詞。副詞節を導き，節内
　の動詞は進行形になることが多い。were playing は was[were] doing の形の過去進
　行形。

✓ **構成＆内容チェック** の解答　1. 回収　　2. 人糞　　3. 肥料　　4. 仕事

④ **You may be surprised** (to know [that people (in the Edo period) even
　　　　　　感情を表す形容詞　　不定詞　　know + O(that 節)

recycled human waste]).

➡ to know は副詞的用法の不定詞。surprised「驚いた」のような感情を表す形容詞とともに用いて、「〜して…」という〈感情の原因〉を表す。

➡ that は接続詞で、that 節は名詞節として know の目的語になっている。このように接続詞の that で始まる節は名詞節として主語や目的語、補語になることができる。

Q1. 並べかえなさい。

私は私の大好きな歌手が私たちの市でコンサートをすると聞いて興奮した。

(that / I / hear / would / to / my favorite singer / was / a concert / excited / have) in our city.

_____ in our city.

関係代名詞が省略されている

⑥ **Farmers regularly visited homes and paid money, or offered vegetables** [they
　　　　　　　　　　　　　　　　　　　　　　　　　　　　　　　　先行詞

had grown], **in return for human waste.**
had ＋過去分詞

➡ vegetables と they の間に、目的格の関係代名詞 which[that]が省略されている。they had grown が先行詞である vegetables を説明している。they は farmers を指す。

➡ had grown は〈had ＋過去分詞〉の形の過去完了形。ここでは野菜を与えるまでに育て終えたという〈完了・結果〉を表す。

⑧ [**Although recycling was practiced fully throughout society**], **there was**
　　接続詞　　　　　　　　　　　　　　　　　　　　　　throughout ＋場所

no word for recycling [**because it was just a normal part of life**].

➡ 接続詞 although が導く節は「〜であるけれども」という〈譲歩〉の意味を表す。

➡ 〈throughout ＋場所〉で「〜の至る所に、隅々に」。

➡ for recycling の for は〈相当〉を表し「〜を表す」という意味になる。

⑩ **It is said** [**that there was little unemployment in the Edo period**].
形式主語　真の主語　　　　　　　　　数えられない名詞

➡ It は形式主語で、後ろにある that で始まる節がこの文の真の主語。it を形式的に主語の位置に置き、真の主語である that 節を後ろに回している。

➡ It is said that 〜で「〜と言われている」という意味を表す。They say that 〜で書きかえることができる。上の文は They say that there was little ... period. となる。

➡ little は unemployment のような数えられない名詞を修飾し、「ほとんどない」という否定的な意味を表す。unemployment は「失業」。

Q2. 日本語にしなさい。

It is said that he is able to speak eight languages.

(　　　　　　　　　　　　　　　　　　　　　　　　　　　　　　　)

読解のカギ Q の解答　**Q1.** I was excited to hear that my favorite singer would have a concert
Q2. 彼は 8 か国語を話すことができると言われている。

PART ④-1

ポイント 江戸時代初期，木々を伐採することでどのようなことが起こったか。

① Thanks to the recycling-based society / in the Edo period, / Japan improved /
　　　循環型社会のおかげで　　　　/　江戸時代の　　/　日本は改善した　/

both the environment and people's lives. // ② In fact, / the nation changed
　　　自然環境と人々の生活の両方を　　　//　　実際　　/　国は劇的に変化した

dramatically / during that period. //
　　/　その時代の間に　　//

　③ At the start of the Edo period, / many trees were cut down in the mountains /
　　　江戸時代の初めに　　　/　　　山で多くの木が切り倒された　　　/

for timber. // ④ As a consequence, / many floods occurred / and large areas along
　木材用に　//　　　その結果　　/　多くの洪水が起こった　/　そして川沿いの広い地域は

rivers / were damaged. // ⑤ That prevented / Japan from expanding agricultural
　/　損害を受けた　//　そのことが妨げた　/　日本が農業生産を拡大することを

production / for a growing population. // ⑥ Japan barely managed to feed / its
　/　増加する人口に対して　//　日本はかろうじてなんとか養った　/

growing population / of 12 million people / using all of the cultivable land available. //
増えつつある人口を　/　1,200万人という　/　利用できる耕作可能な土地をすべて使いながら　//

✔ 構成&内容チェック 本文を読んで，（　）に合う日本語を書きなさい。

①・② 江戸時代の(1.　　　　　　)社会のおかげで，自然環境と生活は改善された。

　└ ③〜⑥ 江戸時代初期(=（1）社会が実現される前)の様子が説明されている。
　　・多くの木が伐採された。
　　・多くの(2.　　　　　　)が起こった。
　　・農業生産を拡大することができなかった。

🔲 教科書Qのヒント
Q7 What did Japan improve thanks to the recycling-based society in the Edo period?
（江戸時代の循環型社会のおかげで，日本は何を改善しましたか。）→本文①

🔑 読解のカギ

① (Thanks to the recycling-based society in the Edo period,) Japan improved both <u>the environment</u> and <u>people's lives</u>.
　　　　　　　　　　　　　　　A　　　　　　　　　　B

➡ thanks to *A* は「*A* のおかげで」という意味を表す。

➡ both *A* and *B* で「A と B の両方とも」という意味を表す。

② In fact, the nation **changed dramatically during** that period.

➡ in fact は「実際」という意味で，the nation 以下が前文①の内容を補足している。

➡ the nation は Japan のこと。

➡ that period は the Edo period のこと。

⑤ <u>That</u> <u>prevented</u> <u>Japan</u> <u>from</u> <u>expanding</u> agricultural production for a
　　S　　prevent　　O　　from　　*doing*

<u>growing</u> <u>population</u>.
　　　└──────┘

➡ That は前文④の内容を指す。

➡ S prevent O from *doing* は「S は O が〜することを妨げる」という意味を表す。from の後ろには動名詞が続く。「S のために O は〜できない」と訳されることもある。

➡ growing は grow の現在分詞形が形容詞化したもので，名詞の population を修飾している。「増大する，増加する」という意味を表す。

✐ Q1. ＿＿ を埋めなさい。

嵐のために私たちの飛行機は離陸できなかった。

A storm ＿＿＿＿＿＿ our plane ＿＿＿＿＿ ＿＿＿＿＿＿ off.

⑥ Japan <u>barely</u> managed to <u>feed</u> <u>its growing population</u> of <u>12 million</u>
　　　　　└─────┘ manage to *do*　　　　　　　　　　└── 同格 ──┘

<u>people</u> (using all of the <u>cultivable</u> <u>land</u> <u>available</u>).
　　　　　現在分詞で始まる分詞構文　　　　　　└─┘ 形容詞

➡ manage to *do* は「なんとか〜する」という意味を表す。ここでは barely「かろうじて」によって強調されている。

➡ its growing population of 12 million people の of は〈同格〉を表す。*A* of *B* の形で「B という A」という意味になる。

➡ using 以下は〈付帯状況〉を表す分詞構文で「〜しながら」という意味になる。

➡ available は形容詞で，名詞を後ろから修飾することがある。ここでは，land を後ろから修飾し，land available で「利用できる土地」という意味を表している。

✐ Q2. 並べかえなさい。

彼女はなんとか時間どおりに空港にたどり着いた。

(time / get / airport / she / to / the / managed / on / to).

PART ④-2

ポイント　江戸時代後期，なぜ洪水が減少したのか。

⑦ However, / in the late Edo period, / two hundred years later, / the situation
　しかしながら / 　　江戸時代後期には　　 / 　　　200 年後の　　 / 　　状況は

had changed greatly. // ⑧ The population had increased / by two and a half times, /
大きく変化した　　　 // 　　　人口は増加した　　 / 　　2.5 倍に　　 /

but the environment showed little sign / of getting any worse. // ⑨ Deforestation
しかし自然環境はきざしをほとんど見せなかった / 　少しでも悪化する　 // 　　森林破壊は

had been stopped / and forests came to life again. // ⑩ After flooding had
止められた　　 / 　　そして森は再び生き返った　　 // 　　洪水が減少したあと

decreased, / farmland was extended / and made more productive. // ⑪ Conservation
　　 / 　　農地は広げられ　 / 　そして生産性がより高まった // 　　　保護の

efforts were made / in all parts of society, / both urban and rural. // ⑫ Overall
取り組みがなされた / 　社会のあらゆる地域で 　/ 　都会と田舎の両方で　 // 　　全体の

living standards had risen / and the people were better fed / and healthier. //
生活水準が高まった / そして人々はよりきちんと食糧を与えられた / そしてより健康的だった //

⑬ By any objective standard, / it was a remarkable achievement / to be found
　　どんな客観的基準でも　 / 　　それは注目すべき成果だった 　/ 　ほかのどこにも

nowhere else, / before or since. //
見られない　 / 　あとにも先にも　 //

✔ 構成＆内容チェック　本文を読んで，（　）に合う日本語を書きなさい。

Part4-1（江戸時代初期）と対比

⑦～⑬ 江戸時代後期の様子が説明されている。
・人口は 2.5 倍に増加したが，（1.　　　　　　　　）は悪化しそうになかった。
・森林破壊の停止→洪水の減少→（2.　　　　　　　）の拡大→生産性の向上
　→生活水準の向上

---

❶ 教科書Qのヒント

Q8 In the late Edo period, what was the condition of the people?
（江戸時代の後期には，人々の状況はどのようなものでしたか。）　→本文⑫

✔ 構成＆内容チェック の解答　1. 自然環境　　2. 農地

🔑 **読解のカギ**

⑧ **The population <u>had increased</u> by <u>two and a half</u> times, but the environment**
　　　　　　　　　　had ＋過去分詞　　　　　　0.5 を表す

　showed <u>little</u> sign of getting any worse.
　　　　　　└──┘ 数えられない名詞

- ➡ had increased は〈had ＋過去分詞〉の形の過去完了形。江戸後期という過去のある時点において，「(すでに)増加していた」という〈完了・結果〉を表す。
- ➡ times は，前に数字を表す語句を置くと「〜倍，〜回」という意味になる。
- ➡ little は数えられない名詞 sign を修飾している。little は a がつかないときは「ほとんどない」という否定的な意味を表す。

⑨ **Deforestation <u>had been stopped</u> and forests came to life again.**
　　　　　　　　　had been ＋過去分詞

- ➡ had been stopped は〈had been ＋過去分詞〉の形の過去完了形の受動態。ここでは江戸時代後期までの〈完了・結果〉を表している。

🎵 **Q1. ＿＿ を埋めなさい。**

私が帰宅する前に衣類は洗濯されていた。
The clothes ＿＿＿＿＿＿ ＿＿＿＿＿＿ washed before I came home.

⑩ **After flooding <u>had decreased</u>, farmland was extended (and) made more**
　　　　　　　　　had ＋過去分詞　　　　　was が省略されている┘ make

　productive.
　＋形容詞(比較級)

- ➡ had decreased は〈had ＋過去分詞〉の形の過去完了形。ここでは，副詞節の表す時が主節の表す時よりも前であることを示している。
- ➡ farmland ... (was) made more productive は〈make ＋ O ＋ C(形容詞)〉の受動態の形。

🎵 **Q2. 並べかえなさい。**

売り上げが上がったあと，その会社は急速に成長した。
(the company / increased / sales / grew / had / after / ,) rapidly.
＿＿＿＿＿＿＿＿＿＿＿＿＿＿＿＿＿＿＿＿＿＿＿＿＿＿＿＿＿＿＿ rapidly.

⑫ **Overall living standards <u>had risen</u> and the people <u>were</u> better <u>fed</u> ....**
　　　　　　　　　　　　had ＋過去分詞　　　　　　　were　　　＋過去分詞

- ➡ had risen は過去完了形。ここでは江戸時代後期までの〈完了・結果〉を表す。
- ➡ fed は feed「〜に食糧を与える」の過去分詞形。were fed は〈was[were] ＋過去分詞〉の形の過去形の受動態。better は副詞 well の比較級。

PART ⑤　　英文を読む前に，初めて習う文法を含んだ文を確認しましょう！ → p.216 ③，p.217 ⑧

ポイント　江戸時代の人々は何を尊び，どのようなことを嫌ったか。

① Why was the recycling-based society / in the Edo period / so successful? //
　　　なぜ循環型社会は　　　　 /　　江戸時代の　　 / それほど成功したのか //

② In those days, / Japan had to be self-sufficient / in all aspects of life / because of
　　当時　 / 日本は自給自足しなければならなかった / 生活のすべての面において /

the national policy of isolation. // ③ There being very limited goods and materials /
国家的な孤立[鎖国]政策のために　　　 //　　　非常に限られた品物や材料しかなかったので　　　 /

in the country, / the people needed to recycle / what they had. // ④ Everything was
　　国内に　 / 人々は再生利用する必要があった / 彼らが持っているものを // あらゆるものが

treated / as a valuable resource, / and a variety of traders helped recycle anything /
扱われた / 貴重な資源として　 / そしてさまざまな商人がどんなものでも再生利用するのを助けた /

that was needed in society. //
　社会で必要とされる　　 //

⑤ Furthermore, / the mentality of the people at that time / played an important
　　さらに　 /　　当時の人々のものの見方は　　 / 重要な役割を果たした

role / in developing the recycling-based society. // ⑥ They respected modesty / and
 /　　循環型社会を発展させる上で　　 //　　彼らは節度を尊んだ　 / そして

hated to waste things. // ⑦ This way of thinking / came from an understanding /
ものを浪費することを嫌った //　　この考え方は　 /　　理解することから来た　 /

of how nature works / and what its limits are. // ⑧ The people found satisfaction /
どのように自然が機能するかを / そしてその限界は何か //　　人々は満足感を見出した　 /

in their simple lives, / in which they took just enough from nature / and not more. //
 質素な生活の中に　 / そこでは自然から必要な分だけを取った / そしてそれ以上は(取ら)なかった //

⑨ We cannot return to the Edo period / or live in the same way / that people lived
　　私たちは江戸時代に戻ることはできない　 / 同じ方法で暮らすことも　 / 人々が当時暮らして

then. // ⑩ However, / the way of thinking / that "just enough is enough" / is still
いたのと // しかしながら / 考え方は　　 / 「必要な分だけで十分」という　 / まだ

kept alive / in the word "*mottainai*" / or "what a waste," / which is often heard even
生きている / 「もったいない」という言葉の中に / つまり"what a waste" / そしてそれは今でもよく

now / in our daily lives. //
聞かれる / 私たちの日常生活の中で //

✓ **構成＆内容チェック** 本文を読んで，（ ）に合う日本語を書きなさい。

① 江戸時代に循環型社会がなぜ成功したかと問いかけている。

　②〜④ 1つ目の理由が挙げられている。
　　日本は(1.　　　　　　　)政策のため，品物や材料が限られていた。
　　→人々は，自分の持っている物を(2.　　　　　　)する必要があった。

　⑤〜⑧ ２つ目の理由が挙げられている。

　　→ 当時の庶民のものの見方が循環型社会を発展させた。
　　　→(3.　　　　　　　)な生活の中に満足感を見出し，自然から必要な分だけ
　　　を得た。

⑨・⑩ 現代に生き続けている，江戸時代の人々の考え方について説明している。

「必要な分だけで十分」という考え方は，「(4.　　　　　　　　)」という言葉の中に生
きている。

🔔 教科書Qのヒント

Q9 What did Japan have to be because of the national policy of isolation?
(国家的な孤立[鎖国]政策のために，日本は何である必要がありましたか。) →本文②

Q10 What kind of mentality did the people in the Edo period have?
(江戸時代の人々はどのようなものの見方をしていましたか。) →本文⑥

🔑 読解のカギ

② **... because of the national policy of isolation.**

➡ because of「〜のために」は２語で１つの前置詞として働く。because of のあとに
は〈理由〉を表す語(句)が続く。the national policy of isolation は「鎖国政策」のこと。

③ **There being (very limited goods and materials in the country),**
　　分詞構文　　　　　　　　　分詞の意味上の主語

the people needed to recycle [what they had].
　主節の主語　　　　　　　　関係代名詞

➡ There being ... in the country は分詞構文。「〜なので」と〈理由〉を表す。分詞の意
味上の主語は very limited goods and materials。主節の主語の the people とは主語
が異なる独立分詞構文になっている。

➡ There is ... の分詞構文は There being ... の形になる。意味上の主語が分詞の前に出
るのではなく，There がそのまま分詞の前に残り，〈There being + 分詞の意味上の
主語〉の形になる。　　　　　　　　　　　　　　　　　　　　　文法詳細 **p.221** ▶

➡ what は先行詞を含む関係代名詞。what 以下が recycle の目的語になっている。

　🔧 **Q1.** ＿＿ を埋めなさい。

やることがなかったので，私たちはトランプを続けた。
There ＿＿＿＿＿＿ ＿＿＿＿＿＿ to do, we continued playing cards.

④ **Everything was treated as a valuable resource, and a variety of traders**
helped recycle anything [that was needed in society].
　help ＋動詞の原形　先行詞 └＿＿＿＿＿┘関係代名詞

➡ help (to) *do* の形で「〜するのを助ける」という意味を表す。

➡ that は主格の関係代名詞で，先行詞の anything を修飾している。

✓ **構成&内容チェック** の解答　1. 孤立[鎖国]　2. 再生利用　3. 質素　4. もったいない

⑦ This way of thinking came from an understanding of [how nature works]

S　　　　　　　　V　　　　　　　　　　　　　　間接疑問₁(how + S'₁ + V'₁)

(and) [what its limits are].

間接疑問₂(what + S'₂ + V'₂)

➡ This way of thinking は前文⑥に述べられている考え方のこと。

➡ how で始まる疑問詞節と what で始まる疑問詞節は，前置詞 of の目的語になる間接疑問になっている。間接疑問は〈疑問詞＋S'＋V'〉の語順で表し，名詞節として働く。ここでは 2 つの間接疑問が and でつながれている。

Q2. 並べかえなさい。

レポート作成のために，その会社がどのようにして発展したかについて情報が必要だ。

To write my report, (how / the company / I / the information / developed / need / on).

To write my report, _____.

⑧ The people found satisfaction in their simple lives, [in which they took

先行詞　　　　　　　　　　　　　　　　　　　　非限定用法の
　　　　　　　　　　　　　　　　　　　　　　　関係代名詞

just enough from nature (and) not more].

they did┘　　└─take

➡ 〈, in which〉は非限定用法の〈前置詞＋関係代名詞〉の形。先行詞 their simple lives に追加の説明を加えている。

文法詳細 p.220

Q3. 日本語にしなさい。

Jane's birthday party will be held in her house, in which I stayed yesterday.

(　　　　　　　　　　　　　　　　　　　　　　　　　　　　　　　)

⑩ However, (the way of thinking [that "just enough is enough"]) is still kept

└──同格──┘

alive in the word "*mottainai*" (or) "what a waste," [which is often heard

先行詞　　　　　　　　　　　　　　　　　　　　関係代名詞

even now in our daily lives].

➡ that は同格の that 節を導き，that "just enough is enough" までが the way of thinking の内容を説明している。「『必要な分だけで十分』という考え方」となる。

➡ or は「つまり」という意味で，前の語 "*mottainai*"を言いかえている。

➡ 〈, which〉は非限定用法の主格の関係代名詞。先行詞 the word "*mottainai*" or "what a waste"に追加の説明を加えている。

🔵 **Comprehension** ❶ヒント

Fill in the blanks to complete the information about the recycling-based society in the Edo period.

（下線部に適切な語を入れて，江戸時代の循環型社会についての情報を完成させなさい。）

1, 2　江戸時代，使い古した衣類は最終的に何として使われたか。
　　（教 p.136, ℓℓ.5~7）

3　紙は何度も利用されたあとどうなったか。
　　（教 p.137, ℓℓ.1~3）

4　森が生き返った理由について考える。
　　（教 p.141, ℓℓ.5~6）

5, 6　洪水が減少した結果，どのようなメリットが生じたか。
　　（教 p.141, ℓℓ.6~7）

7　都市部でも地方でも，社会の全地域で行われていたことは何か。
　　（教 p.141, ℓℓ.7~9）

8~10　再生利用することによって，人々の暮らしはどのように変化したか。
　　（教 p.141, ℓℓ.9~10）

11　江戸時代に循環型社会が根づいた理由となった国の政策は何か。
　　（教 p.142, ℓℓ.2~4）

12, 13　江戸時代の品物や材料についてどのように書かれているか。
　　（教 p.142, ℓℓ.4~6）

14　循環型社会が成功した，もう1つの理由について考える。
　　（教 p.142, ℓℓ.9~11）

15, 16　どのような考えが，循環型社会を根づかせたか。
　　（教 p.142, ℓℓ.11~12）

Questions

1. あなたが日常生活の中で「もったいない」という言葉を使うのはどんなときかを答える。
   ➡ I use it[the word] when ～「私は～とき，それ[その言葉]を使う」の形で書くとよい。
   ➡ 「日常生活の中で」ということなので，たとえば，leftovers「料理の食べ残し」やleave water running「水を出したままにする」，the lights left on「電気のつけっぱなし」があるときや，still usable「まだ使える」ものが廃棄されるときなど，自分が思いつく場面を挙げるとよい。

2. 🈔 p.148 の記事を読み，「もったいない」という概念が重要だと思う理由を答える。
   ➡ Why ～ ? と尋ねられているので，Because ～ .「～だから」を使って書くとよい。
   ➡ ワンガリ・マータイ氏が「もったいない」という言葉を a slogan for environmental protection「環境保護のスローガン」として紹介したことから，彼女がこの言葉のどのような面に着目していたかを考えるとよい。また，彼女が the spirit of *mottainai*「もったいないの精神」をもとに，限られた資源の効果的な利用を提唱したという事実から，彼女がこの言葉の持つ意味について，どのように感じていたかも考えるとよい。

Development

・グループを作り，異なる目的のために再利用されているものの例（たとえば，古いシャツからぞうきんを作ること）を見つけ，クラスに対してプレゼンテーションを行う。
   ➡ 指示文中の「古いシャツからぞうきんを作ること」のほか，Using an empty bottle as a vase「空きびんを花びんとして使うこと」やUsing a milk carton as a small container「牛乳パックを小物入れとして使うこと」など，あるものを別の目的で再利用する例を挙げる。
   ➡ あるものを別の目的で再利用する例を挙げるので，同じ目的で再利用する例，たとえば「小さくなった服を譲る」，「使わなくなった雑貨や家電をリサイクルショップに持っていく」，「シャンプーや洗剤のボトルを捨てずに，詰め替えて再利用する」などは挙げないように注意する。

📖 Grammar

G-17 注意すべき関係代名詞の非限定用法

▶ 関係代名詞の非限定用法とは

・関係代名詞の**非限定用法**は，関係代名詞の前に**コンマ**(,)が置かれ，そのあとに続く関係詞節が**先行詞に追加の説明を加える**。

・関係代名詞の非限定用法には，以下のような注意すべき用法がある。

先行詞の一部あるいは全部を表す

The book, [the cover of which is torn], is valuable.
　　　　　　　　　　　the cover of which「それのカバー」

(その本は，それのカバーは破れているが，貴重なものだ。)

I know some foreigners, [all of whom can speak English].
　　　　　　　　　　　　　　all of whom「彼らの全員」

(私は何人か外国人を知っているが，彼らの全員が英語を話すことができる。)

➡ 〈～ of which[whom]〉が非限定用法で使われることがある。

➡ 非限定用法で，all，some などの〈数量〉を表す語を用いて，〈**数量を表す語＋of which[whom]**〉の形にすると，「そのうちの～は…だ」という先行詞の全部あるいは一部を表す表現になる。

先行する句・節・文の内容を受ける

I tried to climb the mountain, [which I found impossible].
　　　　　前の句を受けている

(私は山に登ろうとしたが，そうするのは不可能だとわかった。)

He said he was a lawyer, [which wasn't true].
　　　　　前の節を受けている

(彼は自分が弁護士であると言ったが，それは真実ではなかった。)

She suddenly left the club, [which surprised us].
　　　　　前の文全体を受けている

(彼女は突然クラブを辞めたが，そのことは私たちを驚かせた。)

➡ 非限定用法の関係代名詞 which は**句**や**節**，**文**を先行詞にし，その先行詞に追加の説明を加えることができる。

〈前置詞＋関係代名詞〉

I visited his shop, [at which old clothes were sold].
　　　　　　　　　　　at which = at his shop　　　at は本来この位置にあった

(私は彼の店を訪れたが，そこでは古着が売られていた。)

➡ 非限定用法の関係代名詞の前に**前置詞**が置かれることがある。

G-18 独立分詞構文

▶独立分詞構文とは

・分詞構文の主語と主節の主語が一致していると分詞構文の主語は省略されるが，分詞構文の主語と主節の主語が**一致していない場合**，分詞構文の主語を明確にするために**分詞の前**に意味上の主語を置く。このような分詞構文を**独立分詞構文**と呼ぶ。

現在分詞の独立分詞構文

(It being the holiday season), the train was full.
　意味上の主語　　　　　　　　　　主節の主語
(休暇シーズンなので，電車は満員だった。)

　➡ 意味上の主語を表す場合は，**現在分詞の前**に置く。

＋α

過去分詞の独立分詞構文

(Every resource (being) recycled), they lived happily.
　意味上の主語　　　　　　　　　　主節の主語
　　　　　　　〈being ＋過去分詞〉で受動態の意味
(すべての資源が再生利用され，彼らは幸せに生活していた。)

　➡ 意味上の主語を表す場合は，**過去分詞の前**に置く。
　➡ 過去分詞で始まる分詞構文は，過去分詞の前に **being** が省略されている。

完了形の独立分詞構文

(The environment having improved), people became healthier.
　意味上の主語　　　　　　　　　　主節の主語
　　　過去時制より前の時を表す　　　　　過去時制
(環境が改善したので，人々はより健康になった。)

　➡ 完了形の分詞構文(→ p.248)は〈having＋過去分詞〉の形で，主節の示す時よりも**前の時**を表す。
　➡ 完了形の分詞構文で，主節の主語と分詞構文の主語が違う場合は，**having の前**に意味上の主語を置く。

There is ... の分詞構文

(There being no garbage on the streets), our town looks clean.
　意味上の主語　　　　　　　　　　主節の主語
　　〈There being ＋意味上の主語〉の形
(路上にごみがないので，私たちの町はきれいに見える。)

　➡ There is ... の分詞構文は，**There being ...** の形にする。There is ... の文の構造は〈There is＋S〉なので，分詞 being の意味上の主語は，being のあとに続く語句になる。There をそのまま残し，〈There being ＋意味上の主語〉の形にする。

定期テスト予想問題　解答 ⇢ p.224

1 日本語に合うように，＿＿に適切な語を入れなさい。
(1) 佐藤先生は生徒にレポートを書くことを求めた。
Mr. Sato ＿＿＿＿＿＿ his students ＿＿＿＿＿＿ write a report.
(2) 彼の親切のお返しに何をあげるべきでしょうか。
What should I give him in ＿＿＿＿＿＿ ＿＿＿＿＿＿ his kindness?
(3) その結果，多くの若者がその田舎を離れた。
＿＿＿＿＿＿ a ＿＿＿＿＿＿, many young people left the rural area.

2 （　）内の語のうち，適切なほうを選びなさい。
(1) Our order (taking / taken), the books will be delivered on Sunday.
(2) We reserved the hotel, (for / at) which I have stayed before.
(3) There (being / been) some train troubles, we couldn't get there on time.

3 ＿＿に適切な語を入れて，次の文を書きかえなさい。
(1) I gave cookies to him. Some of those were made by my sister.
→ I gave cookies to him, ＿＿＿＿＿＿ of ＿＿＿＿＿＿ my sister made.
(2) The train was delayed. It affected many commuters.
→ The train was delayed, ＿＿＿＿＿＿ affected many commuters.
(3) As the audience was all seated, the concert was ready to begin.
→ The audience ＿＿＿＿＿＿ all seated, the concert was ready to begin.
(4) We visited the old temple. I happened to see him there.
→ We visited the old temple, ＿＿＿＿＿＿ which I happened to see him.

4 日本語に合うように，（　）内の語句や符号を並べかえなさい。
(1) 多くのごみが公園に放置されており，そのことが私を驚かせた。
(in the park / me / left / which / much garbage / surprised / was / ,).
＿＿＿＿＿＿＿＿＿＿＿＿＿＿＿＿＿＿＿＿.
(2) 彼女が小説を私にくれ，私はそのうちの何冊かを読むのを楽しんだ。
(some of / enjoyed / gave / she / I / novels / which / me / reading / ,).
＿＿＿＿＿＿＿＿＿＿＿＿＿＿＿＿＿＿＿＿.
(3) 寒くなってきたので，私は暖房をつけた。
(on / cold / I / getting / the heater / it / turned / ,).
＿＿＿＿＿＿＿＿＿＿＿＿＿＿＿＿＿＿＿＿.
(4) 月曜日に休日があったので，私はちょっと旅行に出かけた。
(a holiday / Monday / there / on / being), I took a short trip.
＿＿＿＿＿＿＿＿＿＿＿＿＿＿＿, I took a short trip.

5 次の英文を読んで，あとの問いに答えなさい。

In Japan, we throw away over 400 million tons of waste per year, ①about a tenth of which comes from households and offices. It means (　②　) we throw away about one kilogram of waste for each person per day. In a society of mass production and mass consumption, we throw away a huge amount. In the near future, ③(when / come / the day / will / buried / have / to / we / may / live / in) waste.

(1) 下線部①の英語を，which が指すものを明らかにして，日本語にしなさい。
(　　　　　　　　　　　　　　　　　　　　　　　　　　　　　)

(2) (　②　)に適切な語を入れなさい。
_____

(3) 下線部③が，「私たちがごみに埋もれて生活しなくてはならない日がやって来るかもしれない」という意味になるように，（　）内の語句を並べかえなさい。
_____

6 次の英文を読んで，あとの問いに答えなさい。

Why was the recycling-based society in the Edo period so successful? In those days, Japan had to be self-sufficient in all aspects of life ①(　　) of the national policy of isolation. ②(　　) (　　) very limited goods and materials in the country, the people needed to recycle what they had. Everything was treated as a valuable resource, and ③(society / variety / needed / traders / that / recycle / a / helped / was / of / in / anything).

(1) 下線部①が「〜のために」という意味になるように，（　）に適切な語を入れなさい。
_____ of

(2) 下線部②が「国内に非常に限られた品物や材料しかなかったので」という意味になるように，（　）に適切な語を入れなさい。ただし there を使うこと。
_____ _____

(3) 下線部③が「さまざまな商人が，社会で必要とされるどんなものでも再生利用するのを助けた」という意味になるように，（　）内の語を並べかえなさい。
_____

(4) 江戸時代の鎖国制度は，その時代にどのような影響を与えましたか。日本語で答えなさい。
(　　　　　　　　　　　　　　　　　　　　　　　　　　　　　)

定期テスト予想問題　解答　pp.222~223

1　(1) required, to　　(2) return for　　(3) As, consequence[result]

2　(1) taken　　(2) at　　(3) being

3　(1) some, which　　(2) which　　(3) being　　(4) at[in]

4　(1) Much garbage was left in the park, which surprised me(.)

　　(2) She gave me novels, some of which I enjoyed reading(.)

　　(3) It getting cold, I turned on the heater(.)

　　(4) There being a holiday on Monday

5　(1)（毎年出る）4億トンを超えるごみの約 10 分の 1 は家庭と職場から出ている

　　(2) that　　(3) the day may come when we will have to live buried in

6　(1) because　　(2) There being

　　(3) a variety of traders helped recycle anything that was needed in society

　　(4) 例 日本を，生活すべての面において自給自足させた。

💡 解説

1　(1) require A to do は「A に～することを求める」。　　(2) in return for A は「A の
お返しに」という意味。　　(3) as a consequence[result]は「結果として」という意味。

2　(1) コンマの前は分詞構文になっている。分詞構文の主語が主節の主語と異な
る場合は，意味上の主語を分詞の前に置く。「（注文は）取られた」なので受動態
の分詞構文にする。　　(2) I have stayed at the hotel と言えるので，at which の
形で前に置かれる。　　(3) There is 構文の分詞構文は There being の形にする。

3　(1) 先行詞の一部を表す場合は，〈, some of which〉の形にする。　　(2) 節全
体の内容を受ける場合は，非限定用法の関係代名詞の which を用いる。　　(3)「～
したので」という意味の分詞構文にする。The audience が分詞構文の主語にな
っている。　　(4) there は at[in] the old temple と言いかえることができるので，
at[in] which の形で前に置かれる。

4　(1)「多くのごみが公園に放置されていた」という主節の内容が先行詞になる。
非限定用法の関係代名詞を使った文。　　(2)「そのうちの何冊か」を非限定用法
の関係代名詞を使って〈, some of which〉の形にする。　　(3)「寒くなってきた
ので」を分詞構文で表す。　　(4)「～があった」なので There is ...の分詞構文。
There being の形にする。

5　(1) about a tenth of which は「～の約 10 分の 1」という意味。先行詞は over
400 million tons of waste per year。　　(2) 空所以降の節は means の目的語にな
っている。(3) the day を先行詞とする関係副詞の when を使った文。

6　(1) 2 語で 1 つの前置詞として働く。　　(2) There is ...の分詞構文。
(3) recycle は動詞。〈help + 動詞の原形〉で「～するのを助ける」という意味。
(4) 文章全体から内容をまとめる。

Lesson 9 Biodiesel Adventure: From Global to Glocal

単語・熟語チェック

PART ①

photojournalist	名 報道写真家	He is a well-known **photojournalist** in Japan. 彼は日本でよく知られた報道写真家だ。	
in that ～	熟 ～という点で	The car is different from others **in that** it runs automatically. その車は自動で走行するという点でほかのものとは違っている。	
make A out of B	熟 A を B から作る	We can **make** biodiesel fuel **out of** used vegetable oil. 私たちは使用済みの植物油からバイオディーゼル燃料を作れる。	
biodiesel	名 バイオディーゼル	**Biodiesel** is an eco-friendly fuel. バイオディーゼルは環境に優しい燃料だ。	
examine A	動 A を調査する	We **examined** what had caused the problem. 私たちは何がその問題を引き起こしたかを調査した。	
process A	動 A を処理する	This machine can **process** wasted oil. この機械は廃油を処理することができる。	
route	名 経路	This is the **route** of our next journey. これが私たちの次回の旅の経路だ。	

PART ②

disappointed	形 がっかりして	The boy was **disappointed** to hear the result. その少年は結果を聞いてがっかりしていた。	
for free	熟 無料で	Ms. Thomas sometimes gives me cakes **for free**. トーマスさんはときどき私に無料でケーキをくれる。	
be moved by A	熟 A に感動する	I **was** very **moved by** the story. 私はその物語にとても感動した。	
race	名 人種	I told my son he shouldn't be prejudiced against other **races**. 私は息子にほかの人種に偏見を持つべきではないと言った。	
in total	熟 合計で	We paid 10,000 yen **in total**. 私たちは合計で 10,000 円払った。	
prove A	動 A を証明する	He **proved** that the car could run on used oil. 彼はその車が使用済みの油で走れることを証明した。	
intention	名 意思, 意図	She had good **intentions**, but her method was wrong. 彼女は善良な意図を持っていた[善意のつもりだった]が, 彼女のやり方は間違っていた。	

PART ③

mileage	名 走行距離, 総走行マイル数	They examined Vasco-5's **mileage**. 彼らはバスコファイブ号の走行距離を調査した。	
explore A	動 A を調査する[探る]	We **explored** the need for biodiesel fuel. 私たちはバイオディーゼル燃料の必要性を調査した。	
inspection	名 検査	The **inspection** was carried out by scientists. その検査は科学者によって実行された。	
lifeline	名 ライフライン	As the source of its water, this river is the town's **lifeline**. この川は水源として, 町のライフラインだ。	
rely	動 頼る	We might **rely** on technology too much. 私たちは科学技術に頼りすぎているかもしれない。	

generate *A*	動 Aを生み出す	Toasters **generate** heat by using electricity. トースターは電気を使うことによって熱を生み出す。
transmit *A*	動 Aを送信する	The equipment can **transmit** signals. その機器は信号を送信することができる。
make use of *A*	熟 Aを利用する	He **makes use of** his free time by doing volunteer activities. 彼はボランティア活動をして自分の空き時間を利用する。
mobility	名 移動性	They improved the **mobility** of Vasco-5. 彼らはバスコファイブ号の移動性を改善した。
make a move	熟 行動を起こす	We had better **make a move** to stop further climate warming. さらなる気候の温暖化を止めるために，私たちは行動を起こしたほうがよい。
make a decision	熟 決心する	We have to **make a decision** by tomorrow morning. 私たちは明日の朝までに決心しなければならない。
relief	名 救援	There were a lot of people who needed **relief**. 救援が必要な人がたくさんいた。
reflect on *A*	熟 Aについてよく考える[振り返る]	I **reflected on** my life and tried to think of what I really wanted to do. 私は自分の人生についてよく考え，そして私が本当にしたいことについて考えてみようとした。
highlight *A*	動 Aをきわ立たせる	The inspection **highlighted** these problems. その検査がこれらの問題をきわ立たせた。
fragility	名 もろさ	The **fragility** of the ecosystem makes it vulnerable to global warming. 生態系はそのもろさのために，地球温暖化の影響を受けやすい。
energy	名 エネルギー	We need a new **energy** plan. 私たちには新しいエネルギー計画が必要だ。
access	名 入手	They had no **access** to information. 彼らは情報を入手できなかった。
utilize *A*	動 Aを利用する	We can **utilize** water to generate electricity. 私たちは発電のために水を利用することができる。
renewable	形 再生可能な	This toy is made from **renewable** materials. このおもちゃは再生可能な材料から作られている。
sustainably	副 持続的に	It is difficult to create energy **sustainably**. 持続的にエネルギーを生み出すのは難しい。
immediate	形 当面の	We first tackled the **immediate** problem. 私たちはまず当面の問題に取り組んだ。
glocal	形 グローカル（な）	The coined word "**glocal**" shows his idea. 「グローカル」という造語は彼の考えを示している。
seek *A*	動 Aを見つけようとする[探し求める]	They are **seeking** to make the world a better place. 彼らは世界をより良い場所にすることを求めている。
-oriented	形 ～志向の	The store has many family-**oriented** events. その店では家族志向のイベントがたくさんある。

PART 4

PART ⑤			
globally	副 世界規模で	It is important to think **globally**. 世界規模で考えることが重要だ。
locally	副 局地的に，地元で	I try to buy **locally** grown vegetables. 私は地元で栽培された野菜を買うようにしている。
renovated	形 改装した	I stopped by the **renovated** supermarket. 私は改装したスーパーマーケットに立ち寄った。
private	形 私有の	This is a **private** road, so you can't park your car here. ここは私有の道路なので，駐車はできません。
community	名 地域社会	People in the **community** joined his project. 地域社会の人々が彼のプロジェクトに参加した。
solar	形 太陽の，太陽光の	There are **solar** panels on the roof of my house. わが家の屋根には太陽光パネルがある。
changeable	形 変化しやすい	The weather is **changeable** in this area. この地域では天気が変化しやすい。

PART **1**-1

> ┌─ **ポイント** ┐
> 「バイオディーゼルアドベンチャー」とはどんなプロジェクトか。

① I am Yamada Shusei, / a photojournalist. //
私は山田周生だ　　　　報道写真家

② I designed "Vasco-5," / an eco-
私は「バスコファイブ号」を設計した　/

friendly car / and drove it around the world. //
環境に優しい車　　そしてそれを世界中で運転した　//

③ Vasco-5 is quite unique / in that
バスコファイブ号はかなり独特だ　それが

it runs on vegetable oil. //
植物油で走るという点で　//

④ It carries a machine / which makes biodiesel fuel /
その車は機械を搭載している　　バイオディーゼル燃料を作る　/

out of used vegetable oil. //
使用済みの植物油から　//

⑤ On my journey, / I did not buy new oil / but
旅行中　　　　私は新しい油を買うのではなく/

collected waste oil / from people in many countries. //
廃油を集めた　/　多くの国の人々から　//

⑥ The name of my journey
私の旅のプロジェクト名は

project / was "biodiesel adventure." //
/「バイオディーゼルアドベンチャー」だった //

⑦ There were two purposes of my journey. //
私の旅の目的は2つあった　//

⑧ One purpose was / to
1つの目的は　/

examine / how far I could go / using only waste oil. //
調査すること / どこまで行けるのか / 廃油だけを使いながら　//

⑨ The other was / to
もう一方は　/

communicate with people / around the world / about biodiesel fuel. //
人々と意見交換すること　/　世界中の　/ バイオディーゼル燃料について //

✓ 構成＆内容チェック 本文を読んで，（　）に合う日本語を書きなさい。

①・② 筆者が自己紹介をしている。
・筆者の名前は山田周生で，職業は報道写真家である。
・筆者は環境に優しい車「(1.　　　　　　　　　)」を設計し，世界中で運転した。

↓

③・④（1）について説明している。
・（1）は植物油で走る独特な車である。
・使用済みの植物油からバイオディーゼル燃料を作る機械を搭載している。

↓

⑤〜⑨ 旅のプロジェクトと，その2つの目的について述べている。
・（1）で世界中を旅したプロジェクトが「バイオディーゼルアドベンチャー」である。
・その目的は2つあり，1つ目は，(2.　　　　　　　　)だけを使ってどこまで行ける
　のかを調査すること，2つ目は，世界中の人々とバイオディーゼル燃料について意
　見交換することである。

✓ 構成＆内容チェック の解答　1. バスコファイブ号　　2. 廃油

❶ 教科書 Q のヒント

Q1 How did Yamada get waste oil for Vasco-5?

（山田氏はバスコファイブ号の廃油をどのように得ましたか。） →本文⑤

♪ 読解のカギ

① **I am Yamada Shusei, a photojournalist.**
　S　V　　　　C └────同格────┘

➡ a photojournalist の前のコンマは〈同格〉を表す。

③ **Vasco-5 is quite unique in that it runs on vegetable oil.**

➡ in that ～は「～という点で」という意味を表す。

➡ it は Vasco-5 を指し，run on ～ で「～(燃料)で動く」という意味を表す。

♪ Q1. ＿＿＿ を埋めなさい。

私たちは学校に行けるという点で恵まれている。

We are lucky ＿＿＿＿＿ ＿＿＿＿＿ we can go to school.

④ **It carries a machine [which makes biodiesel fuel out of used vegetable oil].**
　S　V　　　O 先行詞 ↑└──┘関係代名詞

➡ which は a machine を先行詞とする主格の関係代名詞。

➡ make *A* out of *B* は「A を B から作る」という意味を表す。

♪ Q2. 並べかえなさい。

彼らはあの家を古材で作った。

(that / old wood / house / of / made / they / out).

_____.

⑤ **(On my journey), I did not buy new oil but collected waste oil (from people in many countries).**

➡ not *A* but *B* は「A ではなく B」という意味を表す。ここでは A に当たるのが buy new oil で，B に当たるのが collected waste oil である。

♪ Q3. 日本語にしなさい。

She didn't buy the cake but made it by herself.

(　　　　　　　　　　　　　　　　　　　　　　　　　　　)

⑧ **One purpose was (to examine [how far I could go] using only waste oil).**
　　　　S　　　V　　C 不定詞　　　　間接疑問　　　　現在分詞で始まる分詞構文

➡ to examine は名詞的用法の不定詞で，to 以下が文の補語になっている。

➡ how far I could go は文中の一部となる疑問文(間接疑問)で，〈疑問詞＋副詞＋S＋V〉の語順になっている。この間接疑問の名詞節が examine の目的語になっている。

➡ 現在分詞 using で始まる副詞句は分詞構文になっている。ここでは「～しながら」という意味で，〈付帯状況〉を表している。

♪ 読解のカギ Q の解答　**Q1.** in that　**Q2.** They made that house out of old wood (.)
　　　　　　　　　　　Q3. 彼女はそのケーキを買ったのではなく，自分で作った。

PART **①**-2　英文を読む前に，初めて習う文法を含んだ文を確認しましょう！ →p.231 ⑮

ポイント　山田氏は旅を始める前に，何を心配していたか。

⑩ Before beginning my journey, / I had worried about one thing. // ⑪ In the
　　　旅を始める前　　　　/　私は1つのことについてずっと心配していた　//　世界には

world, / there are many varieties of vegetable oils. // ⑫ I was not sure / if Vasco-5
　　/　　多くの種類の植物油がある　　　　// 私は確信がなかった / バスコファイブ号が

could process / all the different types of oils. // ⑬ But as people say, / the only
処理できるかどうか / さまざまな種類の油をすべて　　// しかし人々が言うように / 唯一の

way to learn / is "by doing," / so I started Vasco-5's engine / in Tokyo on December
学習方法は /「実行することによって」だ / だから私はバスコファイブ号のエンジンを始動した / 東京で2007年

5th, 2007. // ⑭ After doing some test-driving in Japan, / I sailed / across the Pacific
12月5日に // 　　　日本で何度か試運転をしたあと　　　 / 私は船で行った / 太平洋を

Ocean to North America. // ⑮ Having driven 47,853 km（kilometers）/ around the
渡って北アメリカへ　　 //　　 47,853km（キロメートル）をドライブしたあと　 /　　世界中

world / along the route shown below, / Vasco-5 and I arrived back in Tokyo / on
　 / 　下に示された経路に沿って　 / 　 バスコファイブ号と私は東京へ帰着した 　/

December 1st, 2008. //
2008年12月1日に　　 //

✔ 構成&内容チェック 本文を読んで，（ ）に合う日本語を書きなさい。

⑩~⑬ 旅に出る前の心配事と，それをどう乗り越えたかを説明している。
　・山田氏には旅を始める前に心配していることが1つあった。
　・世界には多くの種類の（1.　　　　　　　）があるが，バスコファイブ号が，それら
　　をすべて処理できるかどうか確信がなかった。
　・しかし唯一の学習方法は「（2.　　　　　　　）によって」だと考え，2007年12月
　　5日にバスコファイブ号のエンジンを始動した。

⑭・⑮ 旅のプロジェクトでの走行距離と戻った日付について述べている。
　・まず日本で何度か試運転をしたあと，船で太平洋を渡り，（3.　　　　　　　）へ行った。
　・世界中47,853 km を運転し，2008年12月1日に東京へ帰着した。

❗ 教科書Qのヒント
Q2 How long did Yamada's journey take?
（山田氏の旅はどのくらいかかりましたか。） →本文⑬・⑮

🔑 読解のカギ
⑩ (Before beginning my journey), I had worried about one thing.
　　　　　前置詞＋動名詞句　　　　　　　had ＋過去分詞
　➡ Before は「～前に」という意味を表す前置詞。ここでは beginning で導かれる動名

✔ 構成&内容チェック の解答　1. 植物油　2. 実行すること　3. 北アメリカ

詞句が Before の目的語となっている。

➡ had worried は〈had + 過去分詞〉の形の過去完了形。Before beginning my journey 「旅を始める前」という過去のある時点までの〈状態の継続〉を表している。

➡ one thing の具体的な内容については，後続の文で述べられている。

🎵 Q1. ＿＿＿ を埋めなさい。

この市に引っ越す前，私はシンガポールに住んでいた。

Before moving to this city, I ＿＿＿＿＿＿ ＿＿＿＿＿＿ in Singapore.

⑫ <u>I</u> <u>was</u> <u>not</u> <u>sure</u> [if Vasco-5 could process all the different types of oils].
　 S　V　　　C　　if 節

➡〈be not sure + if 節〉で「～かどうか確信がない」という意味を表す。

⑬ But [as people say], <u>the only way</u> to learn <u>is</u> "by doing," so <u>I</u> <u>started</u>
　　　　　　　　　　　　S₁　　　　不定詞　　V₁　　　　　　　　　S₂　　V₂

<u>Vasco-5's engine</u> (in Tokyo on December 5th, 2007).
　　　　O

➡ as は接続詞で，「（～する）ように」という〈様態〉を表す。as people say は「人々が言うように」という意味の副詞節で，the only way to learn is "by doing,"を修飾している。

➡ to learn は形容詞的用法の不定詞で，the only way を修飾している。

➡ by は前置詞で，「～によって」という〈手段〉を表している。by doing は「実行することによって」という意味を表す。

➡ so は接続詞で，「それで，だから」という意味。前に述べられた内容から想定される〈結論〉を導くために用いられる。

⑮ <u>Having driven</u> 47,853 km (kilometers) around the world along the route <u>shown</u>
〈having + 過去分詞〉完了形の分詞構文

<u>below</u>, <u>Vasco-5 and I</u> <u>arrived</u> back (in Tokyo on December 1st, 2008).
　　　　　　　S　　　　　V

➡ Having driven ... below は，〈having + 過去分詞〉の形の完了形の分詞構文。主節の動詞が表す時よりも前の時を表す場合に用いられる。ここでは47,853 km 走ったのち，東京に帰着したことを表している。　　　　　　　　　　　　文法詳細 p.248 ▶

➡ shown は show の過去分詞で，below という語を伴い，the route を後ろから修飾している。ここでは「下に示された経路」という意味になる。

🎵 Q2. 日本語にしなさい。

Having practiced the piano, I went for a walk.

(　　　　　　　　　　　　　　　　　　　　　　　　　　　　　　)

🎵 Q3. ＿＿＿ を埋めなさい。

バスコファイブ号は山田周生氏が設計した車である。

Vasco-5 is a car ＿＿＿＿＿＿ by Yamada Shusei.

🎵 読解のカギ Q の解答　**Q1.** had lived　　**Q2.** 私はピアノの練習をしたあと，散歩に出かけた。　　**Q3.** designed

PART ②

ポイント 山田氏はこの冒険からどんな教訓を得たか。

① When I started my journey, / few people at local restaurants and hotels /
私が旅を始めたころ / 地方のレストランやホテルに人はほとんどいなかった /

knew much about biodiesel fuel. // ② That was why my requests for waste oil / to
バイオディーゼル燃料について多くを知っている // そういうわけで廃油が欲しいという私の依頼は /

use as fuel / were often declined. // ③ That made me feel disappointed. // ④ Still, /
燃料として使う / たびたび断られた // それで私はがっかりした // それでも /

as people heard about my project, / they started bringing me waste oil / from their
人々は私のプロジェクトについて聞くと / 私のところへ廃油を持ってきてくれるようになった / 彼らの

homes. // ⑤ Some people offered me / not only oil but also food or a place to stay /
家から // 私に提供してくれる人もいた / 油だけでなく食べ物や泊まる場所を /

for free. // ⑥ I was moved by the kindness of the people / who helped me. //
無料で // 私はその人たちの親切に感動した / 私を援助してくれた //

⑦ Meeting such good people from different races and countries / was the most
そのようなさまざまな人種や国の善良な人々に出会えたことは / 私への最も

precious gift for me / on this journey. //
貴重な贈り物だった / この旅における //

⑧ In total, / more than 1,000 people offered waste oil to me / throughout my
合計して / 1,000人を超える人々が私に廃油を提供してくれた / 旅を通して

journey. // ⑨ My journey proved / that I could travel around the world / using only
// 私の旅は証明した / 世界一周旅行ができることを / 廃油だけを

waste oil. // ⑩ In the end, / Vasco-5 used 6,540 liters of oil / to make the journey. //
使いながら // 最終的に / バスコファイブ号は6,540リットルの油を使った / その旅をするのに //

⑪ Here is a lesson / I learned from this adventure: / If each of us in the world /
教訓がここにある / この冒険から私が学んだ / 世界の中の私たちひとりひとりが /

makes a little effort / with good intentions, / we will be able to produce big results. //
小さな努力をすれば / 善意で / 私たちは大きな成果を生み出すことができるだろう //

✓ **構成&内容チェック** 本文を読んで，（ ）に合う日本語を書きなさい。

①～③ 旅を始めたころに落胆させられた問題について述べている。
山田氏の落胆の原因＝旅を始めたころ，地方のレストランやホテルで直面した問題
→バイオディーゼル燃料について多くを知っている人がほとんどいなかった。
→そのため，燃料として使う廃油が欲しいと依頼をしてもたびたび断られた。

④・⑤ プロジェクトを知ったあとの，人々の変化について述べている。
プロジェクトについて聞くと，人々は家から廃油を持ってきてくれるようになった。廃油
だけでなく，食べ物や(1.)を無料で提供してくれる人も現れた。

↓

⑥・⑦　この旅で人々から受けた親切に対する思いが述べられている。

廃油だけでなく，食べ物や(1.　　　)を無料で提供してくれる人々の親切に感動した。さまざまな国の善良な人々に出会えたのは，この旅における貴重な(2.　　　　　　)であった。

↓

⑧～⑩　旅の間で使用した廃油に関する数値が述べられている。
・廃油を提供してくれた人々＝ 1,000 人超
・旅で使用した廃油の量＝ 6,540 リットル
→廃油だけを使って世界一周旅行ができることを証明した。

↓

⑪　この冒険から学んだ教訓について述べている。

世界中のひとりひとりが善意で(3.　　　　　　)をすれば，大きな成果を生み出せる。

🛑 教科書Qのヒント

Q3 Why were Yamada's requests often declined at first?
（最初山田氏の依頼がたびたび断られたのはなぜですか。）　→本文①・②

Q4 What did Yamada's journey prove?　（山田氏の旅は何を証明しましたか。）　→本文⑨

✒️ 読解のカギ

① [When I started my journey], few people (at local restaurants and
　　　　　　　　　　　　　　　　　　　　S
hotels) knew much (about biodiesel fuel).
　　　　　　　V　　O

➡ 無冠詞の few は直後の複数名詞の数量が「ほとんどない」という意味を表す。*cf.* a few は「少しの」という意味を表す。
➡ 前置詞 at に導かれる前置詞句は few people を修飾している。about で導かれる前置詞句は much を修飾している。ここでの much は「たくさん」という意味の代名詞で，knew の目的語になっている。

🖊 Q1. 日本語にしなさい。

There were few students in the classroom.
(　　　　　　　　　　　　　　　　　　　　　　　　　　　　　　)

　　　　　　　── 先行詞 the reason が省略

② That was [why my requests for waste oil to use as fuel were often
　　S　　V　　関係副詞　　　　C　　　　　　　　　　不定詞
declined].

➡ why は関係副詞で，〈理由〉を表す節を導く。ここでは先行詞 the reason が省略されている。why で導かれる関係副詞節の名詞節が文の補語になっている。
➡ to use は waste oil を修飾する形容詞的用法の不定詞。

✔ **構成＆内容チェック** の解答　1. 泊まる場所　　2. 贈り物　　3. 小さな努力

③ **That <u>made me feel</u> disappointed.**

      make＋O＋原形不定詞

➡〈make＋O＋原形不定詞〉で「O に〜させる」という意味を表す。

➡〈feel＋形容詞〉は「〜と感じる」という意味を表す。

Q2. ＿＿ を埋めなさい。

その知らせが私たちをうれしくさせた。

The news ＿＿＿＿ ＿＿＿＿ ＿＿＿＿ happy.

⑤ **Some people offered me not only oil but also food or <u>a place</u> (to stay)**

                      not only A but also B   不定詞

for free.

➡〈offer＋人＋物〉で「〈人〉に〈物〉を提供する」という意味を表す。

➡ not only A but also B で「A だけでなく B も」という意味を表す。

➡ to stay は a place を修飾する形容詞的用法の不定詞。

➡ for free は「無料で」という意味を表す。

⑥ **I <u>was moved by</u> the kindness of the people [<u>who helped me</u>].**

    be moved by A   先行詞   関係代名詞

➡ be moved by A で「A に感動する」という意味を表す。

➡ who は the people を先行詞とする主格の関係代名詞。

⑦ **(Meeting such good people from different races and countries) was**

   動名詞   S   V

the most precious gift for me on this journey.

                C

➡ Meeting という動名詞で導かれる句が文の主語になっている。

⑨ **My journey proved [that I could travel around the world (using only**

  S   V   O 〈prove＋that 節〉

waste oil)].

➡〈prove＋that 節〉は「〜ということを証明する」という意味を表す。

➡ using は「〜しながら」という意味の〈付帯状況〉を表す分詞構文。

⑪ **Here is a lesson [I learned from this adventure]: If each of us in the**

world ....   which[that]が省略されている   コロン以下→ a lesson の具体的な説明

➡ lesson と I の間に目的格の関係代名詞 which[that] が省略されている。

➡ コロン(:)は具体的な例示や詳しい説明を追加するときに用いられ、ここでは a lesson の具体的な内容をコロン以下が説明している。

PART ❸

> **ポイント**　2011年3月11日の悲劇のあと，山田氏は何を始めたか。

① On April 19th, 2009, / about four months after I returned / from my round-
　　2009年4月19日　　　　／　　　私が戻って約4か月後　　　／　　世界一周旅行から

the-world trip, / I decided to begin another journey. // ② This time, / it was around
　　　　　　　／　　私は別の旅を始めることを決意した　　//　　今回　／　その旅は日本中を

Japan / to increase Vasco-5's mileage further / and explore its possibilities. //
回るものだった／バスコファイブ号の走行距離をさらに伸ばすため／そしてその可能性を探るため//

③ After the inspection, / Vasco-5 started on its journey / as planned from Tokyo. //
　　　検査のあと　　　／　バスコファイブ号は旅を始めた　／　　計画どおりに東京から　//

④ However, / on March 11th, 2011, / when I was in Iwate Prefecture, / tragedy
　　しかし　／　　2011年3月11日　　／　　　私が岩手県にいたとき　　　／　悲劇が

struck. // ⑤ The Great East Japan Earthquake occurred. // ⑥ It was a situation /
襲った　//　　　　　東日本大震災が起こったのだ　　　//　　それは状況だった　／

in which lifelines had been completely cut off. // ⑦ The following thoughts suddenly
　　　ライフラインが完全に遮断された　　　　//　　　　突然，次の考えが私に浮かんだ

came to me: / "I have Vasco-5 that doesn't rely on fossil fuels / but runs on waste
　　　　　／　「私には化石燃料に頼らないバスコファイブ号がある　／　　　廃油で走る

oil. // ⑧ It can generate electricity / so I can listen to the radio, / and it has all the
　//　　それは発電することができる　／　ラジオを聞けるように　／　そしてそれはすべての

equipment / I need to transmit information / on the Internet. // ⑨ Maybe I can
機器を積んでいる／　私が情報を送信するのに必要な　／　インターネットで　//　もしかしたら私は

make use of Vasco-5's mobility / and ability to spread information / to help people. //
バスコファイブ号の移動性を利用できる／　そして情報を広める能力を　／　人々を手助けするために　//

⑩ Now is the time to make a move!" // ⑪ With that decision made, / Vasco-5 and I
　　　　今が行動を起こす時だ！」　//　　　　　　そんな決心をして　／　バスコファイブ号と

began our relief work. //
私は救援活動を始めた　//

✓ **構成＆内容チェック**　本文を読んで，（　）に合う日本語を書きなさい。

①～③ 世界一周旅行後の別の旅について述べている。
　　山田氏は，世界一周旅行から戻ってきて4か月後，別の旅を始める決心をした。それ
　　は日本中を回る旅で，バスコファイブ号の(1.　　　　　　　)を伸ばし，可能性を探
　　る目的があった。検査を終えて，計画どおりに東京を出発した。

↓

④～⑥ 2011年3月11日に遭遇した悲劇について述べている。
　　2011年3月11日，岩手県にいたときに，東日本大震災が起こり，(2.　　　　　　)
　　が完全に遮断された。

↓

⑦〜⑪ 震災直後，頭に浮かんだ考えと決心について述べている。

廃油で走るバスコファイブ号は，
- ・発電することができる。
- ・インターネットで(3.　　　　　　　)を発信する機器を積んでいるので，バスコ
  ファイブ号の移動性と(3)を広める能力で人々を助けられる。
- →今が行動を起こす時だ！と決心し，(4.　　　　　　)を始めた。

🛑 教科書Qのヒント

Q5 From where did Yamada start his journey in Japan?
（山田氏は日本のどこから旅を始めましたか。）　→本文③

Q6 What did Yamada begin when the Great East Japan Earthquake occurred?
（東日本大震災が起きたとき，山田氏は何を始めましたか。）　→本文⑪

🔑 読解のカギ

② **This time, it was around Japan to increase Vasco-5's mileage further**
　　　　　　　　　　　　　　　副詞的用法の不定詞

　(and) explore its possibilities.
　　　└── 不定詞の to が省略されている

➡ it は直前の文の another journey を指している。
➡ to increase と (to) explore は「〜するために」という〈目的〉を表す副詞的用法の不定詞。and と explore の間に不定詞の to が省略されており，and が to increase …と (to) explore …という２つの不定詞句をつないでいる。

③ **After the inspection, Vasco-5 started on its journey as planned from Tokyo.**
　　　　　　　　　　　　　　　　　　　　　　　└── it was が省略されている

➡ as planned で「計画どおりに」という意味を表す。この as は「〜ように」という〈様態〉を表し，as と planned の間に it(= the journey) was が省略されている。

⑥ **It was a situation [in which lifelines had been completely cut off].**
　　先行詞　└───┘前置詞＋関係代名詞　　　　　had been＋過去分詞

➡ which は目的格の関係代名詞。先行詞である a situation を受けて前置詞 in の目的語になっている。
➡ cut off A[A off] は「A を遮断する」という意味。cut は過去分詞も cut で，ここでは受動態で使われている。
➡ had been … cut off は過去完了形の受動態〈had been＋過去分詞〉。過去のある時点において，「ライフラインが完全に遮断された」という〈完了・結果〉を表す。

✏ Q1. ____ を埋めなさい。

私がテーブルに戻ったとき，すでにコーヒーが出されていた。

When I returned to the table, coffee _____ already _____ served.

✔ **構成＆内容チェック** の解答　1. 走行距離　　2. ライフライン　　3. 情報　　4. 救援活動

⑦ **The following thoughts suddenly came to me: "I have Vasco-5 [that**
　　　　　　　　　　　　　　　　　　　→ コロン　　　　先行詞┘　　　└ 関係代名詞

doesn't rely on fossil fuels but runs on waste oil].
　　　　　　　　　　not *A* but *B*

➡ コロン(:)は具体的な例示や詳しい説明を追加するときに用いられる。ここではコロン以下が The following thoughts の具体的な内容を説明している。

➡ that は Vasco-5 を先行詞とする主格の関係代名詞。

➡ not *A* but *B* は「A ではなく B」という意味を表す。

➡ rely on *A* は「A に頼る」という意味を表す。

⑧ **It can generate electricity so [I can listen to the radio], (and) it has all**
　S_1　　V_1　　　　O_1　　　so (that) + S + can ～　　　　　S_2　V_2

the equipment [I need to transmit information …].
　　　O_2　　　　└──which[that]が省略されている

➡ 〈so (that) + S + can ～〉は「S が～できるように」という〈目的〉を表す。

➡ equipment と I の間には目的格の関係代名詞 which[that] が省略されている。

⑨ **Maybe I can make use of Vasco-5's mobility (and) ability (to spread**
　　　　　　　make use of *A*　　　　　　　　　　　　┌─ 形容詞的用法の
　　　　　　　　　　　　　　　　　　　　　　　　　　　　不定詞

information) (to help people).
　　　　副詞的用法の不定詞

➡ make use of *A* は「A を利用する」という意味を表す。前置詞 of の目的語は，Vasco-5's mobility と (Vasco-5's) ability to spread information の 2 つ。

➡ to spread は ability を修飾する形容詞的用法の不定詞。

➡ to help は「～するために」という〈目的〉を表す副詞的用法の不定詞で，people を伴って，can make use of を修飾している。

Q2. 日本語にしなさい。

We should make use of eco-friendly products.
(　　　　　　　　　　　　　　　　　　　　　　　　　　　　　　　　　　)

⑩ **Now is the time (to make a move)!"**
　　S　V　　C　　└──┘ 形容詞的用法の不定詞

➡ to make は形容詞的用法の不定詞で，a move を伴って the time を修飾している。

➡ make a move で「行動を起こす」という意味を表す。

⑪ **(With that decision made), Vasco-5 and I began our relief work.**
　付帯状況を表す with + O ＋過去分詞

➡ With that decision made は〈with + O + C(過去分詞)〉の形の〈付帯状況〉を表す表現。「O が～された状態で」となる。

➡ make a decision で「決心する」という意味を表す。

読解のカギ Q の解答　**Q1.** had, been　　**Q2.** 私たちは環境に優しい商品を利用すべきだ。

PART ④-1

ポイント 現代のエネルギーシステムにおける問題点とは何か。

① When I started my relief work, / I was so busy / that I did not have much
救援活動を始めたころ　　　/ 私は非常に忙しくて /　　時間はあまりなかった

time / to look back. // ② A few months later, / I was finally able to reflect on the
/ 後ろを振り返る //　　数か月後　　/　　私はついに作業についてよく考えることが

work / I had done / up until then. // ③ I realized / what the earthquake
てきた / 私が行った / そのときまでに // 私は気づいた / その地震がきわ立たせた

highlighted / was the fragility / of the current energy system. // ④ We used and
ことは　　/　　もろさだと　　/　現代のエネルギーシステムの　// 私たちはそれを使い,

relied on it / as a matter of course, / being unaware / that resources will someday
頼っていた / 当然のこととして / 気づかないまま / 資源がいつか枯渇するという

run out or / that we might stop having access to them. // ⑤ In order to tackle this
ことや / 私たちがそれらを入手できなくなるかもしれないということに // この問題に取り組む

problem, / I thought / we should utilize natural and renewable energy, / which can
ために / 私は思った / 私たちは天然の再生可能なエネルギーを利用すべきだと / それは

be used sustainably / on a local basis. //
持続的に用いられることができる / 地方を基盤として //

✓ **構成&内容チェック** 本文を読んで, ( )に合う日本語を書きなさい。

①・② 救援活動の振り返りを行ったときのことを述べている。
　救援活動を始めたころは非常に忙しくて, 振り返りの時間があまりなかったが, 数か
　月後, それまでに行った作業についてよく考えてみた。

↓

③・④ 振り返りによって, 気づいたことを述べている。
　東日本大震災がきわ立たせたことは, 現代のエネルギーシステムの(1.　　　　　　　)
　である。
　・資源がいつか枯渇する　　　　　　　　｝これらに気づかないまま当然のように
　・資源が入手できなくなるかもしれない｝使い, 頼ってしまっている。

↓

⑤ ③・④で述べた問題にどう取り組むべきかを述べている。
　この問題に取り組むために, 天然の(2.　　　　　　　　　　)を利用すべき
　で, それは地方を基盤として持続的に利用できる。

❗ **教科書Qのヒント**

Q7 What did Yamada realize when he reflected on his relief work?
(救援活動についてよく考えたとき, 山田氏はどんなことに気づきましたか。)　→本文③

✓ **構成&内容チェック** の解答　1. もろさ　　2. 再生可能なエネルギー

🎵 **読解のカギ**

① [When I started my relief work], I was so busy that I did not have much

└─── 形容詞的用法の不定詞   so ... that ～

time (to look back).

→ so ... that ～は「非常に…なので～」という意味を表す。

→ to look は形容詞的用法の不定詞で, back を伴って much time を修飾している。

which[that]が省略されている─┐

② A few months later, I was finally able to reflect on the work [I had done

reflect on A   had ＋過去分詞

up until then].

→ reflect on A は「A についてよく考える」という意味を表す。

→ work と I の間には目的格の関係代名詞 which[that] が省略されている。

→ had done は〈had＋過去分詞〉の過去完了形。「そのときまで」という過去のある時点までの〈完了・結果〉を表す。

→〈up until＋時を表す語句〉は「〈時〉まで」という意味を表す。

③ I realized [what the earthquake highlighted was the fragility (of the

S   V   O   S'   V'   C' ┌─┘

current energy system)].

→ 関係代名詞 what で始まる what the earthquake ... system は名詞節で, realized の目的語になっている。関係代名詞 what は先行詞を含んでおり, the thing which[that] に相当する。ここでは「その地震がきわ立たせたこと」という意味。

④ We used and relied on it (as a matter of course), being unaware [that

分詞構文〈付帯状況〉

resources will someday run out] or [that we might stop having access ...].

└── being unaware が省略されている

→ as a matter of course は「当然のこととして」という意味を表す。

→ 現在分詞 being で始まる副詞句は分詞構文になっている。ここでは「～しながら」という意味で, 〈付帯状況〉を表している。

→〈be unaware＋that 節〉で「～ということに気づいていない」という意味を表す。

→ run out で「尽きる」という意味を表す。

⑤ (In order to tackle this problem), I thought [we should utilize natural

in order to do   S   V   O

and renewable energy], [which can be used sustainably on a local basis].

└──────┘ 非限定用法の関係代名詞

→ in order to do で「～するために」という〈目的〉を表す。

→〈コンマ(,)＋which〉は非限定用法の主格の関係代名詞で, 先行する名詞句 natural ... energy について, 追加の説明を加えている。

PART ④-2　英文を読む前に，初めて習う文法を含んだ文を確認しましょう！ →p.241 ⑥

ポイント　山田氏は世界一周旅行で得た知識を活用して，何を作ろうとしたか。

⑥ It was this idea / that made me decide to promote / an energy self-sufficiency
この考えだった　／　促進するように私に決意させたのは　／　エネルギー自給プロジェクトを

project. // ⑦ The plan was not only to meet immediate needs, / but also to support
//　　　　その計画は当面のニーズに応えるだけでなく　　／　　将来のニーズをも

future needs / by connecting with as many people as possible. // ⑧ Using the
支えることだった /　　できるだけ多くの人々とつながることで　　　　//　　知識を活用

knowledge / I had gained / during my round-the-world journey, / I aimed to create
しながら　／　私が得た　／　　世界一周旅行の間に　　／　私は「グローカル」モデルを

a "glocal" model / for self-sufficiency / by combining / natural, renewable, and
作ることを目指した　／　自給のための　　／　～を組み合わせて　／　　天然の，再生可能な，

alternative energy resources. // ⑨ To this end, / I set up an organization / in
代替になるエネルギー資源　　//　この目標に向けて　／　私は組織を設立した　／

Kamaishi City, / Iwate Prefecture, / that seeks to create a recycle-oriented society /
釜石市に　　　／　　岩手県　　　／　　リサイクル志向の社会を作ろうとする　　　／

in which people make use of local resources. //
　　　　人々が地元の資源を活用する　　　　　//

✓ **構成&内容チェック**　本文を読んで，（　）に合う日本語を書きなさい。

⑥ エネルギー自給プロジェクトを促進しようと決意したきっかけを述べている。
　前段落で述べられている，現代のエネルギーシステムのもろさを解決するには天然の
　再生可能なエネルギーを利用すべきだという考えが，エネルギー自給プロジェクトを
　促進しようと決意するきっかけとなった。

↓

⑦・⑧ エネルギー自給プロジェクトを促進する計画の目標について述べている。
　・多くの人々とつながり，当面のニーズだけでなく，(1.　　　　　　　)も支える。
　・世界一周旅行で得た知識をもとに，天然の，再生可能な，代替になる資源を組み合
　　わせて，エネルギー自給のための「(2.　　　　　　　)」モデルを作る。

↓

⑨ 目標の実現に向けて行ったことを述べている。
　岩手県釜石市に，地元の資源を活用する(3.　　　　　　　)の社会を作るための組織
　を立ち上げた。

❗教科書 Q のヒント

Q8 What did Yamada decide to promote?
（山田氏は何を促進しようと決意しましたか。） →本文⑥

✓ **構成&内容チェック** の解答　1. 将来のニーズ　　2. グローカル　　3. リサイクル志向

🔑 **読解のカギ**

⑥ <u>It was</u> **this idea** <u>that</u> **made me decide** (**to promote an energy self-**

　　　　　　　　　　make＋O＋原形不定詞　　　名詞的用法の不定詞

sufficiency project).

➡ It was this idea that ... は強調構文。It is[was] *A* that ... の形を用いて，this idea が
強調されている。

　　　　　　　　　　　　　　　　　　　　　　　　　文法詳細 p.249 ▶

➡ 〈make＋O＋原形不定詞〉で「O に～させる」という意味を表す。

➡ to promote は名詞的用法の不定詞で，decide の目的語になっている。

🔑 **Q1. 並べかえなさい。**

両親が私にくれたのが，この本だったのです。

(gave / this / that / was / my / book / parents / it / me).

_____.

⑦ **The plan was not only** (<u>to meet</u> **immediate needs**), **but also** (<u>to support</u>
　　S　　　V　　　　　　　C₁　　　　　　　　　　　　　　　　　　C₂

future needs by connecting with as many people as possible).

　　　　　　　　　　　　　　　　　　　　as ... as possible

➡ to meet と to support は名詞的用法の不定詞でこれらの不定詞句が補語になっている。

➡ as ... as possible で「できるだけ…」という意味を表す。

🔑 **Q2. ＿＿＿ を埋めなさい。**

私はできるだけたくさん英語を話すようにしている。

I try to speak English _____ much _____ _____.

⑧ <u>Using</u> **the knowledge** [**I had gained during my round-the-world journey**],
　分詞構文〈付帯状況〉　　　　└── which[that]が省略されている

<u>I</u> <u>aimed</u> (<u>to create</u> **a "glocal" model for self-sufficiency by combining ...**).
S　V　　O　名詞的用法の不定詞

➡ 現在分詞 Using で始まる副詞句は分詞構文になっている。ここでは「～しながら」
という意味で，〈付帯状況〉を表している。

➡ knowledge と I の間には目的格の関係代名詞 which[that]が省略されている。

➡ aim to *do* で「～することを目指す」という意味。

⑨ (**To this end**), **I set up** <u>an organization</u> ..., [<u>that</u> **seeks to create** <u>a</u>
　　　　　　　　　　　　　　先行詞　　　　関係代名詞

recycle-oriented society (<u>in which</u> **people make use of local resources**)].
　　先行詞　　　　　　　　　　前置詞＋関係代名詞

➡ that は an organization を先行詞とする主格の関係代名詞。

➡ seek to *do* で「～しようとする」という意味。

➡ which は目的格の関係代名詞。先行詞である a recycle-oriented society を受けて前
置詞 in の目的語になっている。

🔑 **読解のカギ** Q の解答　**Q1.** It was this book that my parents gave me(.)　　**Q2.** as, as possible

PART ⑤-1

ポイント　グローカルな新提案とは，どのようなものか。

① The word "glocal" is a coined word / that mixes the two words "global" and
「グローカル」という言葉は造語である / 「グローバル」と「ローカル」という2つの言葉を混ぜ合わ

"local." // ② It means to "think globally, act locally." // ③ One of the "glocal"
せている // それは「世界規模で考え，局地的に行動する」ことを意味する //「グローカル」な新提案

initiatives / of our organization / is carrying out the building / of an eco-house, a
の1つは / 私たちの組織の / 建設を実行することだ / エコハウス，つまり

renovated old private house. // ④ This eco-house tries to achieve / a recycle-
改装した古民家の // このエコハウスは〜を達成しようとしている / リサイクル

oriented lifestyle / within the local community. // ⑤ Using solar panels, wind power
志向のライフスタイル / 地域社会の範囲内で // 太陽光パネル，風力発電，

generation, and biodiesel fuel, / it creates electricity / with only natural renewable
バイオディーゼル燃料を用いながら / その家は電気を作り出す / 天然の再生可能エネルギー資源のみで

energy sources. //
//

構成&内容チェック　本文を読んで，（　）に合う日本語を書きなさい。

①・②「(1.　　　　　　)」という言葉について説明している。
　「(1)」とは，「グローバル」と「ローカル」を混ぜ合わせた造語で，「世界規模で考え，局地的に行動する」ことを意味している。

③「(1)」な新提案の1つについて述べている。
　「(1)」な新提案の1つが，エコハウスの建設を実行することである。このエコハウスとは，改装した(2.　　　　　　)である。

④・⑤ エコハウスについて詳しく述べている。
　エコハウスは(3.　　　　　　)のライフスタイルを達成しようとしている。その家は，天然の再生可能エネルギー資源のみで電気を作り出す。

教科書Qのヒント

Q9 What does the word "glocal" mean?
（「グローカル」という言葉は何を意味しますか。）→本文②

読解のカギ

① The word "glocal" is a coined word [that mixes the two words "global"
　　　　　　　　　　先行詞　　　　　関係代名詞　　　　　　　同格
and "local."]

構成&内容チェック の解答　1. グローカル　2. 古民家　3. リサイクル志向

→ coined は coin「(新語など)を作り出す」の過去分詞で，word を修飾している。
→ that は a coined word を先行詞とする主格の関係代名詞。
→ the two words と"global" and "local"は〈同格〉の関係にあり，「その２つの言葉」が「グローバル」と「ローカル」であると補足説明を加えている。

② It means [to "think globally, act locally."]
　　S　　V　　　　O

→ It は The word "glocal"を指している。
→ to think は名詞的用法の不定詞で，to "think ... locally"の不定詞句が means の目的語になっている。

③ One of the "glocal" initiatives of our organization is (carrying out the
　　　　　　　　　　　　　　　　　S　　　　　　　　　　　　　V　　　　　C

building of an eco-house, a renovated old private house).
　　　　　　　　　　└──────同格──────┘

→ 動名詞 carrying で導かれる動名詞句が補語になっている。
→ carry out A で「A を実行する」という意味を表す。
→ renovated は renovate A「A を改装する」の過去分詞で，直後の old private house を修飾している。
→ a renovated old private house の前のコンマは〈同格〉を表し，a renovated old private house が an eco-house に補足説明を加えている。

Q1. ＿＿ を埋めなさい。

その計画を実行するのは容易ではなかった。

It wasn't easy to ＿＿＿＿＿ ＿＿＿＿＿ the plan.

④ This eco-house tries to achieve a recycle-oriented lifestyle within the
　　　　　　　　　　　try to do

local community.

→ try to do は「〜しようと(努力)する」という意味を表す。
→ -oriented は「〜志向の」という意味を表す。

Q2. 日本語にしなさい。

They are trying to make a local-oriented society.

(　　　　　　　　　　　　　　　　　　　　　　　　)

⑤ Using solar panels, wind power generation, and biodiesel fuel, it
　　分詞構文〈付帯状況〉

creates electricity with only natural renewable energy sources.

→ 現在分詞 Using で始まる副詞句は分詞構文になっている。ここでは「〜しながら」という意味で，〈付帯状況〉を表している。

読解のカギ Q の解答　**Q1.** carry out　　**Q2.** 彼らは地元志向の社会を作ろうと努力している。

PART **5**-2

> ●ポイント　山田氏は若い人たちにどんなメッセージを送っているか。

⑥ I would like other people, / especially young ones, / to learn about the glocal
私はほかの人たちに〜してほしい　/　　　特に若い人たちに　　/　　　グローカルな自給自足の

self-sufficiency lifestyle. // ⑦ That is because we live in a world / where we never
ライフスタイルについて学ぶことを　//　それは私たちが世界に生きているからだ　/　私たちがぜったいに

know what is going to happen. // ⑧ I would like young people / to have the
何が起こるかわからない　　　　　//　　　私は若い人たちに〜してほしい　/　　生きる力を

strength to live / in such a changeable world. // ⑨ It should be kept in mind / that
持つことを　/　そのような変化しやすい世界で　//　　　心に留めておくべきだ　　/

you cannot gain the strength / by just waiting for something to happen / around
その力を得ることはできないということを / 何かが起こることを待っているだけでは　/　あなたたちの

you. // ⑩ Nothing changes / until you take action, / so if you want to do
周囲で //　　　何も変わらない　　/　あなたたちが行動を起こすまで　/　　　だからもし何かを

something, / just take a step forward. // ⑪ I will continue to send out / such a
したければ　/　とにかく一歩前に踏み出せ　//　　　私は発信し続ける　　/ そのような

message / to young people. // ⑫ My "biodiesel adventure" / in the truest sense of
メッセージを /　若い人たちに　//　私の「バイオディーゼルアドベンチャー」は /　　その言葉の

the words / has just got started. //
本当の意味での　/　ちょうど始まったばかりだ //

✔ **構成&内容チェック**　本文を読んで，（　）に合う日本語を書きなさい。

⑥〜⑧ 山田氏が若い人たちに対して望んでいることを述べている。
・グローカルな(1.　　　　　　　　　　　　　　)について学んでほしい。
・変化しやすい世界で生きる力を持ってほしい。
なぜなら，私たちは何が起こるかわからない世界に生きているからである。

⬇

⑨・⑩ 若い人たちへのメッセージを述べている。
変化しやすい世界で生きる力は，何かが起こるのを待っていても得ることはできない。
自分で(2.　　　　　　　)までは何も変わらないので，一歩前に踏み出してほしい。

⬇

⑪・⑫ 山田氏の決意が述べられている。
若い人たちにメッセージを発信し続けていく。本当の意味での「バイオディーゼルア
ドベンチャー」は始まったばかりだ。

教科書Qのヒント

Q10 What does Yamada want young people to learn about?
（山田氏は若い人たちに何について学んでほしいと思っていますか。）　→本文⑥

✔ **構成&内容チェック** の解答　1. 自給自足のライフスタイル　2. 行動を起こす

読解のカギ

⑥ I would like **other people**, especially **young ones**, to learn about the

would like ＋人＋ to *do*　　　└──────同格──────┘

glocal self-sufficiency lifestyle.

→ 〈would like + 人 + to *do*〉で「〈人〉に〜してもらいたい」という意味を表す。〈want ＋
人 + to *do*〉と同意だが，より丁寧な表現となる。

→ people と especially の間のコンマは〈同格〉を表している。

Q1. 並べかえなさい。

私はあなたにこの本を読んでもらいたい。

(like / to / I / this / you / read / would / book).

_____.

⑦ **That is** [**because we live in a world** where **we never know** what is going

　　 S　V　　 C　　　　　　　　 先行詞　関係副詞 S'　　　 V'　O' 間接疑問

to happen].

→ because が導く名詞節が文の補語となっている。

→ where は関係副詞で，〈場所〉を表す先行詞 a world を修飾している。

→ 関係副詞節内の主語は we で，動詞 know の目的語は what ... happen の名詞節。こ
の名詞節は，文中の一部となる疑問文なので，間接疑問〈疑問詞(S) + V〉の語順とな
っている。

Q2. 日本語にしなさい。

In this village, there are some places where you can camp.

(　　　　　　　　　　　　　　　　　　　　　　　　　　　　　　　　　　)

⑧ **I would like young people to have** the strength (to live **in such a**

　　　　　　　　　　　　　　　　　　　　　　　　　　　 形容詞的用法の
　　　　　　　　　　　　　　　　　　　　　　　　　　　 不定詞

changeable world).

→ to live は語句を伴って the strength を修飾する形容詞的用法の不定詞。

⑨ It should be kept in mind [that you cannot gain the strength by just
形式主語　　　　　　　　　　　　 真の主語

waiting for something to **happen around you**].

　　　　 wait for A to do

→ It は形式主語で，that 節が真の主語になる形式主語構文。

→ keep A in mind で「A を心に留める」という意味を表す。

→ wait for A to do は「A が〜するのを待つ」という意味を表す。

Q3. ＿＿ を埋めなさい。

私たちは電車の到着を待っていた。

We were _____ for the train _____ arrive.

🕭 Comprehension ①ヒント

Fill in the blanks to complete the table about Yamada's journey.

（下線部に適切な語を入れて，山田氏の旅に関する表を完成させなさい。）

1 彼が設計したバスコファイブ号はどんな車だったか。

    (教 p.152, ℓℓ.1~4)

2 彼は旅行中に多くの国々で人々から何を集めたか。

    (教 p.152, ℓℓ.5~7)

3 彼の旅のプロジェクトの名前は何だったか。

    (教 p.152, ℓℓ.7~8)

4 彼が旅を終えて東京に帰着したのは 2008 年の何月何日だったか。

    (教 p.153, ℓℓ.5~8)

5 合計で何人を超える人々が彼に廃油を提供したか。

    (教 p.155, ℓℓ.1~2)

6 彼が最初の旅から学んだものは何か。

    (教 p.155, ℓℓ.5~7)

7 2009 年 4 月 19 日に始めた別の旅はどこを回るものだったか。

    (教 p.156, ℓℓ.3~5)

8 東日本大震災が起きたのは，2011 年の何月何日か。

    (教 p.157, ℓℓ.1~3)

9 震災後,彼は人々を助けるためにバスコファイブ号を使って何を始める決心をしたか。

    (教 p.157, ℓℓ.9~12)

10 彼は震災によって，現代のエネルギーシステムの何に気づいたか。

    (教 p.158, ℓℓ.4~6)

11 彼は地域社会を基盤とした自給自足のためのどんなモデルを作ることを目指したか。

    (教 p.159, ℓℓ.5~8)

12 彼は若い人たちに，不確かな世界で生きるための何について学んでほしいと思っているか。

    (教 p.161, ℓℓ.1~4)

13 行動することで若い人たちは生きていくための何を得られると彼は信じているか。

    (教 p.161, ℓℓ.6~9)

ⓘ More Information ①ヒント

Questions

1. 教 p.166 のグラフ 1 を見て，1900 年から 2000 年までにエネルギー資源がどのように変化したかを答える。

   ➡ たとえば，エネルギー資源の種類数に着目して，1900 年と 2000 年を比べることができる。この場合，There are ～ energy resources.「～のエネルギー資源がある」という表現を使うとよい。具体的には，There are two energy resources. で「2つのエネルギー資源がある」という意味になる。

   ➡ 現在とは異なる過去の状態を示すには，used to ～「(かつては)～だった」という表現を使うとよい。there 構文の場合は，There used to be ～ . となる。

2. 教 p.166 のグラフ 2 を見て，GDP は低いが，再生可能エネルギーの使用率は高い国を答える。

   ➡ GDP はグラフの左にある国ほど低く，再生可能エネルギーの使用率はグラフの上にある国ほど高いことを読み取る。

Development

・グループで，次の①～③の作業を行い，教 p.167 の表にまとめる。
  ①日本のエネルギー消費についての情報を探す。
  ②私たちはどのようにエネルギーを消費するかという問題について話し合う。
  ③私たちはどのようにその問題を解決できるかについて考える。
  そのあと，教 p.167 の表中の情報を使って，1～2段落の文章を書く。

・Energy consumptions in Japan
  ➡ 日本のエネルギー消費について書く。
  ➡ 教 p.166 のグラフ 2 を参考にするとよい。このグラフから，日本は，GDP は高いが，再生可能エネルギーの使用率は低い国であることがわかる。
  ➡ Japan is a country which ～「日本は～という国である」という表現を使って書いてもよい。

・Problems
  ➡ 私たちのエネルギーの消費の仕方についての問題を書く。
  ➡ 次のような表現を使ってもよい。renewable energy「再生可能エネルギー」，energy consumption「エネルギー消費」，fossil fuel「化石燃料」，nuclear power plant「原子力発電所」

・Solutions
  ➡ 上記の問題についての解決方法を書く。
  ➡ We can ... by *do*ing「～することによって…できる」という表現を使って書くとよい。そのほか，〈We can ... to＋動詞の原形〉「～するために…することができる」という表現を使って書いてもよい。

📖 Grammar

G-19 完了形の分詞構文

▶完了形の分詞構文とは

・分詞構文の表す時が，主節の動詞の表す時よりも前である場合，完了形の分詞構文〈having＋過去分詞〉で表す。

〈時〉を表す完了形の分詞構文

　　　　┌── 主節の動詞 went が表す時よりも前のこと

<u>Having finished</u> my homework, I <u>went</u> to bed.

（宿題を終えてから，私は寝た。）

≒ After I had finished my homework, I went to bed.

➡ Having finished は，〈having＋過去分詞〉の完了形の分詞構文で，主節の動詞 went が表す時よりも前のことを表している。ここでは〈時〉の意味で用いられている。

＋α

〈理由〉を表す完了形の分詞構文

　　　　┌── 主節の動詞 found が表す時よりも前のこと

<u>Having seen</u> him before, I <u>found</u> Mr. Harrington easily.

（以前ハリントンさんに会ったことがあるので，私は彼をすぐに見つけた。）

≒ Because I had seen him before, I found Mr. Harrington easily.

➡ Having seen は，〈having＋過去分詞〉の完了形の分詞構文で，主節の動詞 found が表す時よりも前のことを表している。ここでは〈理由〉の意味で用いられている。

＋α

・完了形の分詞構文では，not や never などの否定語は having の前に置く。

<u>Not</u> *having had* lunch yet, he looked for a restaurant.

not は having の前に置く

（まだ昼食をとっていなかったので，彼はレストランを探した。）

<u>Never</u> *having seen* the movie, I couldn't understand his talk about it.

never は having の前に置く

（その映画を一度も見たことがなかったので，私はそれに関する彼の話が理解できなかった。）

・完了時制の受動態の分詞構文も作ることができる。完了時制の受動態の分詞構文は，分詞構文の表す時が，主節の動詞の表す時よりも前であることを示す。完了時制の受動態の分詞構文では，文頭の Having been を省略することが多い。

(Having been) *Born and raised* in Okinawa, she has never seen snow.

（沖縄で生まれ育ったので，彼女は雪を見たことがない。）

cf. As she *was born* and *raised* in Okinawa, she has never seen snow.

〈理由〉を表す接続詞　過去形の受動態　　　　　　　　　現在完了形

G-20 強調構文

▶**強調構文とは**

・文中の名詞(句・節)や副詞(句・節)を強調したいときに，〈It is *A* that ... 〉の形で，「…するのは **A** だ」と表すことを**強調構文**という。
・主語や目的語や修飾語(句)を強調することができる。
・強調構文は，主に書き言葉で用いられることが多い。

主語を強調

〈通常の文〉

My brother visited New York last month.　(私の兄[弟]は先月ニューヨークを訪れた。)
　　S　　V　　　O　　　修飾語句

〈強調構文〉

It was my brother that visited New York last month.
　　　強調されている語句

(先月ニューヨークを訪れたのは私の兄[弟]だった。)

➡ 通常の文では主語となる my brother が強調されている。

目的語を強調

〈通常の文〉

My brother visited New York last month.　(私の兄[弟]は先月ニューヨークを訪れた。)
　　S　　V　　　O　　　修飾語句

〈強調構文〉

It was New York that my brother visited last month.
　　　強調されている語句

(私の兄[弟]が先月訪れたのはニューヨークだった。)

➡ 通常の文では目的語となる New York が強調されている。

修飾語(句)を強調

〈通常の文〉

My brother visited New York last month.　(私の兄[弟]は先月ニューヨークを訪れた。)
　　S　　V　　　O　　　修飾語句

〈強調構文〉

It was last month that my brother visited New York.
　　　強調されている語句

(私の兄[弟]がニューヨークを訪れたのは先月だった。)

➡ 通常の文では修飾語句となる last month が強調されている。

定期テスト予想問題

解答 ⮕ p.252

1 日本語に合うように，＿＿に適切な語を入れなさい。

(1) 私たちの科学部は合計で7人いる。
Our science club has seven people ＿＿＿＿＿＿ ＿＿＿＿＿＿.

(2) 彼女はクラスメートを助けるために行動を起こした。
She ＿＿＿＿＿＿ a ＿＿＿＿＿＿ to help her classmates.

(3) 私は駅でこの雑誌を無料でもらった。
I got this magazine ＿＿＿＿＿＿ ＿＿＿＿＿＿ at the station.

(4) 今日，多くの人々が太陽光発電を利用している。
Many people ＿＿＿＿＿＿ ＿＿＿＿＿＿ of solar power today.

2 次の文を，it を使って下線部を強調する文に書きかえなさい。

(1) Yamada designed an eco-friendly car called Vasco-5.
_____

(2) The local people offered wasted oil during the journey.
_____

(3) They created a recycle-oriented society in the area.
_____

3 日本語に合うように，（ ）内の語句や符号を並べかえなさい。

(1) 私は以前その本を読んだことがあるので，話を知っていた。
(read / knew / before / having / I / the book /,) the story.
_____ the story.

(2) 彼らは使用済みのペットボトルから衣類を作る。
(out / make / used / bottles / they / clothes / of / plastic).
_____.

(3) このロボットは話すことができるという点でユニークだ。
(talk / is / that / can / in / this robot / unique / it).
_____.

4 次の英語を日本語にしなさい。

(1) We reflected on our volunteer work last year.
(　　　　　　　　　　　　　　　　　　　　　　　　　　　)

(2) Having cleaned my room, I began to do my homework.
(　　　　　　　　　　　　　　　　　　　　　　　　　　　)

5 次の山田周生(Yamada Shusei)の話を読んで，あとの問いに答えなさい。

　When I started my journey, ①(　　) people at local restaurants and hotels knew much about biodiesel fuel.　That was why my requests for waste oil to use as fuel were often declined.　②That made me feel disappointed.　Still, as people heard about my project, they started bringing me waste oil from their homes. Some people offered me not only oil but also food or a place to stay for free.　I was moved by the kindness of the people who helped me.　Meeting such good people from different races and countries was the most precious gift for me on this journey.

(1) 下線部①が「地方のレストランやホテルにバイオディーゼル燃料について多くを知っている人はほとんどいなかった」という意味になるように，(　)に適切な語を入れなさい。

――――――

(2) 下線部②の英語を，That が指す内容を具体的に表して日本語にしなさい。
(　　　　　　　　　　　　　　　　　　　　　　　　　　　)

(3) 次の質問に英語で答えなさい。
What was Yamada moved by?

――――――――――――――――――――――――――――――

6 次の山田周生(Yamada Shusei)の話を読んで，あとの問いに答えなさい。

　I would like other people, especially young ones, to learn about the glocal self-sufficiency lifestyle.　That is because we live in a world (　①　) we never know what is going to happen.　I would like young people to have the strength to live in such a changeable world.　It should ②(keep) in mind that you cannot gain the strength by just waiting for something to happen around you.　Nothing changes until you take action, so ③if you want to do something, just take a step forward.　I will continue to send out such a message to young people.　My "biodiesel adventure" in the truest sense of the words has just got started.

(1) (　①　)に適切な関係詞を入れなさい。　　　　　　――――――

(2) 下線部②の(　)内の語を2語の適切な形に変えなさい。

――――――― ―――――――

(3) 下線部③の英語を日本語にしなさい。
(　　　　　　　　　　　　　　　　　　　　　　　　　　　)

(4) 次の質問に英語で答えなさい。
What does Yamada want young people to have?

――――――――――――――――――――――――――――――

定期テスト予想問題　解答　pp.250~251

1　(1) in total　　(2) made, move　　(3) for free　　(4) make use
2　(1) It was Yamada that designed an eco-friendly car called Vasco-5.
　(2) It was wasted oil that the local people offered during the journey.
　(3) It was in the area that they created a recycle-oriented society.
3　(1) Having read the book before, I knew
　(2) They make clothes out of used plastic bottles(.)
　(3) This robot is unique in that it can talk(.)
4　(1) 私たちは昨年のボランティア活動についてよく考えた[振り返った]。
　(2) 私は自分の部屋を掃除したあと，宿題を始めた。
5　(1) few　　(2) 燃料として使う廃油が欲しいという依頼がたびたび断られたので，私はがっかりした。
　(3) 例 He was moved by the kindness of the people who helped him.
6　(1) where　　(2) be kept
　(3) もし何かをしたければ，とにかく一歩前に踏み出しなさい
　(4) 例 He wants[would like] young people to have the strength to live in a changeable world.

解説

1　(1) in total で「合計で」。　(2) make a move で「行動を起こす」。　(3) for free で「無料で」。　(4) make use of A で「A を利用する」。
2　強調構文は，文中の名詞(句・節)や副詞(句・節)を強調したいときに，〈It is A that ...〉の形で「…するのは A だ」と表す。(1) は Yamada という主語を強調，(2) は目的語 wasted oil を強調，(3) は in the area という修飾語句を強調している。
3　(1)「読んだことがある」を完了形の分詞構文〈having＋過去分詞〉で表す。　(2) make A out of B「A を B から作る」　(3) in that ～「～という点で」
4　(1) reflect on A で「A についてよく考える[振り返る]」。　(2) Having cleaned は完了形の分詞構文で，主節の動詞 began が表す時よりも前の時を表している。分詞構文は〈時〉〈原因・理由〉〈付帯状況〉などの意味があるので，文脈によって判断する。
5　(1) 無冠詞の few は「ほとんどない」という意味を表せる。　(2)〈make＋O＋原形不定詞〉で「O に～させる」という意味を表す。That は直前の文の関係副詞節の内容を指している。　(3) 質問文は「山田氏は何に感動しましたか」という意味。
6　(1) 先行詞は a world という〈場所〉を表す語句なので，関係副詞 where を入れる。　(2) keep A in mind で「A を心に留める」という意味を表す。ここでは A を主語とした受動態で，直前に助動詞があるので be kept とする。(3) take a step forward で「一歩前に踏み出す」という意味を表す。　(4) 質問文は「山田氏は若い人たちに何を持ってもらいたいですか」という意味。

Lesson 10 Our Future with AI

単語・熟語チェック

PART ①

nevertheless	副 それにもかかわらず	**Nevertheless**, he decided to go abroad. それにもかかわらず，彼は海外へ行く決心をした。
stand for A	熟 A を表す	UK **stands for** the United Kingdom. UK は連合王国を表す。
artificially	副 人工的に	Those eggs were **artificially** hatched. それらの卵は人工的にふ化させられた。
software	名 ソフトウェア	He develops the **software** for smartphones. 彼はスマートフォン用のソフトウェアを開発している。
automated	形 自動化された	The factory runs on an **automated** system. その工場は自動化されたシステムで動いている。
data	名 データ	We collected the **data** from the Internet. 私たちはデータをインターネットから集めた。
obtain A	動 A を得る［手に入れる］	I **obtained** information about a new product. 私は新しい製品に関する情報を手に入れた。
instantly	副 即座に	She recognized me **instantly**. 彼女は即座に私だとわかった。
navigation	名 ナビゲーション	Something is wrong with the **navigation** system. ナビゲーションシステムが故障している。
parking	名 駐車場所	There is no **parking** near here. この近辺には駐車場所がまったくない。
recommended	形 勧められている，お勧めの	We ordered the **recommended** dishes. 私たちはお勧めの料理を注文した。
capacity	名 能力	Emma has a great **capacity** for math. エマには優れた数学の能力がある。

PART ②

at present	熟 現在は	**At present**, a lot of people use smartphones. 現在は，多くの人々がスマートフォンを使っている。
innovative	形 革新的な	With **innovative** techniques, their profit grew. 革新的な技術によって，彼らの収益は増加した。
mobile	形 携帯型の	They invented a new **mobile** device. 彼らは新しい携帯型の装置を発明した。
translation	名 翻訳	Can you check my **translation**? 私の翻訳をチェックしてくれますか。
noteworthy	形 注目に値する	The result of the research is **noteworthy**. その研究結果は注目に値する。
visually	副 視覚的に	You should memorize new words **visually**. 新しい単語は視覚的に覚えたほうがいい。
impaired	形 障害のある	This technology is used for the hearing **impaired**. この技術は聴覚障害のある人のために使われている。
give up on A	熟 A をあきらめる	She **gave up on** her study of French. 彼女はフランス語の勉強をあきらめた。

語	品詞・意味	例文
due	〈due to で〉〜のために	**Due** to the rain, the match was postponed. 雨のために，その試合は延期された。
broaden A	A を広げる	Books can help you **broaden** your knowledge. 本は知識を広げるのに役立つ。
marked	著しい	The students showed a **marked** change. 生徒たちは著しい変化を見せた。
reduction	削減	Our goal is the **reduction** of energy costs. 私たちの目標はエネルギーコストの削減だ。
manpower	人的資源	We need **manpower** for the new project. 私たちは新しいプロジェクトに人的資源が必要だ。
labor	労働	The researcher studies various **labor** problems. その研究者はさまざまな労働問題について研究している。
investigation	調査	The **investigation** was carried out last year. その調査は昨年実施された。
more and more A	ますますたくさんの A	**More and more** foreign people will work in Japan. ますますたくさんの外国人が日本で働くだろう。
painstaking	骨の折れる	I tackled the **painstaking** task. 私はその骨の折れる課題に取り組んだ。
laborious	面倒な	He finally finished the **laborious** work. 彼はとうとうその面倒な仕事を終わらせた。
rapidly	急速に	His company is growing **rapidly**. 彼の会社は急速に成長している。
complex	複雑な	Now we face a **complex** problem. 今私たちは複雑な問題に直面している。
version	型，バージョン	This is the new **version** of that software. これがそのソフトウェアの新しいバージョンです。
element	要素	We should find a distinct **element** of the problem. 私たちは問題のはっきりとした要素を見つけるべきだ。
characterize A	A を特徴づける	Give some words that **characterize** summer. 夏を特徴づける言葉をいくつか挙げなさい。
a large amount of A	大量の A	I had to analyze **a large amount of** data. 私は大量のデータを分析しなければならなかった。
distinguish A	A を区別する	Can you **distinguish** the two colors? あなたはその2色を区別することができますか。
importantly	重要なことに	**Importantly**, the new computer is easy to use. 重要なことに，その新しいコンピューターは使いやすい。
automatic	自動的な	I wonder when we started using **automatic** doors. 人間はいつ自動ドアを使い始めたのだろうか。
repetitive	繰り返しの，反復的な	He got tired of the **repetitive** job. 彼はその反復的な仕事に飽きてしまった。
automatically	自動的に	The robot cleans rooms **automatically**. そのロボットは部屋を自動的に掃除する。
comprehensively	包括的に	We should understand this **comprehensively**. 私たちはこれを包括的に理解すべきだ。
flexibly	柔軟に	I can change my schedule **flexibly**. 私はスケジュールを柔軟に変えることができる。

circumstance	名 環境, 状況	They did their best under this **circumstance**. 彼らはこの状況下で最善を尽くした。
unlikely	形 ありそうもない	It is **unlikely** to rain this evening. 今晩は雨が降りそうもない。
flexibility	名 柔軟性	Researchers improved the **flexibility** of the AI. 研究者は AI の柔軟性を向上させた。
unexpected	形 予期しない	We need to deal with **unexpected** events. 私たちは予期しない出来事に対処する必要がある。
unprogrammed	形 プログラムされていない	This system can't do **unprogrammed** tasks. このシステムはプログラムされていない作業はできない。
range	名 範囲	The news show covers a wide **range** of topics. そのニュース番組は広範囲にわたる話題を扱う。
holistically	副 全体論的に	The issue should be discussed **holistically**. その問題は全体論的に議論されるべきだ。
accumulated	形 蓄積された	They often use **accumulated** data from surveys. 彼らはしばしば調査から蓄積されたデータを利用する。
somewhat	副 少し	This computer is **somewhat** different from the old one. このコンピューターは古いのと少し違う。
android	名 アンドロイド	It was the **android** who saved the Earth. 地球を救ったのはそのアンドロイドだった。
singularity	名 特異点	The word **singularity** is also used in physics. 特異点という言葉は物理学でも使われる。
indeed	副 確かに	**Indeed**, she cooks very well. 確かに彼女は料理がとても上手だ。
technological	形 科学技術の	He has a lot of **technological** knowledge. 彼には多くの科学技術の知識がある。
welfare	名 幸福	She cares about the **welfare** of her family. 彼女は家族の幸福を気遣っている。
misery	名 悲劇	Wars bring **misery** to people. 戦争は人々に悲劇をもたらす。
beneficial	形 有益な	Proper exercise is **beneficial** to your health. 適度の運動は健康に有益である。
surpass A	動 A を上回る	Her work **surpassed** everyone's expectations. 彼女の仕事はみんなの期待を上回った。
reliable	形 信頼できる	Technology isn't always **reliable**. 科学技術は常に信頼できるわけではない。

PART 5

PART **1**　英文を読む前に, 初めて習う文法を含んだ文を確認しましょう！ →p.257 ②

ポイント　AI とは何か。また, どのように用いられているか。

① Recently, / the word "AI" has become more common. // ② You must have heard
最近　/　「AI」という言葉はより一般的になった　　//　　あなたは以前それを聞い

it before. // ③ Nevertheless, / we are sometimes surprised to hear / on the news /
たに違いない // それにもかかわらず / 私たちはときどき聞いて驚く / ニュースで /

that *go* and *shogi* champions have been defeated / by computers with AI. // ④ What is
囲碁や将棋のチャンピオンたちが敗北したということを / AI を備えたコンピューターに // AI とは

AI? // ⑤ It stands for "artificial intelligence" / and actually means / "intelligence
何か // それは「人工知能」を表し / 実際は～を意味する / 「人工的に作り

created artificially / with advanced computers and software." // ⑥ The word AI was
出された知能 / 進歩したコンピューターやソフトウェアを用いて」 // AI という言葉は最初に

first introduced / as early as 1956. //
導入された / 早くも 1956 年に //

⑦ AI is no longer limited to large computer systems. // ⑧ It is also found in
AI はもはや大規模なコンピューターシステムに限定されない // それは日常使う

everyday goods and systems / such as smartphones, home electronics, and automated
製品やシステムの中にも見られる / スマートフォンや家電製品や自動運転のような

driving. // ⑨ AI analyzes all the data / it obtains / and instantly makes the best decision
// AI はすべてのデータを分析し / 自らが得る / 即座に可能な限りの最善の決定を下す

possible. // ⑩ For instance, / it helps car navigation systems find the shortest route /
// たとえば / それはカーナビゲーションシステムが最短ルートを見つけるのを手助けする /

to the next destination. // ⑪ Now, / AI can even detect available parking nearby /
次の目的地までの // 今では / AI は近くの利用可能な駐車場所を見つけることさえでき /

and it thus contributes to the saving of time and energy. // ⑫ Advertisements for
それはこのようにして時間と労力の節約に貢献する // お勧め商品の広告

recommended goods / that you see on on-line shopping sites / are also the result of AI
/ オンラインのショッピングサイトで見かける / ～も AI の決定の結果なのだ

decisions / based on your search history data. //
/ あなたの検索履歴データに基づく //

⑬ However, / the capacity of AI is not limited to these usages alone. // ⑭ It keeps
しかし / AI の能力はこれらの利用法だけに限定されない // それは向上

on improving / at an amazing speed. //
し続けている / 驚くべきスピードで //

✓ **構成&内容チェック** 本文を読んで, (　)に合う日本語を書きなさい。

①～③ 「AI」という言葉が私たちの生活に以前よりも浸透していることを述べている。
最近「AI」という言葉は, より一般的になった。AI を備えたコンピューターに囲碁
や将棋のチャンピオンたちが敗北したということをときどきニュースで聞く。

→ ④～⑥ AI とは何かについて説明している。
・AI は「人工(1.　　　　　　　　)」のことで, 1956 年に初めて導入された言葉である。
・進歩したコンピューターやソフトウェアによって人工的に作られた(1)である。

⑦～⑨ AI が用いられているものや AI の能力を説明している。
・大規模なコンピューターシステムを始め, 日常使う製品やシステムにも用いられている。
・AI は自ら得たデータを分析し, 即座に実現可能な(2.　　　　　　　)を下す。

→ ⑩～⑫ AI の能力の利用例を紹介している。
・AI は (3.　　　　　　　　　　　　)が目的地までの最短ルートを見つける
　のを助け, 今では, 近くの利用可能な駐車場所を見つけることもできる。
・オンラインショッピングのお勧め商品の広告も, AI の決定結果である。

⑬・⑭ AI の能力はそのほかにも利用法があり, 向上し続けていることが述べられている。

🔔 教科書 Q のヒント

Q1 What does AI stand for?　(AI は何を表していますか。)　→本文⑤

Q2 In what products and systems is AI found? Give three items.
(AIはどんな製品やシステムの中で見つけられますか。3つの項目を挙げなさい。)　→本文⑧

🔑 読解のカギ

① **Recently, the word "AI" has become more common.**
　　　　　　　└─ 同格 ─┘

➡ the word と "AI" は同格の関係。「『AI』という言葉」という意味になる。

② **You must have heard it before.**
　　　　助動詞＋have＋過去分詞

➡ 〈助動詞＋have＋過去分詞〉で, 過去のことについての〈推量〉を表す。助動詞が must
　の場合は「～したに違いない」という話し手の〈強い確信〉を表す。　文法詳細 p.274

➡ it は前文の the word "AI" を指す。

🖋 Q1. 日本語にしなさい。

It must have rained last night.

(　　　　　　　　　　　　　　　　　　　　　　　　　　　　　　　　　　　　)

③ **Nevertheless, we are sometimes surprised to hear on the news [that go and**
　文全体を修飾　　　　be surprised to *do*　　└─不定詞　　　　　接続詞

　***shogi* champions have been defeated by computers with AI].**
　　　　　　　　have been＋過去分詞

➡ nevertheless は「それにもかかわらず」という意味の副詞で, 文全体を修飾している。

➡ be surprised to *do* は「～して驚く」という意味を表す。この to hear は surprised

─────────────────────────────────
✓ 構成＆内容チェック の解答　1. 知能　　2. 最善の決定　　3. カーナビゲーションシステム

という感情の〈原因・理由〉を表す副詞的用法の不定詞。
➡ that は接続詞で名詞節を導き, that から AI までが hear の目的語になっている。
➡ have been defeated は現在完了形の受動態。ここでは「敗北した」という〈完了〉を表している。

⑤ **It stands for "artificial intelligence" and actually means "intelligence (created artificially with advanced computers and software)."**
　　　過去分詞
➡ stand for A は「A を表す」という意味を表す。
➡ created は過去分詞で, artificially 以下の語句を伴って直前の名詞 intelligence を修飾している。この用法の過去分詞は「〜された」という受動の意味を表す。

Q2.　＿＿ を埋めなさい。
ICT とは何を表しますか。　　What does ICT ＿＿＿＿ ＿＿＿＿?

⑥ **The word AI was first introduced as early as 1956.**
　　　└─同格─┘
➡ The word と AI は同格の関係。「AI という言葉」という意味になる。
➡ as early as A は「早くも A には」という意味。非常に早いことを強調する表現。

⑦ **AI is (no longer) limited to large computer systems.**
➡ be limited to A で「A に限定される」という意味を表す。
➡ no longer で「もはや〜ない」という否定の意味を表す。not は使わない。

⑧ **It is also found in everyday goods and systems (such as smartphones, home electronics, and automated driving).**
➡ A such as B で「B のような A」という意味を表す。ここでは, everyday goods and systems が A, smartphones から driving までが B に当たる。

⑨ **AI analyzes all the data [it obtains] and instantly makes the best decision possible.**　先行詞　└─関係代名詞 which[that]が省略されている
➡ data と it の間に目的格の関係代名詞 which[that]が省略されている。
➡ make a decision で「決定を下す」という意味。
➡ possible は形容詞の最上級などを強めて「できる限りの」という意味を表す。名詞のあとに置くと強意的になる。

⑩ **For instance, it helps car navigation systems find the shortest route to ....**
　　　　　help　　　　　O　　　　原形不定詞
➡ for instance は「たとえば」という意味で, 〈例示〉を表すディスコースマーカー。
➡ 〈help＋O＋原形不定詞〉で「O が〜するのを助ける」という意味を表す。

読解のカギ Q の解答　**Q1.** 昨夜雨が降ったに違いない。　**Q2.** stand for

PART ❷-1

┌──
ポイント　　多くの人は AI にどんなことを期待しているか。

① Many people expect / that AI will make our lives better. // ② At present, /
多くの人が期待している　/　AI は私たちの生活をよりよくしてくれると //　　　現在　　/

various innovative products that have it / are being developed. // ③ The arrival of
それを備えるさまざまな革新的な製品が　/　　開発されている　　//　　　自動運転の

automated driving / might decrease traffic accidents dramatically. // ④ Mobile
出現は　　　/　　　交通事故を劇的に減らすかもしれない　　　// 携帯翻訳機は

translation machines / could help us communicate / anywhere in the world. //
　　/　私たちが意思疎通するのを手助けしてくれるかもしれない　/　世界のどこでも　//

⑤ "AI doctors" with huge amounts of data / could instantly find diseases, / which
大量のデータを備えた「AI ドクター」は / 即座に病気を見つけることができるかもしれない /

human doctors cannot do. //
それは人間の医者にはできないことだ　//
──┘

✓ 構成＆内容チェック　本文を読んで，（　）に合う日本語を書きなさい。

①・② AI の発展と私たちの生活のかかわりについて説明している。
　AI を用いたさまざまな革新的な(1.　　　　　　　　　)が開発されている。私たちは生活
　がよりいっそう快適になることを期待している。

↓

③〜⑤ 開発中の AI を用いた（1）の例を挙げている。
　・自動(2.　　　　　　　)の出現→交通事故を劇的に減らす。
　・携帯(3.　　　　　　　)→世界のどこでも私たちが意思疎通するのを手助けする。
　・AI ドクター→即座に病気を見つける。

❗ 教科書 Q のヒント

Q3 How will AI make our lives better? Give one example.
（AIはどのように私たちの生活をよりよくしますか。例を一つ挙げなさい。）　→本文③〜⑤

🔑 読解のカギ

① **Many people expect [that AI will make our lives better].**
　　　　　　　　　　　　 接続詞　　　　　make　　O　　C(形容詞)

➡ that は接続詞。名詞節を導き，that 節は動詞 expect の目的語になっている。

➡ that 節内は〈make＋O＋C(形容詞)〉の形。O＝C の関係が成り立ち，「O を C にする」という意味を表す。

➡ lives は life の複数形。

Q1. 並べかえなさい。

彼の笑顔が私をうれしくさせた。

(me / his / happy / made / smile).

_____.

② **At present, various innovative products [that have it] are being developed.**
　　　　　　　　　先行詞　　　　　　　　　関係代名詞　　be 動詞＋being＋過去分詞

➡ that は various innovative products を先行詞とする主格の関係代名詞。it は AI を指し、「AI を備えるさまざまな革新的な製品」という意味になる。

➡ are being developed は〈be 動詞＋being＋過去分詞〉の現在進行形の受動態。

③ **The arrival of automated driving might decrease traffic accidents ....**
　　　　　　　　S　　　　　　　　　　　V　　　　　　　　O

➡ The arrival of automated driving という名詞句が主語になっている。

➡ might は「～かもしれない」という〈推量〉を表す。

④ **Mobile translation machines could help us communicate (anywhere in**
　　　　　　　　　　　　　　　　　　help　O　　原形不定詞

the world).

➡ 助動詞 could は「～かもしれない」と現在または未来に関する〈推量〉を表している。

➡〈help＋O＋原形不定詞〉で「O が～するのを助ける」という意味を表す。

➡ anywhere は副詞で、肯定文においては「どこででも」という意味を表す。

Q2. ＿＿ を埋めなさい。

この本はあなたが英語を勉強するのを助ける。

This book _____ you _____ English.

⑤ **"AI doctors"(with huge amounts of data) could instantly find diseases,**
　　↑_____」前置詞〈所有〉　　　　　　　　　　　　　先行詞　　└__

[which human doctors cannot do].
　┘関係代名詞〈非限定用法〉

➡ 前置詞 with は「～を持っている」という〈所有・所持〉を表す。with huge amounts of data という前置詞句が"AI doctors"を修飾している。

➡ 助動詞 could は「～かもしれない」と現在または未来に関する〈推量〉を表している。

➡ which は直前にコンマがあるので、非限定用法の関係代名詞。ここでは先行する節内の instantly find diseases という動詞句が先行詞となっており、「(大量のデータを備えた『AI ドクター』のように)即座に病気を見つける」ということは人間の医者にはできないと補足説明をしている。

PART ②-2　　英文を読む前に，初めて習う文法を含んだ文を確認しましょう！ → p.262 ⑭

┌───
ポイント　　AI の新しい技術がどのように用いられているか。

⑥ One noteworthy AI innovation / is a wearable reading device / for the blind / or
注目に値する AI の革新的な製品の1つは / 装着できる読み取り装置である / 視覚障害者のための /つまり

the visually impaired. // ⑦ It can read out text / in front of the users, / and can
目の不自由な人　　　　// それは文章を読み上げることができる /　利用者の前で　/そして～さえできる

even / recognize others' faces and say their names. // ⑧ Kato Kento, a Japanese
/　他人の顔を認識することやその人たちの名前を言うこと　//　日本人ブラインドサッカー選手

blind soccer player, / was once about to give up on his life / due to his eye disease. //
である加藤健人さんは / かつてまさに人生をあきらめるところだった /　目の病気のために　//

⑨ But blind soccer and new technology / brought him hope. // ⑩ Now he says, / "I would
しかしブラインドサッカーと新技術が / 彼に希望をもたらした// 今では彼は言う /「私はより

like to do more things / on my own without relying on others / and broaden my world." //
多くのことをこなしたい / 他人に頼ることなく自分で / そして自分の世界を広げ(たい)」//

⑪ Moreover, / we can also see / a marked development / of robots with AI. //
さらに / 目にすることもできる / 著しい発達を / AI を搭載したロボットの //

⑫ AI robots contribute / to the reduction of manpower and labor costs. // ⑬ In
AI ロボットは貢献する / 人的資源や人件費の削減に //

fact, / they are already being used / in various areas / such as industry, / nursing, /
実際 / それらはすでに用いられている / さまざまな分野で / 工業のような / 看護 /

medical care, / and investigation. // ⑭ More and more AI robots / are doing /
医療 / 調査 // ますます多くの AI ロボットが / 行っている /

painstaking, / laborious, / boring, / and dangerous work / as if they were humans. //
骨の折れる / 面倒な / 退屈な / そして危険な作業を / まるで人間であるかのように //
───┘

✓ 構成＆内容チェック　本文を読んで，（　）に合う日本語を書きなさい。

⑥・⑦ AI の革新的な製品について説明している。
　AI の革新的な製品の1つは，視覚障害者が装着できる(1.　　　　　　)である。これは，目の不自由な人に文章を読み上げたり，他人の顔を識別する手助けをしたりする。

⑧～⑩ 具体例として加藤健人さんを紹介している。
　ブラインドサッカー選手である加藤健人さんは，この新技術を利用して，「自分でより多くのことをこなし，(2.　　　　　　)を広げたい」と述べている。

⑪～⑭ AI を搭載したロボットの著しい発達について説明している。
　AI ロボットは，人的資源や(3.　　　　　　)の削減に貢献する。実際に工業，看護，医療，調査などの分野で用いられている。これらの AI ロボットは，骨の折れる，面倒な，退屈な，そして危険な作業を，まるで人間であるかのように行っている。

✓ 構成＆内容チェック の解答　1. 読み取り装置　2. 自分の世界　3. 人件費

❗ 教科書Qのヒント

Q4 What can a wearable reading device for the blind or the visually impaired do?
(視覚障害者, つまり目の不自由な人のための装着できる読み取り装置は何をすることができますか。) →本文⑦

🔑 読解のカギ

⑥ One noteworthy AI innovation is a wearable reading device (for the blind
　　　　　　　S　　　　　　　　　V　　　　　　　　C　　　　　　　the+形容詞
or the visually impaired).

→ the blind および the visually impaired は, 〈the+形容詞〉の形で「～な人々」という
　意味を表す。visually は副詞で, impaired という形容詞を修飾している。

→ or は「すなわち」という〈換言〉の意味で, the blind「視覚障害者」を the visually
　impaired「目の不自由な人」と言い換えている。

⑧ Kato Kento, a Japanese blind soccer player, was once about to give up
　└───── 同格 ─────┘　　　　　be 動詞+about to *do*
on his life (due to his eye disease).

→ Kato Kento と a Japanese blind soccer player は同格の関係。

→ 〈be 動詞+about to *do*〉は「まさに～しようとしている」という意味を表す。

→ due to A は「A のせいで」という意味を表す。

⑩ Now he says, "I would like to do more things on my own (without relying
on others) and broaden my world."　　　　　　　　　　　前置詞+動名詞句

→ on *one's* own は「自分で, ひとりで」という意味を表す。

→ relying on others は前置詞 without の目的語になる動名詞句。without *doing* は「～
　することなく」という意味。rely on A は「A に頼る」という意味を表す。

⑬ In fact, they are already being used in various areas such as industry ....
　　　　　　　　be 動詞+being+過去分詞

→ In fact は「実際」という意味で, そのあとで前文⑫の内容をさらに詳しく述べている。

→ are being used は〈be 動詞+being+過去分詞〉の現在進行形の受動態。

⑭ More and more AI robots are doing painstaking, laborious, boring, and
dangerous work [as if they were humans].
　　　　　　　　　　　as if+S'+動詞の過去形

→ more は many の比較級。more and more A で「ますますたくさんの A」となる。

→ as if 以下は仮定法の表現。as if の節で〈S'+動詞の過去形〉の仮定法過去を用いると,
　「まるで～のように」という, 主節の時制と同じ時点の事実とは異なる状況や空想を
　表す。〈as though+仮定法過去〉も同じ意味。　　　　　　文法詳細 p.275

✏ Q1. 日本語にしなさい。

She talks as if she knew everything.

(　　　　　　　　　　　　　　　　　　　　　　　　　　　　　　　　)

🔑 読解のカギ Q の解答　**Q1.** 彼女はまるですべてを知っているかのように話す。

PART ❸

🔖 **ポイント** 「ディープラーニング」とは何か。

① What has made AI advance so rapidly / is the technology called "Deep
AIをこれほど急速に進歩させたものは / 「ディープラーニング」と呼ばれる技術だ

Learning." // ② It was developed / by referring / to the complex network / of the
// それは開発された / 参考にすることで / 複雑なネットワークを / 人間の

human brain. //
脳の //

③ How does "Deep Learning" work? // ④ Suppose / we want AI to recognize a
「ディープラーニング」はどのように機能するのか // 仮定しよう / 私たちがAIに「ネコ」を認識させたいと

"cat." // ⑤ With earlier versions of AI, / we needed to provide the different
// 初期型のAIの場合は / 私たちがさまざまな要素を提供する必要があった

elements / that characterize a cat / and make AI learn them. // ⑥ Now, / with
/ ネコを特徴づける / そしてAIにそれらを学習させる // 今では /

"Deep Learning," / AI can learn on its own. // ⑦ If we give it / a large amount of
「ディープラーニング」を用いて / AIは自力で学習することができる // もし私たちがそれに与えると / 大量の

image data / related to cats, / it can understand / what a "cat" is like / and learn
画像データを / ネコに関する / それは理解できる / 「ネコ」とはどういうものかを / 「ネコ」を

how to distinguish a "cat" / from other things. // ⑧ More importantly, / once AI
区別する方法を学ぶことができる / ほかのものと // さらに重要なことに / いったん

has started learning, / it can learn a lot faster / than human children. // ⑨ Such
AIが学習を始めると / それはずっと速く学習することができる / 人間の子どもよりも // そのような

automatic learning / would not have been possible / without "Deep Learning." //
自動学習は / 実現しなかっただろう / 「ディープラーニング」がなければ //

⑩ However, / some researchers worry / about AI developing too fast. // ⑪ If
しかし / 研究者の中には心配する人もいる / AIがあまりに急速に発達することを // もし

AI continues to spread / into various industries, / many of us / might lose our jobs, /
AIが広がり続けると / さまざまな産業に / 私たちの多くが / 仕事を失うかもしれない /

especially those / that only require simple and repetitive labor. // ⑫ What do you
特に仕事 / 単純労働や反復労働だけを必要とする // あなたはどう

think / AI will be like in the future? //
思うか / AIが将来どのようなものになると //

✔ **構成＆内容チェック** 本文を読んで，（ ）に合う日本語を書きなさい。

①・② 「ディープラーニング」について説明している。
　AI を進歩させた「ディープラーニング」は，人間の(1.　　　　　　　　)の複雑なネットワークを参考にすることで開発された。

┃　　**具体例を挙げて説明**
┗➤ ③〜⑦ 「ディープラーニング」についてネコの認識の例を挙げて説明している。

↓ 初期型の AI では

ネコを特徴づけるさまざまな要素を提供して，学習させる必要があった。

↓ 「ディープラーニング」を用いれば

ネコに関する大量の(2.　　　　　　　)を与えると，ネコというものを理解し，ほかのものと区別する方法を学ぶことができる。

⑧・⑨ 「ディープラーニング」ならではの学習について説明している。

AI がいったん学習を始めると，人間の子どもよりもずっと速く学習する。このような(3.　　　　　　)は，「ディープラーニング」が実現したものである。

⑩〜⑫ AI が急速に発達することに対する懸念を述べている。

私たちの多くが単純労働や反復労働だけを必要とする仕事を失うかもしれない。

❗教科書 Q のヒント

Q5 What technology has made AI advance so rapidly?

（どんな技術が AI をそれほど急速に進歩させたのですか。）　→本文①

Q6 How does AI learn with "Deep Learning"?

（AI は「ディープラーニング」を用いてどのように学習しますか。）　→本文⑥

🔑読解のカギ

①　S　　　　　　　　　　　　　　　　　V　　　C

[What has made **AI advance** so rapidly] is the technology (called "Deep
　関係代名詞　　make＋O＋原形不定詞　　　　　　　　　　　　過去分詞

Learning)."

→ what は先行詞を含む関係代名詞で，「〜すること[もの]」という意味を表す。名詞節を導き，What has made AI advance so rapidly が文の主語になっている。

→ has made AI advance は「O に〜させる」という意味を表す〈make＋O＋原形不定詞〉の形で，has made は〈完了・結果〉を表す現在完了形。

→ called は過去分詞で，"Deep Learning"という名詞句を伴って，the technology を後ろから修飾している。この用法の過去分詞は「〜される」という受動の意味を表す。

④ Suppose [we want **AI to recognize** a "cat."]
　　　　　　　　　　want＋O＋to *do*

→ 〈suppose (that) S' + V'〉の形で「〜と仮定しよう」という意味を表す。仮定法で使われることもあるが，that 節が確実性の高い内容の場合，このように直説法現在で表す。

→ 〈want＋O＋to *do*〉で「O に〜してほしい」という意味を表す。

⑤ ... we needed to **provide** the different elements [that characterize a cat]
to の　　　　　　　need to *do*　　　　　　先行詞　　　　　　　関係代名詞
省略

(and) make **AI learn** them.
　　make＋O＋原形不定詞

✓ **構成&内容チェック** の解答　1. 脳　2. 画像データ　3. 自動学習

➡ need to *do* で「〜する必要がある」。and が to provide と (to) make をつないでいる。

➡ that は the different elements を先行詞とする主格の関係代名詞。

➡ make AI learn は〈make＋O＋原形不定詞〉の形。「O に〜させる」となる。

⑦ ... it can understand [what a "cat" is like] and learn (how to distinguish
　　　　S　　　V₁　　　　　O₁(間接疑問)　　can が省略　V₂　　　O₂(how to *do*)
　　　　　　　　　　　　　　　　　　　　　されている

　a "cat" from other things).

➡ what *A* is like で「A はどのようなもの[人]か」という意味を表す。what a "cat" is like が間接疑問の形で can understand の目的語になっている。

➡ how to *do* で「〜する方法」。(can) learn の目的語になっている。

➡ distinguish *A* from *B* で「B と A を区別する」という意味を表す。

⑧ More importantly, [once AI has started learning], it can learn a lot faster
　　　　　　　　　　接続詞　　　has started *doing*

　than human children.

➡ once は接続詞。「いったん〜すると」という意味を表す。

➡ has started は〈完了・結果〉を表す現在完了形。start *doing* は「〜し始める」。

➡ a lot は比較級 faster を強調する働きをしていて,「はるかに」という意味を表す。

Q1. 日本語にしなさい。

This bag is a lot heavier than that one.

（　　　　　　　　　　　　　　　　　　　　　　　　　　　　　　）

⑨ Such automatic learning would not have been possible without "Deep
　　　　　　　　　　　　　　助動詞＋have＋過去分詞

　Learning."

➡ would not have been は〈助動詞＋have＋過去分詞〉を使った過去の事実とは異なることを表す仮定法過去完了の形。「実現しなかっただろう」という意味。

⑩ However, some researchers worry about (AI developing too fast).
　　　　　　　　　　　　　　　　　　　　動名詞の意味上の主語

➡ AI は動名詞 developing の意味上の主語で, AI から too fast までの動名詞句が前置詞 about の目的語になっている。

Q2. 並べかえなさい。

私は息子がとても上手にサッカーをすることを自慢に思う。

(proud / playing / I'm / of / soccer / my son) very well.

_____ very well.

⑪ If AI continues to spread into various industries, many of us might lose
　our jobs, especially those [that only require simple and repetitive labor].
　　　　　　　　　　　　　　　　　　　　　　　関係代名詞

➡ continue to *do* で「〜し続ける」という意味。continue *doing* と意味はほぼ同じ。

➡ that は主格の関係代名詞。先行詞は those で, jobs という名詞の代用をしている。

読解のカギ Q の解答　**Q1.** このバッグはあのバッグよりはるかに重い。　　**Q2.** I'm proud of my son playing soccer

PART ④

ポイント　特化型人工知能と汎用型人工知能の違いは何か。

① Now / the kind of AI / we use in smartphones and car navigation systems /
現在 / AIの種類は / 私たちがスマートフォンやカーナビゲーションシステムで用いる /

is also called Artificial Narrow Intelligence (ANI). // ② This AI can
特化型人工知能(ANI)とも呼ばれている // このAIは自動的

automatically make the best decision / for a specific task / when a large amount of
に最善の決定を下すことができる / 特定の作業に対する / 大量のデータが

data is given to it. // ③ In this respect, / it already exceeds human intelligence. //
与えられると // この点に関しては / それはすでに人間の知能を超えている //

④ Still, / it cannot think comprehensively and act flexibly / in complex and
それでも / それは包括的に考え柔軟に行動することはできない / 複雑で変化する

changing circumstances / as humans do. // ⑤ It is unlikely that this type of AI will
環境の中で / 人間が行うように // このタイプのAIは作業を行い

carry out tasks / that require / communication skills, / creativity, / or flexibility. //
そうにない / ～を必要とする / コミュニケーションスキル / 創造性 / あるいは柔軟性 //

⑥ However, / a future type of AI / called Artificial General Intelligence (AGI) /
しかし / 将来型のAIは / 汎用型人工知能(AGI)と呼ばれる /

is expected to be able to deal / with unexpected or unprogrammed problems. //
対処することができると期待されている / 予期しない，あるいはプログラムされていない問題に //

⑦ It analyzes a wide range of issues holistically / and seeks a better solution
それは広範囲にわたる問題を全体論的に分析し / それに従ってよりよい

accordingly, / like humans do / based on their accumulated experiences. // ⑧ It
解決法を探す / 人間が行うように / 蓄積された経験に基づいて // それは

may be somewhat similar / to the system of the human-like androids / that we
少し似ているかもしれない / 人間型アンドロイドのシステムに / 私たちが

often see in cartoons. //
よく漫画で目にする //

⑨ According to some researchers, / the year of 2045 / will be the turning point
何人かの研究者たちによれば / 2045年は / 「特異点」という転換期に

— "singularity" — / when AGI that can outperform human intelligence / will
なるだろう / 人間の知能をしのぐAGIが /

appear. // ⑩ Some people worry / that it will eventually control humans / like in
出現する // 心配する人もいる / それが最終的に人間を支配するのではないかと / SF映画

science fiction movies. //
にあるように //

✓ **構成&内容チェック**　本文を読んで，（　）に合う日本語を書きなさい。

①～③ 特化型人工知能（ANI）とはどのようなものかについて説明している。
- (1.　　　　　　　　　)やカーナビゲーションシステムで用いられている。
- 大量のデータが与えられると，特定の作業に対する最善の決定を自動的に下す。
  →この点においては，すでに人間の知能を超えている。

↓

④・⑤ ANI の限界について説明している。
　ANI は人間が行うように包括的に考え，柔軟に行動することはできない。
　→コミュニケーションスキルや(2.　　　　　　　　)，柔軟性を必要とする作業は行い
　そうにない。

↓

⑥～⑧ 汎用型人工知能（AGI）とはどのようなものかについて説明している。
- 予期しない，プログラムされていない問題に対処できると期待されている。
- 広範囲にわたる問題を全体論的に分析し，よりよい解決法を探す。
- 私たちが漫画でよく目にする(3.　　　　　　　　　　　　)のシステムに似ている。

↓

⑨・⑩ 人間の知能をしのぐAGIの出現について述べている。
- 研究者によると，2045年は人間の知能をしのぐAGIが出現する転換期になる。
- AGIが人間を支配するのではないかと心配する人もいる。

📢 教科書Qのヒント

Q7 What is the difference between ANI and AGI?
（ANI と AGI の違いは何ですか。）　→本文②・⑦

Q8 What is expected to happen in the year 2045?
（2045 年に何が起きると予想されていますか。）　→本文⑨

🔑 読解のカギ

① **Now the kind of AI [we use in smartphones and car navigation systems]**
　　　　　　　　└── which[that]が省略されている

　is also called Artificial Narrow Intelligence (ANI).
　➡ AI と we の間には目的格の関係代名詞が省略されている。

③ **In this respect, it already exceeds human intelligence.**
　➡ in this respect は「この点に関して」という意味を表す。

④ **Still, it cannot think comprehensively and act flexibly (in complex and**
　　　　S　　V₁　　　　　　　　　　cannot の省略─┘ V₂

　changing circumstances) [as humans do].
　　　　　　　　　　　　接続詞　　　代動詞

✓ **構成&内容チェック** の解答　1. スマートフォン　2. 創造性　3. 人間型アンドロイド

➡ it は①の文の Artificial Narrow Intelligence (ANI)を指す。

➡ as は接続詞で「(〜する)ように」という〈様態〉を表す。

➡ do は先行する動詞(＋目的語，補語など)との重複を避けるために用いる代動詞。ここでは think から circumstances までの代用となっている。

形式主語　　　　　真主語

⑤ It is unlikely [that **this type of AI will carry out tasks** [that **require communication skills, creativity, or flexibility**]].　先行詞　関係代名詞

➡ it を形式的に主語の位置に置き，真の主語である that 節が後ろに置かれている。〈It is unlikely that S＋V〉で「S は V しそうにない」という意味を表す。

➡ carry out A[A out]は「A を行う[実行する]」という意味を表す。

➡ 2つ目の that は tasks を先行詞とする主格の関係代名詞。

🖉 **Q1. ＿＿ を埋めなさい。**

彼はそのようなことを言いそうにない。

It is ＿＿＿＿＿ ＿＿＿＿＿ he will say such a thing.

⑥ However, a future type of AI (called **Artificial General Intelligence (AGI)**)　過去分詞

is expected to be able to deal with unexpected or unprogrammed problems.
be expected to *do*

➡ called は過去分詞で，Artificial General Intelligence (AGI)という名詞句を伴い，a future type of AI を後ろから修飾している。

➡ expect A to *do* は「A が〜すると期待する[予測する]」という意味を表す。ここでは受動態になっている。

➡ deal with A は「A に対処する」という意味を表す。

🖉 **Q2. 並べかえなさい。**

私たちはこの状況に対処しなければならない。

(with / we / situation / have / this / to / deal).

_____.

⑧ It may be somewhat similar to the system (of the human-like androids
be similar to A　先行詞

[that **we often see in cartoons**]).
関係代名詞

➡ be similar to A で「A に似ている」という意味を表す。

➡ -like は名詞の後ろに付けて，「〜のような」という意味を表す。

➡ that は目的格の関係代名詞で，先行詞 the human-like androids を修飾している。

PART ⑤

ポイント 未来に向けて，私たちは AI とどのようにかかわるべきなのか。

① When we think of AI, / we need to consider the relationship / between humans
AI について考えるとき　/　私たちは関係をよく考える必要がある　/　人間と科学技術の

and technology. // ② Indeed, / technological development has contributed greatly /
　　　　　　　//　確かに　/　　科学技術の発達は大いに貢献してきた　　　/

to our welfare. // ③ However, / we have to look closely / at the negative effects as
私たちの幸福に　//　しかし　/　私たちは注意して見る必要がある /　　その否定的な影響に

well. // ④ The most recent AI technology is often used in wars / and causes so
ついても //　　最新の AI 技術は戦争でたびたび用いられ　　　/　非常に多くの悲劇を

much misery. // ⑤ We need / to learn a lesson from this / and apply it to our future. //
もたらしている //　私たちは必要がある /　このことから教訓を学び /　それを将来に適用する　//

⑥ We can no longer stop / the development of AI, / but we can / avoid its
私たちはもはや止めることはできない /　AI の発達を /　しかし私たちは~ことができる /　その潜在的

potential risks / and make it beneficial / to the well-being of humans. // ⑦ We need
な危険性を避け /　それを役立たせる /　　人間の幸福に　　// 私たちは認識

to be aware of / what AI should do / and what humans should do. // ⑧ It is our
しておく必要がある / AI がすべきことを /　そして人間がすべきことを　//　私たちの

responsibility / to collect and utilize appropriate data / to make AI work well. //
責任である /　適切なデータを集めて利用することは /AI をうまく機能させるために //

⑨ Furthermore, / while information from AI should be made available / in difficult
さらに /　AI からの情報は利用されるべきである一方 /　難しい

circumstances / such as in court cases and politics, / it must be humans / who
状況で /　訴訟や政治におけるような /　人間でなければならない /

make the final decisions. // ⑩ In this way, / we should be able to co-exist / with AI /
最終決定を行うのは // このように /　私たちは共存できるようにすべきだ / AI と /

in most aspects of our lives. //
私たちの生活のほとんどの面で //

⑪ We need to pay close attention / to how AI develops. // ⑫ Yet, / we can make
私たちは細心の注意を払う必要がある / AI がどのように発達するのかに // しかし /　私たちは AI を

AI a reliable partner / that works together with us / to build a better society. //
信頼できるパートナーにすることができる / 私たちとともに働く /　よりよい社会を築くために //

⑬ The future is in our hands. //
未来は私たちの手の中にある //

✓ **構成&内容チェック** 本文を読んで，（　）に合う日本語を書きなさい。

①~⑤ 人間と科学技術の関係について述べている。
　科学技術の発達は人間に幸福をもたらしてきたが，その否定的な影響についても注意する必要がある。最新の AI 技術は（1.　　　　　）に利用され，悲劇を生んできた。

↓

⑥~⑩　私たち人間が AI をどのように利用すべきかを述べている。
・AI の発達を止めることはできないが，潜在的な危険性を避けることはできる。
・「AI がすべきこと」と「人間がすべきこと」を認識する必要がある。
　→ AI からの情報は，訴訟や政治といった難しい状況で利用されるべきだが，
　　(2.　　　　　　　　)を行うのは人間でなければならない。

↓

⑪~⑬　人間と AI のかかわり方についてのまとめを述べている。
私たち人間は AI の発達について細心の注意を払う必要がある。よりよい社会を築く
ために AI を信頼できる(3.　　　　　　　　)にできるかどうかは私たち次第である。

🔔 教科書 Q のヒント

Q9　What is the negative effects of AI technology? Give one example.
（AI 技術の否定的な影響は何ですか。例を 1 つ挙げなさい。）　→本文④

Q10　As we can no longer stop the development of AI, what do we need to do?
（私たちはもはや AI の発達を止めることはできないので，何をする必要がありますか。）　→本文⑪

🎵 読解のカギ

contribute to *A*

② Indeed, technological development has contributed greatly to our welfare.
has＋過去分詞

➡ Indeed は「確かに，本当に」という意味を表す副詞。technological 以下に述べられ
ている内容の真実性を強調している。
➡ has contributed は〈have[has]＋過去分詞〉の形の〈完了・結果〉を表す現在完了形。
➡ contribute to *A* で「A に貢献する」という意味。

③ However, we have to look closely at the negative effects as well.
　　　　　　　 have to *do*

➡ however は副詞で，「しかしながら」と〈逆接〉を表すディスコースマーカー。
➡ have to *do* で「～しなければならない」という意味。
➡ as well は「～もまた」という意味で，ふつう文末に置かれる。

④ The most recent AI technology is often used in wars (and) causes so
　　　　　　　　　　S　　　　　　　　　　　　　V₁　　　　　　　　　　　V₂
much misery.
　　　O

➡ is used は〈be 動詞＋過去分詞〉の受動態。
➡ so much は「非常に多くの」という意味。不加算名詞 misery を修飾している。

✓ **構成＆内容チェック** の解答　1. 戦争　　2. 最終決定　　3. パートナー

⑤ **We need to learn a lesson from this (and) apply it to our future.**

→ this は前文④の「最新の AI 技術は戦争でたびたび用いられ，非常に多くの悲劇をもたらしている」ことを指す。and のあとに need to が省略されていて，it は a lesson を指す。

⑥ **We can no longer stop the development of AI, (but) we can avoid its**
　S₁　　　V₁　　　　　　　　O₁　　　　　　　　S₂　　V₂

potential risks (and) make it beneficial to the well-being of humans.
　O₂　　　　　V₃　O₃　　C

→ no longer で「もはや〜ない」という否定の意味を表す。

→ its potential risks の its は AI's を指し，「AI の潜在的な危険性」という意味。

→ 〈make＋O＋C(形容詞)〉で「O を C にする」という意味を表す。it は AI を指す。

⑦ **We need to be aware of [what AI should do (and) what humans should**
　　　　　　　　　疑問詞 S₁' 　V₁'　　　　疑問詞 S₂' 　V₂'

do].

→ be aware of A は「A を認識している」という意味を表す。

→ what AI should do と what humans should do は文中の一部となる疑問文(間接疑問)で，〈疑問詞＋S'＋V'〉の語順で表されている。ここでは２つの間接疑問が and でつながれており，１つ目の what から文末の do までが前置詞 of の目的語になっている。

　　　　　　　　　　　　　　　　　　　　　　　　不定詞
⑧ **It is our responsibility (to collect (and) utilize appropriate data to make AI**
　形式主語　　　　　　真の主語　　　　　to の省略　　　　　make＋O＋

work well).
原形不定詞

→ It は形式主語。不定詞句 to collect ... well が真の主語。

→ to make は「〜するために」という〈目的〉を表す副詞的用法の不定詞。

→ to make AI work は〈make＋O＋原形不定詞〉の形で「O に〜させる」という意味を表す。

⑨ **Furthermore, while information from AI should be made available ...**
　　　　　　　　　　　　　　　　　助動詞＋be＋過去分詞　　C

it must be humans [who make the final decisions].
強調構文　　強調されている語

→ should be made は〈助動詞＋受動態〉の形で，後ろに C(形容詞)を伴って「C にされるべき」という意味になる。

→ it must be humans who ... は強調構文。It is[must be] A who[that] ... の形を用いて，A に当たる humans が強調されている。

Q1. 日本語にしなさい。

It was my father who made my birthday cake.

(　　　　　　　　　　　　　　　　　　　　　)

読解のカギ Q の解答　**Q1.** 私の誕生日ケーキを作ったのは父だった。

🎯 Comprehension ❶ヒント

Fill in the blanks to complete the information about AI.

（下線部に適切な語を入れて，AI に関する情報を完成させなさい。）

1　AI という言葉は何を表すか。

（教 p.172, ℓℓ.5~7）

2, 3　現在，AI はどのような日常使う製品やシステムに利用されているか。

（教 p.172, ℓℓ.10~11）

4「ディープラーニング」を用いて，AI はどのように学習することができるか。

（教 p.176, ℓℓ.8~9）

5, 6　AI を何と比較しているか。また，比較して何が言えるか。

（教 p.176, ℓℓ.12~14）

7　自動運転の出現で何が劇的に減ると期待されているか。

（教 p.174, ℓℓ.3~4）

8, 9　世界のどこでも役に立つ，AI を用いた携帯型の機器とは何か。そして，その機器はどのように役立つか。

（教 p.174, ℓℓ.5~6）

10　即座に病気を見つけることができるものとは何か。

（教 p.174, ℓℓ.6~8）

11, 12　AI ロボットを利用することで，何が削減されるか。

（教 p.175, ℓℓ.8~9）

13, 14　一部の人が AI の発達について心配していることは何か。

（教 p.176, ℓℓ.16~20）

15　ANI は大量のデータが与えられたとき，何に対して最善の決定を下すか。

（教 p.178, ℓℓ.3~5）

16　AGI は広範囲にわたる問題をどのように分析してよりよい解決法を探すか。

（教 p.178, ℓℓ.13~16）

17　AGI は 2045 年にどうなると信じている人がいるか。

（教 p.178, ℓℓ.19~21）

18　私たちは，AI がすべきことと人間がすべきことに対して，どうする必要があるか。

（教 p.180, ℓ.11~p.181, ℓ.1）

19　私たちは AI の発達に対して，どうする必要があるか。

（教 p.181, ℓ.9）

20　私たちは AI をどのようにすることができるか。

（教 p.181, ℓℓ.10~11）

ⓘ More Information ①ヒント

Questions

1. 📖 p.186 のグラフから，AI から最も多く恩恵を受ける国がどこかを読み取る。そして
その理由を述べる。
   ➡ 基準となるシミュレーションと，AI を加えたシミュレーションの差に注目し，その差
   が最も大きい国はどこかを探す。

2. 📖 p.186 のグラフから，AI から受ける恩恵が最も少ない国がどこかを読み取る。そし
てその理由を述べる。
   ➡ 基準となるシミュレーションと，AI を加えたシミュレーションの差に注目し，その
   差が最も小さい国はどこかを探す。

Development

・人間と AI がうまく協力し合うために，AI をコントロールする新しい法律が必要になる
と言われている。どのような法律が必要になるかを考え，グループで話し合い，考えら
れるアイディアをリストアップする。アイディアの中から 1 つ選び，以下の質問につい
て考える。
   ➡ Part 3 〜 Part 5 に述べられている AI の発達による悪影響や，潜在的な危険性を参
   考にしつつ，AI をどのようにコントロールすればよいかを考える。Part 3 〜 Part 5
   では，AI に人間の仕事が奪われてしまったり，AI に人間が支配されたり，AI の最新
   の技術が戦争に利用されてしまったりすることへの懸念が挙げられている。また，そ
   のほかにも，自動運転車の安全性，AI によるプライバシーの侵害などの問題も考え
   られるだろう。決定権は人間が持つべきであるという観点からも考えるとよい。

1. What does the law regulate?
   ➡ その法律が何を規制するものかを答える。The law regulates .... 「その法律は…を規
   制する」，The law is about .... 「その法律は…に関するものだ」などの表現を使って
   書くとよい。

2. What is the name of the law?
   ➡ その法律の名前を答える。The name of the law is .... 「その法律の名前は…だ」，
   We named the law .... 「私たちはその法律を…と名付けた」などの表現を使って書く
   とよい。

3. Why will this law be needed?
   ➡ なぜその法律が必要になるのか，その理由を答える。This law will be needed
   because .... と理由を続けてもよいし，理由を述べてから That is why this law will
   be needed. 「そういうわけでこの法律が必要になるだろう」としてもよい。また，理
   由が複数ある場合は，There are two reasons why this law will be needed. 「この法
   律が必要になる理由は 2 つある」などと始め，First, ... Second, ... のように理由を
   列挙してもよい。

📖 Grammar

G-21 過去についての推量

▶過去についての推量とは

・〈助動詞＋have＋過去分詞〉で過去のことに関する**推量**を表すことができる。

〈must have ＋過去分詞〉

He must <u>have had</u> a good rest.
　　　　　　 have ＋過去分詞

（彼は十分に休息したに違いない。）

➡ 〈must have＋過去分詞〉は**「～したに違いない」**という過去のことについての**確信**を表す。この意味の否定形が〈can't［couldn't］have ＋過去分詞〉である。

〈may［might］have ＋過去分詞〉

I may［might］<u>have left</u> the key at home.
　　　　　　　　 have ＋過去分詞

（私は家に鍵を置いてきたかもしれない。）

➡ 〈may［might］have＋過去分詞〉は**「～したかもしれない」**という過去のことについての**推量**を表す。may よりも might のほうが確信の度合いが低い。

〈can't［couldn't］have ＋過去分詞〉

She can't［couldn't］<u>have made</u> such a mistake.
　　　　　　　　 have ＋過去分詞

（彼女がそんな間違いをしたはずがない。）

➡ 〈can't［couldn't］have＋過去分詞〉は**「～したはずがない」**という過去のことについての**確信**を表す。can't よりも couldn't のほうが確信の度合いが低い。

〈could have ＋過去分詞〉

The accident could <u>have been</u> much worse.
　　　　　　　　 have ＋過去分詞

（その事故はもっとひどいものだった可能性がある。）

➡ 〈could have＋過去分詞〉は**「～だった可能性がある」**という過去のことについての**推量**を表す。

＋α

〈should have ＋過去分詞〉

I should <u>have studied</u> hard when I was a student.
　　　　　　 have ＋過去分詞

（私は学生だったとき一生懸命勉強すべきだったのに。）

➡ 〈should have＋過去分詞〉は**「～するべきだったのに」**という過去の行為に対する**非難・後悔**を表す。

G-22 as if を使った仮定法

▶ as if を使った仮定法とは

・〈as if＋仮定法過去〉の形で，「まるで〜のように」という事実とは異なる状況や空想を表すことができる。

・〈as though＋仮定法過去〉を用いても同じ意味を表すことができる。

〈as if[though]＋仮定法過去〉

He treats me as if I were[was] a little child.
　　　　　　　　　　　　仮定法過去

(彼はまるで私が小さな子どもであるかのように扱う。)

➡ as if[though]を使った**仮定法過去**は〈as if[though]＋S'＋過去形〉で表し，「まるで〜のように」という**事実とは異なる状況や空想**を表す。

➡ as if[though]以下は，**主節の動詞が表す時**(この文では現在)**の事実とは異なる状況や空想**を表す。

＋α

〈as if[though]＋仮定法過去〉

She talked to her dog as though it were[was] a human.
　　　　　　　　　　　　　　　　　　仮定法過去

(彼女は自分の犬に，まるでそれが人間であるかのように話した。)

➡ **主節の動詞が表す時**(この文では過去)**の事実とは異なる状況や空想**を表す。

＋α

〈as if[though]＋仮定法過去完了〉

He talked about AI as if he had invented it.
　　　　　　　　　　　　　　　仮定法過去完了

(彼はまるで彼が発明したかのように AI について話した。)

➡ 〈as if[though]＋仮定法過去完了〉は「**まるで〜したかのように**」という事実とは異なる状況や空想を表す。

➡ as if[though]以下は，**主節の動詞が表す時**(この文では過去)**より前の時の事実とは異なる状況や空想**を表す。この文では，he had invented it(＝ AI)「彼が AI を発明した」ことが「彼が話した」という過去の時点より前の時の事実とは異なる状況・空想であることを表す。

＋α

〈as if[though]＋S'＋現在形〉

She looks as if she knows how to use AI.　　(彼女は AI の使い方を知っているように見える。)
　　　　　　　　　　　現在形

➡ 〈as if[though]＋S'＋現在形〉で，「**〜であるように**」という〈**様子**〉や〈**感情**〉を表す。この場合はふつう，事実とは異なる仮定法の意味はない。

📝 定期テスト予想問題　　解答 ➡ p.278

1 日本語に合うように, ＿＿に適切な語を入れなさい。
(1) ますますたくさんの人が環境を気にかけるだろう。
＿＿＿＿＿＿ and ＿＿＿＿＿＿ people will care about the environment.
(2) 科学技術は私たちの生活に大いに貢献してきた。
Technology has ＿＿＿＿＿ greatly ＿＿＿＿＿ our lives.
(3) 彼は賢くて, その上親切でもある。
He is smart, and kind ＿＿＿＿＿ ＿＿＿＿＿.
(4) 私は新しい家に大量のお金を費やした。
I spent a large ＿＿＿＿＿ ＿＿＿＿＿ money on my new house.

2 日本語に合うように, ＿＿に入る適切な語を下の語群からそれぞれ選びなさい。
(1) 彼女はすでに調査を終えたかもしれない。
She ＿＿＿＿＿ have already finished the investigation.
(2) 彼らがそんなことをしたはずがない。
They ＿＿＿＿＿ have done such a thing.
(3) 私は辞書を教室に置いてきたに違いない。
I ＿＿＿＿＿ have left my dictionary in my classroom.
(4) その小さな女の子はまるで大人のように話す。
The little girl speaks as if she ＿＿＿＿＿ an adult.

語群〔 can't, must, should, might, is, are, were, been 〕

3 日本語に合うように, ( )内の語を並べかえなさい。
(1) あなたは会議に来るべきだったのに。
(come / meeting / you / to / have / the / should).
＿＿＿＿＿＿＿＿＿＿＿＿＿＿＿＿.
(2) AI ロボットはまるで人間のように働くことができる。
(work / humans / AI / were / as / they / if / robots / can).
＿＿＿＿＿＿＿＿＿＿＿＿＿＿＿＿.

4 次の日本語を英語にしなさい。
(1) その古い部屋は, まるで新しいかのように清潔だ。
＿＿＿＿＿＿＿＿＿＿＿＿＿＿＿＿
(2) 彼らは新しいシステムを使ったに違いない。
＿＿＿＿＿＿＿＿＿＿＿＿＿＿＿＿

5 次の英文を読んで，あとの問いに答えなさい。

　①Recently, the word "AI" has become more common.　②(it / must / heard / you / have) before.　Nevertheless, we are sometimes surprised to hear on the news that *go* and *shogi* champions have been defeated by computers with AI.　What is AI?　③It (　　) (　　) "artificial intelligence" and actually means "intelligence created artificially with advanced computers and software."　The word AI was first introduced as early as 1956.

(1) 下線部①の英語を日本語にしなさい。
　（　　　　　　　　　　　　　　　　　　　　　　　　　　　　　　）
(2) 下線部②が「あなたは以前それを聞いたに違いない」という意味になるように，（　）内の語を並べかえなさい。
　_____ before.
(3) 下線部③が「それは『人工知能』を表す」という意味になるように，（　）に適切な語を入れなさい。　_____ _____
(4) 次の質問に英語で答えなさい。
　When was the word AI first introduced?
　_____

6 次の英文を読んで，あとの問いに答えなさい。

　①We can (　　) (　　) stop the development of AI, but we can avoid its potential risks and make it beneficial to the well-being of humans.　We need to be aware of what AI should do and what humans should do.　It is our responsibility to collect and utilize appropriate data to make AI work well.　Furthermore, while information from AI should be made available in difficult circumstances such as in court cases and politics, ②(who / humans / make / must / the final / it / decisions / be).　In this way, we should be able to co-exist with AI in most aspects of our lives.

(1) 下線部①が「私たちはもはや AI の発達を止めることはできない」という意味になるように，（　）に適切な語を入れなさい。
　_____
(2) 下線部②が「最終決定を行うのは人間でなければならない」という意味になるように，（　）内の語句を並べかえなさい。
　_____
(3) 次の質問に英語で答えなさい。
　What is our responsibility?
　_____

📝 **定期テスト予想問題　解答**　pp.276~277

1 (1) More, more　　(2) contributed, to　　(3) as well　　(4) amount of

2 (1) might　　(2) can't　　(3) must　　(4) were

3 (1) You should have come to the meeting(.)

(2) AI robots can work as if they were humans(.)

4 (1) The old room is clean as if[though] it were[was] new.

(2) They must have used a[the] new system.

5 (1) 最近，「AI」という言葉はより一般的になった。

(2) You must have heard it

(3) stands for　　(4) 例 It was first introduced as early as 1956.

6 (1) no longer　　(2) it must be humans who make the final decisions

(3) 例 It is to collect and utilize appropriate data to make AI work well.

💡 **解説**

1 (1)「ますますたくさんの A」は more and more A。　(2)「A に貢献する」は contribute to A。　(3)「その上」は as well。　(4)「大量の A」は a large amount of A。

2 (1) ～ (3)〈助動詞＋have＋過去分詞〉の形で，過去についての推量を表す。〈might have＋過去分詞〉「～したかもしれない」，〈can't have＋過去分詞〉「～したはずがない」，〈must have＋過去分詞〉「～したに違いない」　(4)〈as if＋仮定法過去〉で「まるで～のように」という事実とは異なる状況を表す。

3 (1)「～すべきだったのに」は〈should have＋過去分詞〉で表す。　(2) 文の骨組みとなる「AIロボットは働くことができる」を AI robots can work とする。「まるで人間のように」は，事実とは異なる状況を表す表現，〈as if＋仮定法過去〉「まるで～のように」を用いる。

4 (1) 文の骨組みとなる「その古い部屋は清潔だ」は The old room is clean。「まるで新しいかのように」は〈as if[though]＋仮定法過去〉を用いて表す。　(2)「～したに違いない」は〈must have＋過去分詞〉を用いる。

5 (1) 現在完了形〈完了・結果〉の文。the word と "AI" は同格の関係で，「『AI』という言葉」という意味。common は「一般的な」。　(2)「～したに違いない」は〈must have＋過去分詞〉で表す。　(3) stand for A で「A を表す」という意味。(4)「AI という言葉が最初に導入されたのはいつですか」という質問。最終文に「AI という言葉は早くも 1956 年に最初に導入された」とある。

6 (1)「もはや～ない」は no longer で表す。　(2) It is A that[who] ...「…するのは A だ」という意味を表す強調構文。人を強調するときは，that ではなく who が用いられることもある。　(3)「私たちの責任は何か」という質問。3 文目に，「AI をうまく機能させるために適切なデータを集めて利用することが私たちの責任だ」とある。

Reading **2** Gender Equality Is Your Issue, Too

単語・熟語チェック

campaign	图 キャンペーン	This **campaign** has just begun. このキャンペーンは始まったばかりだ。
reach out to A	熟 A に援助を求める	He **reached out to** me because he faced some difficulties. 彼は困難に直面していたので，私に援助を求めた。
gender	图 (社会的・文化的に見た)性, ジェンダー	**Gender** roles are disappearing in today's society. ジェンダーの役割は今日の社会ではなくなりつつある。
involved	形 かかわって	She is **involved** in that campaign. 彼女はそのキャンペーンにかかわっている。
UN = United Nations	图 国連, 国際連合	The **United Nations** was established in 1945. 国際連合は 1945 年に設立された。
galvanize A	動 A を刺激する	His speech **galvanized** young people. 彼のスピーチは若者たちを刺激した。
advocate	图 支援者	She has many **advocates**. 彼女には支援者がたくさんいる。
tangible	形 疑う余地のない	The fact they showed was **tangible**. 彼らが示した事実は疑う余地のないものだった。
appoint A	動 A を任命する	I was **appointed** by Mr. Ito as the group leader. 伊藤先生によって私はグループリーダーに任命された。
goodwill	图 親善	The ambassador made a **goodwill** visit to Japan. その大使は日本を親善訪問した。
synonymous	形 同意語の, 同義の	"Nation" is **synonymous** with "country." 「国家」は「国」と同義です。
definition	图 定義	What is the **definition** of feminism? フェミニズムの定義とは何か。
theory	图 原理	It is not easy to understand the **theory**. その原理を理解するのは容易ではない。
equality	图 平等	We need to understand what **equality** means. 私たちは平等とは何かを理解する必要がある。
assumption	图 思い込み	Everyone has **assumptions** about gender. だれにでもジェンダーに関する思い込みがある。
bossy	形 偉そうな	She tried not to look **bossy**. 彼女は偉そうに見えないように努めた。
direct A	動 A を演出する	The play he **directed** was a success. 彼が演出した劇は成功を収めた。
sexualize A	動 A を性的対象として扱う	She was confused at being **sexualized**. 彼女は性的対象として扱われて困惑した。
element	图 一団, 一派	He didn't like the **element** of the media. 彼はメディアのその一派が好きではなかった。
drop out of A	熟 A を脱退する	I **dropped out of** the soccer club last year. 私は昨年サッカー部を退部した。

beloved	形 大好きな	Ms. Brown is one of my **beloved** teachers. ブラウン先生は私の大好きな先生の1人だ。
muscly	形 筋肉質の	He is tall and **muscly** as well. 彼は背が高く，筋肉質でもある。
unable	形 できない	I was tired and **unable** to study. 私は疲れていて，勉強することができなかった。
feminist	名 フェミニスト，男女同権論者	We used the word **feminist** in the wrong way. 私たちはフェミニストという言葉を間違った方法で使っていた。
uncomplicated	形 単純な	This task looks **uncomplicated**. この課題は単純なように見える。
unpopular	形 不人気な	The movie was **unpopular** at first. その映画は当初不人気だった。
identify	動 自認する，名乗る	He **identifies** as feminist. 彼はフェミニストと名乗っている。
apparently	副 どうやら…らしい	**Apparently**, the train has already left. どうやら，電車はもう出発したらしい。
aggressive	形 攻撃的な	Don't be so **aggressive**, please. そんなに攻撃的にならないでください。
isolating	形 孤立的な，分離している	Do you have a smoke **isolating** booth? 分煙ブースはありますか。
anti-	接頭 反〜	The **anti**-war movement has been growing. 反戦運動が大きくなっている。
unattractive	形 魅力的ではない	I thought that project was **unattractive**. 私はそのプロジェクトを魅力的ではないと思った。
uncomfortable	形 不愉快な	I'm sorry I made you feel **uncomfortable**. あなたに不愉快な思いをさせてしまってすみません。
counterpart	名 同業者，同地位の人	She gets paid less than her male **counterparts**. 彼女は男性の同業者より給料が低い。
behalf	名〈on one's behalf で〉〜の代わりに	He attended the meeting on my **behalf**. 彼は私の代わりに会議に出席した。
socially	副 社会的に	People are **socially** considered an adult at the age of 18. 人は18歳で社会的に成人とみなされる。
afford A	動 A を与える	We are **afforded** many opportunities by our school. 私たちは学校に多くの機会を与えられている。
sheer	形 まったくの	Playing the piano is a **sheer** joy for me. ピアノを弾くのは私にとってまったくの喜びだ。
privilege	名 特別扱い，特権	They were given many different **privileges**. 彼らには多くのさまざまな特権が与えられた。
mentor	名 メンター，指導者	My cousin is a good **mentor** to me. いとこは私にとってよきメンターだ。
assume A	動 A と決めてかかる	They **assumed** I would come to the party. 彼らは私がパーティーに来ると決めてかかった。
birth	名 出産	She returned to work a year after giving **birth**. 彼女は出産1年後に仕事に復帰した。
give birth to A	熟 A を産む	My sister **gave birth to** a child last month. 私の姉［妹］は先月子どもを出産した。

inadvertent	形 無自覚な	**Inadvertent** actions can cause a problem. 無自覚な行動が問題を引き起こすことがある。
ambition	名 熱望	His **ambition** is to become a singer. 彼は歌手になることを熱望している。
statistically	副 統計的に	**Statistically**, women live longer than men. 統計的に女性は男性よりも長生きだ。
Beijing	名 北京	**Beijing** is the capital of China. 北京は中国の首都である。
formal	形 正式の	We wear school uniforms for **formal** events. 私たちは正式の行事には学校の制服を着る。
invitation	名 招待	Thank you for the **invitation** to the party. パーティーへの招待，ありがとうございます。
despite	前 ～にもかかわらず	**Despite** the heavy rain, they went out. 大雨にもかかわらず，彼らは外出した。
presence	名 存在	Your **presence** means a lot to me. あなたの存在は私にとって大きな意味がある。
suicide	名 自殺	We need to think about **suicide** of young people. 私たちは若者の自殺について考える必要がある。
eclipse A	動 A をしのぐ	The athlete always **eclipses** his old records. そのアスリートは常に自分の古い記録をしのぐ。
coronary	形 冠状動脈の	He recovered from a **coronary** heart disease. 彼は冠状動脈の心臓病から回復した。
insecure	形 不安定な	I feel **insecure** before taking an exam. 私は試験を受ける前は不安定な気持ちになる。
distorted	形 歪んだ	We should correct those **distorted** ideas. 私たちはそれらの歪んだ考えを正すべきだ。
constitute A	動 A を構成する	Nine players **constitute** a baseball team. 9人の選手が1つの野球チームを構成する。
imprison A	動 A を閉じ込める	They are **imprisoned** by social prejudice. 彼らは社会的偏見によって閉じ込められている。
stereotype	名 固定観念	I never judge people based on **stereotypes**. 私は決して人を固定観念で判断しない。
compel A	動 A を強いる	He **compelled** his son to study hard. 彼は息子に一生懸命勉強することを強いた。
feel compelled to do	熟 ～しなければならないと感じる	She **felt compelled to** agree with Mike's opinion. 彼女はマイクの意見に賛成しなければならないと感じた。
submissive	形 服従的な	Dogs are **submissive** to their owners. 犬は飼い主に対して服従的である。
spectrum	名 範囲	I collected a wide **spectrum** of opinions. 私は広範囲の意見を集めた。
opposing	形 相反する，反対の	He can't tell me an **opposing** opinion. 彼が私に反対の意見を言うはずがない。
define A	動 A を特徴づける[定義する]	How do you **define** yourself? あなたは自分自身をどのように定義しますか。
mantle	名 責任，役割	I took up the **mantle** in the end. 私は最終的にその役割を引き受けた。

prejudice	名 偏見	**Prejudice** makes people unhappy. 偏見は人を不幸にする。
vulnerable	形 傷つきやすい	I think he is a **vulnerable** young man. 彼は傷つきやすい青年だと思う。
claim A	動 A を要求する	He **claimed** money for the broken window. 彼は壊れた窓の代金を要求した。
statesman	名 政治家	Her son grew up to be a **statesman**. 彼女の息子は大人になり，政治家になった。
triumph	動 勝利する	I believe that good **triumphs** over evil in the end. 善は悪に最後には勝利すると私は信じている。
nervousness	名 緊張	The **nervousness** made him quiet. 緊張によって彼は静かになった。
firmly	副 かたく	My little sister held my hand **firmly**. 妹は私の手をかたく握った。
secondary	形 中等の	In some countries, girls can't receive a **secondary** education. 一部の国では女子は中等教育を受けられない。
applaud A	動 A を称賛する	Many people **applauded** the movie. 多くの人がその映画を称賛した。
struggle	動 奮闘する	They **struggled** for peace in their country. 彼らは自国の平和のために奮闘した。
struggle for A	熟 A を求めて奮闘する	We **struggled for** a victory in the game. 私たちは試合での勝利を求めて奮闘した。
unite A	動 A を結束させる	This school event **united** all the students. この学校行事が全生徒を結束させた。

PART **1**-1

ポイント　エマはキャンペーンを通して，何を変えたいと思っているか。

① Today / we are launching a campaign / called "HeForShe." //　② I am
　　今日 / 私たちはキャンペーンを開始する / "HeForShe"という // 私は

reaching out to you / because we need your help. //　③ We want to end gender
みなさんに援助を求めている / 私たちにはみなさんの助けが必要なので // 私たちは男女不平等を

inequality, / and to do this / we need everyone involved. //　④ This is the first
終わらせたい / そしてこれを行うには / みなさんにかかわっていただく必要がある // これはその種の

campaign of its kind / at the UN: / we want to try and galvanize / as many men and
キャンペーンとしては初めてのものだ / 国連で / 私たちは刺激してみたい / できるだけ多くの

boys as possible / to be advocates for change. //　⑤ And we don't just want to talk
男性や男の子たちを / 変化の支援者になってもらう // そして私たちはその変化について話したい

about it; / we want to try to make sure / that it's tangible. //
だけではない / 私たちは確認したいと思う / それが疑う余地のないものであると //

⑥ I was appointed / as Goodwill Ambassador for UN women / six months ago. //
　　私は任命された / 国連女性機関の親善大使に / 6か月前に //

⑦ And the more I have spoken about feminism, / the more I have realized / that
　　そして私がフェミニズムについて語れば語るほど / 私は気づいた /

fighting for women's rights / has too often become synonymous with man-hating. //
女性の権利のために戦うことが / あまりにもたびたび男性嫌悪と同義になっていることに //

⑧ If there is one thing / I know for certain, / it is that this has to stop. //　⑨ For the
1つあるとすれば / 私にはっきりとわかる / それはこんなことは終わらなければならないということだ // 念のた

record, / feminism by definition is: / "The belief / that men and women should
め言うと / 定義上フェミニズムは〜である / 「信念 / 男性も女性も平等な権利と機会を

have equal rights and opportunities. //　⑩ It is the theory of / the political, /
持つべきであるという // それは原理だ / 政治的 /

economic, / and social equality of the sexes." //
経済的 / そして社会的な男女平等の」 //

✔ **構成＆内容チェック** 本文を読んで，（　）に合う日本語を書きなさい。

①〜③ "HeForShe"キャンペーンについて述べている。
・今日"HeForShe"というキャンペーンを開始する。
・(1.　　　　　　　　　)を終わらせたいので，みんなの助けが必要だ。

↓

④・⑤ キャンペーンを通してエマが望んでいることを述べている。
・このようなキャンペーンは(2.　　　　　　　)で初めてのものである。
・できるだけ多くの男性に変化の(3.　　　　　　　)になってもらいたい。
・その変化が疑う余地のないものであると確認したい。

✔ **構成＆内容チェック** の解答　1. 男女不平等　2. 国連　3. 支援者

⑥〜⑩ エマが親善大使に任命されてからの気づきについて述べている。
　女性の権利のために戦うことが，男性嫌悪と同義になっていることに気づいた。
　→こんなことは終わらなければならない。

🎵 **読解のカギ**

② **I am reaching out to you [because we need your help].**
　➡ reach out to A で「A に援助を求める」という意味を表す。
　🎵 **Q1. 並べかえなさい。**
　　私たちはその課題について英語の先生に援助を求めた。
　　(our / we / English / out / teacher / reached / to) about the assignment.
　　＿＿＿＿＿＿＿＿＿＿＿＿＿＿＿＿＿＿＿＿＿＿＿ about the assignment.

⑤ **... we want to try to make sure [that it's tangible].**
　➡ make sure (that) ... で「…を確認する」という意味を表す。

⑥ **I was appointed as Goodwill Ambassador for UN women six months ago.**
　➡ be appointed as A で「A に任命される」という意味を表す。

⑦ **And the more I have spoken about feminism, the more I have realized [that fighting for women's rights has too often become synonymous with man-hating].**
　➡ 〈the＋比較級 ..., the＋比較級 〜〉で「…すればするほど〜」という意味を表す。

　　　　　　　　　　┌── 関係代名詞 which[that]が省略されている
⑧ **If there is one thing [I know for certain], it is [that this has to stop].**
　　　　　　　　先行詞　　　　　　　　　　　　　　　S V　　　C
　➡ one thing と I know for certain の間には目的格の関係代名詞が省略されている。
　➡ for certain は通常，動詞のあとに置かれ，「確かに，はっきりと」という意味を表す。
　➡ it は one thing I know for certain を指す。
　➡ 接続詞 that で導かれる名詞節が，主節の補語になっている。

⑨ **For the record, feminism (by definition) is: "The belief [that men and**
　　　　　　　　　　S └──┘　　　　V　　C └──同格──┘
　women should have equal rights and opportunities].
　➡ for the record は「念のため言うと」という意味を表す。
　➡ by definition は「定義上」という意味を表す。
　➡ The belief の直後に置かれた接続詞 that で始まる節は，The belief と同格の関係にあり，The belief の具体的な内容を説明している。「…という〜」という意味を表す。

🎵 **読解のカギ** Q の解答　**Q1.** We reached out to our English teacher

PART **1** -2

♪ポイント エマはジェンダーに基づくどのような思い込みに疑問を抱いたか。

⑪ I started questioning gender-based assumptions / a long time ago. //
私はジェンダーに基づく思い込みに疑問を抱き始めた / ずいぶん前に //

⑫ When I was eight, / I was confused at being called "bossy," / because I wanted to
8歳のとき / 私は「偉そうに」と言われたことに困惑した / 私が劇を演出した

direct the plays / we would put on / for our parents. // ⑬ But the boys were not. //
がったという理由で / 私たちが上演する / 親のために // でも男子はそう言われなかった//

⑭ When at 14, / I started being sexualized / by certain elements of the media. //
14歳のとき / 私は性的対象として扱われ始めた/ マスコミのある集団から //

⑮ When at 15, / my girlfriends started dropping out / of their beloved sports teams /
15歳のとき / 私の女友だちは脱退し始めた / 大好きなスポーツチームを /

because they didn't want to appear "muscly." // ⑯ When at 18, / my male friends
「筋肉質に」見えたくないという理由で // 18歳のとき / 私の男友だちは

were unable to express their feelings. // ⑰ I decided / that I was a feminist / and
自分の気持ちを表現することができなかった // 私は決意した / フェミニストであろうと /そして

this seemed uncomplicated to me. //
これは私には単純なことのように思えた //

✓ 構成＆内容チェック 本文を読んで，（ ）に合う日本語を書きなさい。

⑪～⑯ ジェンダーに基づく思い込みについて説明している。

ずいぶん前にジェンダーに基づく思い込みに疑問を抱き始めた。

↓ 具体例

【8歳のとき】親のために上演する劇を演出したがったときに，「(1.　　　　　　)」
と言われて困惑した。→男子はそう言われなかった。

【14歳のとき】マスコミから性的対象として扱われ始めた。

【15歳のとき】女友だちが「筋肉質に」見えたくないという理由で，スポーツチームを脱退し始めた。

【18歳のとき】男友だちは(2.　　　　　　　　　　)ことができなかった。

⑰ エマの決意が述べられている。

(3.　　　　　　)であろうと決意した。→これは単純なことのように思えた。

♪ 読解のカギ

⑪ I started questioning gender-based assumptions a long time ago.

➡ -based は名詞や副詞について「～に基づいた」という意味を表す接尾辞。gender-based は「ジェンダーに基づく」という意味で，assumptions を修飾している。

✓ 構成＆内容チェック の解答 1. 偉そうに　2. 自分の気持ちを表現する　3. フェミニスト(男女同権論者)

Q1. 日本語にしなさい。

We need to use fact-based information.

( )

⑫ **When I was eight, I was confused at** <u>being called</u> **"bossy," because I**

being＋過去分詞（動名詞の受動態）

wanted to direct <u>the plays</u> [**we would** <u>put on</u> **for our parents**]**.**

先行詞　　　　　　└─関係代名詞 which[that]が省略されている

➡ be confused at *A* で「*A* に困惑する」という意味を表す。

➡ being called は〈being＋過去分詞〉の形の動名詞の受動態。前置詞 at の目的語になっている。動名詞の受動態は「～されること」という意味を表す。being called "bossy"で「『偉そうに』と言われたこと」という意味になる。

➡ put on *A*[*A* on]で「*A* を上演する」という意味を表す。

⑬ **But the boys were not.**

└─called "bossy" が省略されている

➡ the boys were not の後ろには，直前の⑫の文の called "bossy"が省略されている。

⑭ **When at 14, I started** <u>being sexualized</u> **by certain elements of the media.**

being＋過去分詞（動名詞の受動態）

➡ being sexualized は〈being＋過去分詞〉の形の動名詞の受動態。動詞 started の目的語になっている。動名詞の受動態は「～されること」という意味を表す。

⑮ **When at 15, my girlfriends started dropping out of their beloved sports teams because** <u>they</u> <u>didn't want to appear</u> "<u>muscly</u>."

　　　　　　　　　　　S'　　　　　V'　　　　　appear＋形容詞　C'

➡ drop out of *A* で「*A* を脱退する」という意味を表す。

➡ 〈appear＋形容詞〉は「～のように見える」という意味を表し，第2文型の形をとる。

⑯ **When at 18, my male friends were unable to express their feelings.**

➡ be unable to *do* で「～することができない」という意味を表す。

⑰ **I decided** [**that I was a feminist**] **and** <u>this</u> <u>seemed</u> <u>uncomplicated</u> **to me.**

　　　　　　　　　　　　　　　　　　　　　　S　　V　　　　C

➡ that で始まる節は，名詞節として，decided の目的語になっている。時制の一致を受け，that 節の動詞は過去形(was)になっている。

➡ 〈seem＋形容詞〉は「～のように思われる」という意味を表し，第2文型の形をとる。

PART ②-1

ポイント　エマが正しいと思うことは何か。

① But my recent research has shown me / that feminism has become an
　しかし私の最近の調査によってわかった　／　フェミニズムは不人気な言葉になって

unpopular word. // ② Women are choosing not to identify / as feminist. //
いることが　　　　//　　女性は名乗らないことを選択している　　／ フェミニストだと //

③ Apparently, / I am among the ranks of women / whose expressions are seen as
　どうやら　／　私は女性の部類に入っているらしい　／　　　　　表現が過激と見なされる

too strong, / too aggressive, / isolating and / anti-men / — unattractive even. //
　／　攻撃的すぎる　／　孤立している　／　反男性的である　／　魅力的でさえない　//

④ Why has the word become / such an uncomfortable one? //
　その言葉はなぜなってしまったのか /　　それほど不愉快なものに　　//

⑤ I am from Britain / and I think it is right / that I am paid the same / as my
　私はイギリス出身で　／　私は正しいと思う　／　同じだけ賃金をもらうのが　／ 同業の

male counterparts. // ⑥ I think it is right / that I should be able to make decisions /
男性と　　　　//　　私は正しいと思う　／　自分で決められるはずだというのが　／

about my own body. // ⑦ I think it is right / that women be involved / on my behalf /
自分の体のことは　//　　私は正しいと思う　／ 女性たちがかかわるのが　／ 私の代わりに ／

in the policies / and decisions / that will affect my life. // ⑧ I think it is right / that
　政策や　／　意思決定に　／　私の生活に影響する　//　　私は正しいと思う　／

socially I am afforded the same respect / as men. // ⑨ But sadly, / I can say / that
社会的に私が同じ尊敬を与えられるのが　／　男性と　// しかし悲しいことに ／ 私は言える ／

there is no one country / in the world / where all women can expect / to receive
一国もないと　　　／　　世界には　／ すべての女性が期待できる国は ／ これらの

these rights. //
権利を受けることを //

✔ **構成&内容チェック**　本文を読んで，（　）に合う日本語を書きなさい。

①〜④ フェミニズムがどう受け止められているかを述べている。
フェミニズムは不人気な言葉になっている。女性は自分を(1.　　　　)だと名
乗らないことを選択している。(1)は過激で反男性的であるなどとみなされている。

↓
⑤〜⑨ エマが正しいと思うことと現状について述べている。
男性と同じ賃金を受け取り，女性が政策や(2.　　　　)に参加し，男性と同じ
ように社会的に尊敬を受けるのが正しいと思っている。
→しかし，すべての女性がこれらの権利を受けられる国は一つもない。

読解のカギ
① But <u>my recent research</u> <u>has shown</u> <u>me</u> [that feminism has become an
　　　　　S　　　　　　　　V　　　O₁　O₂

✔ **構成&内容チェック**　の解答　1.フェミニスト　2.意思決定

unpopular word].
→ 〈show＋O₁＋O₂〉で「O₁にO₂を明らかにする」という意味を表す。SVOOの第4文型。接続詞thatで始まる節が名詞節となりhas shownの直接目的語になっている。

③ Apparently, I am among the ranks of women [whose expressions are seen ...].
　　副詞　　　　　　　　　　　　　先行詞
→ apparentlyは「どうやら…らしい」という意味の副詞で，文全体を修飾している。
→ whoseはwomenを先行詞とする所有格の関係代名詞。〈whose＋名詞〉の形で用いる。

④ **Why has the word become such an uncomfortable one?**
→ suchは「そのような」という意味を表す形容詞。suchが〈a[an]＋形容詞＋単数名詞〉を修飾する場合は，〈such a[an]＋形容詞＋単数名詞〉の語順になる。
→ oneは前述の名詞を受けて〈冠詞＋修飾語＋one〉の形で「(〜な)もの」という意味を表す代名詞。ここではwordを指している。

接続詞thatが省略されている
⑤ I am from Britain and I think it is right [that I am paid the same as my
　　　　　　　　　　　　 S V　形式主語　真の主語　　　　　　　　O
male counterparts].
→ thinkとitの間に接続詞のthatが省略されている。省略されたthatで始まる節(it is right ... counterparts)は，名詞節として，thinkの目的語になっている。
→ thinkの目的語となっている名詞節内は形式主語構文。itが形式主語で，that I am ... counterpartsまでが真の主語。
→ the same as my male counterpartsはthe same as Aの形で「Aと同じ」という意味を表す。副詞句としてam paidを修飾している。

⑦ I think it is right that women be involved on my behalf in the policies
　　　　 It is＋形容詞＋that(仮定法現在)　　　　　　　　　　　　　　先行詞
and decisions [that will affect my life].
→ beはbe動詞の原形。〈It is＋形容詞＋that ...〉の文で，形容詞が間接的に話者の〈願望・要求〉を表す場合，that節では仮定法現在を用いることがある。仮定法現在は動詞の原形で表す。
→ on one's behalfは「〜の代わりに」という意味を表す。
→ 2つ目のthatは主格の関係代名詞で，that以下が先行詞the policies and decisionsを修飾している。

⑨ But sadly, I can say [that there is no one country in the world [where all
　　　　 副詞　S V　　O　　　　　　先行詞　　　　　　　　　関係副詞
women can expect to receive these rights]].
→ 接続詞thatから文末までの名詞節がcan sayの目的語になっている。
→ sadlyは「悲しいことに」という意味で，文全体を修飾している。
→ where以下は関係副詞節で，〈場所〉を表す先行詞one countryを修飾している。

PART ❷-2

◆ポイント　エマはなぜ自分を幸運な人間の１人だと思っているのか。

⑩ No country in the world can yet say / that they have achieved gender
世界のどの国もまだ言えない　　　　／　　　男女平等を達成したとは

equality. // ⑪ These rights / I consider to be human rights / but I am one of the
// これらの権利こそ / 人権だと私は考える / しかし私は幸運な人間の

lucky ones. // ⑫ My life is a sheer privilege / because my parents didn't love me
１人である // 私の人生はまったくの特別扱いだ / 両親が私をあまり愛してくれないわけではなかった

less / because I was born a daughter. // ⑬ My school did not limit me / because I
ので / 私が娘に生まれたからといって // 学校は私に制限をかけることはなかった / 私が女の子だから

was a girl. // ⑭ My mentors didn't assume / that I would go less far / because I
といって // 私のメンターたちは決めてかからなかった / 私が成功しないだろうと / 私が子どもを

might give birth to a child / one day. // ⑮ These influences / were the gender
産むかもしれないからといって / いつか // こういった影響を与える人々が / 男女平等大使

equality ambassadors / that made me who I am today. // ⑯ They may not know it, /
だった / 私を今日の私にしてくれた // 彼らはそのことを知らないかもしれない /

but they are the inadvertent feminists / who are changing the world today. // ⑰ We
しかし彼らは無自覚なフェミニストたちなのだ / 今日の世界を変化させている // 私たちには

need more of those. //
そういった人々がもっと必要だ //

⑱ And if you still hate the word, / it is not the word / that is important. // ⑲ It
そしてまだみなさんがその言葉が嫌いだとしても / その言葉ではない / 重要なのは //

is the idea and the ambition / behind it. // ⑳ Because not all women have received /
それは概念や熱望である / 背後にある // なぜならすべての女性が受けているわけではないからだ /

the same rights / that I have. // ㉑ In fact, / statistically, / very few have been. //
同じ権利を / 私が持っているのと // 実際 / 統計的には / ごく少数だけである //

✔ 構成＆内容チェック　本文を読んで，（　）に合う日本語を書きなさい。

⑩〜⑭ エマが，自分が恵まれた環境にあったことを振り返っている。
女の子だからといって両親があまり愛してくれなかったり，学校で制限を受けたりすること
はなく，(1.　　　　　　)たちも，将来出産によって成功が阻まれるとは考えなかった。

↓

⑮〜⑰ エマに影響を与えた人々について述べている。
今日の自分を作ってくれたのは，(2.　　　　　　)フェミニストたちのおかげであ
る。こうした人々が私たちにはもっと必要だ。

↓

⑱〜㉑ すべての女性が自分と同じ権利を受けるために何が重要かを述べている。
重要なのは，フェミニズムという言葉ではなく，その背後にある(3.　　　　　　)
や熱望である。統計的にも，自分と同じような権利を受けている女性は少ない。

✔ 構成＆内容チェック　の解答　1. メンター[指導者]　2. 無自覚な　3. 概念

📖 読解のカギ

⑩ **No country in the world can yet say [that they** <u>have achieved</u> **gender equality].**
　　　　　　　　　　　　　　　　　　　　　　　have＋過去分詞
　➡〈no＋名詞〉で「1つの〜もない」という否定の意味を表す。
　➡ have achieved は〈完了・結果〉を表す現在完了形。

⑪ **These rights I consider to be human rights but I am one of the lucky ones.**
　　= It is these rights that I consider to be human rights
　➡ consider *A* (to be) *B* で「A を B と考える」。ここでは these rights を強調するために文頭に置かれている。「これらの権利こそが人権だと私は考える」という意味になる。

⑭ **My mentors didn't assume [that I would go less far because I might ...].**
　➡ 接続詞 that から文末までの名詞節が assume の目的語になっている。
　➡ go far で「成功する」という意味を表す。less は「より〜でなく」という意味を表すので，go less far で「成功しない」という否定の意味になる。

　🖊 Q1. 日本語にしなさい。
　No one expected she would go far.
　(　　　　　　　　　　　　　　　　　　　　　　　　　　　　　　　)

　　　　　　　　　　　　　　　　　先行詞　　　　　　　　　　関係代名詞（主格）
⑮ **These influences were the** <u>gender equality ambassadors</u> **[that** <u>made</u> <u>me</u> **[**<u>who</u>
　　　　　　　　　　　　　　　　　　　　　　　　　　　　　　　└─┘ S'　V'　O'　C'
　I am today]].
　➡〈make＋O＋C〉で「O を C にする」という意味を表す。who I am today という名詞節が補語になっている。
　➡ who I am は「自分という人間，ありのままの自分」といった意味を表す。

⑯ **They may not know it, but they are** <u>the inadvertent feminists</u> **[who are**
　changing the world today].　　　　　　先行詞 └──────────┐ 関係
　　　　　　　　　　　　　　　　　　　　　　　　　　　　　　　　　　　　代名詞
　➡ ここでの it は前述の内容ではなく，後ろにくる内容(they are ... today)を指している。
　➡ who は the inadvertent feminists を先行詞とする主格の関係代名詞。

⑰ **We need more of those.**
　➡ more は「より多くの人[もの]」という意味を表す代名詞。
　➡ those は「それらの人[もの]」という意味を表す代名詞。ここでは⑯の文の the inadvertent feminists を指している。

⑱ **And if you still hate the word, it is not the word that is important.**
　➡〈It is not *A* that ...〉で「…するのは A ではない」という意味。否定の強調構文。

　🖊 Q2. ＿＿＿＿ を埋めなさい。
　私たちが欲しいのはお金ではない。
　＿＿＿＿＿＿＿＿ is not money ＿＿＿＿＿＿＿ we want.

📖 読解のカギ Q の解答　**Q1.** 彼女が成功するとはだれも予測しなかった。　　**Q2.** It, that

PART ③-1

> 📌 **ポイント** ヒラリー・クリントンのスピーチに関してエマが気づいたことは何か。

① In 1995, / Hilary Clinton made a famous speech / in Beijing / about women's
1995年 / ヒラリー・クリントンは有名なスピーチを行った / 北京で / 女性の権利に

rights. // ② Sadly / many of the things she wanted to change / are still true /
ついて // 悲しいことに / 彼女が変えたかったことの多くは / まだ真実だ /

today. // ③ But / what stood out for me the most, / was that less than 30 percent of
今日も // しかし / いちばん私の目を引いたのは / 聴衆の30パーセント未満が

the audience / were male. // ④ How can we affect change / in the world / when
/ 男性だったことだ // どうやって変化をもたらすことができるのか / 世界に / 世界の

only half of it is invited / or feel welcome to participate in the conversation? //
半分しか(参加を)依頼されず / 話し合いに自由に参加してよいとも感じていないのに //

⑤ Men — / I would like to take this opportunity / to extend your formal invitation. //
男性のみなさん / 私はこの好機をとらえたい / みなさんを正式に招待する //

⑥ Gender equality is your issue, too. //
男女平等はみなさんの問題でもあるのだ //

✔ **構成&内容チェック** 本文を読んで,（ ）に合う日本語を書きなさい。

①～③ ヒラリー・クリントンのスピーチについて述べている。

1995年にヒラリー・クリントンは北京で(1.　　　　　)について演説した。
しかし,
・彼女が変えたかったことの多くが，いまだに真実である。
・(2.　　　　　)が30パーセントにも満たなかった。

↓

④ エマは(2)が少なかったことに疑問を呈している。

世界の半分しか話し合いに参加するのを依頼されなかったり，歓迎されなかったりし
たら，どうやって世界に変化を与えることができるのだろうか（できるわけがない）。

↓

⑤・⑥ (3.　　　　　)の問題に関する男性の参加を求めている。

この機会を利用して男性のみなさんを正式に招待したい。なぜなら，(3)は女性だけ
でなく，男性の問題でもあるからだ。

🔑 **読解のカギ**

① **In 1995, Hilary Clinton made** <u>a famous speech</u> **in Beijing**（**about women's
rights**）.

➡ make a speech は「演説をする」という意味を表す。
➡ 前置詞句 about women's rights は a famous speech を修飾している。

✔ **構成&内容チェック** **の解答** 1. 女性の権利　　2. 男性の聴衆　　3. 男女平等

┌── 関係代名詞 which[that]が省略されている

② Sadly **many of the things** [she wanted to change] **are** still **true** today.
　副詞　S　　先行詞　　　　　　　　　　　　　　　　V　　　　C

➡ Sadly は「悲しいことに」という意味で，文全体を修飾している。

➡ the things と she の間には目的格の関係代名詞が省略されている。

③ But [what stood out for me the most] , was [that less than 30 percent of
　　　関係代名詞　　　　　　S　　　　　　V　　C　　　　　　　　S'

the audience were male].
　　　　　　　　 V'　 C'

➡ 関係代名詞 what で導かれる名詞節が文の主語で，接続詞 that で導かれる名詞節が
　文の補語になっている。

➡ what は先行詞を含む関係代名詞で，「〜するもの[こと]」という意味を表す。

➡ stand out は「目立つ，目を引く」という意味を表す。

➡ less than A は「A より少ない，A 未満」という意味を表す。

Q1. 並べかえなさい。

　彼の目を引いたのは，その大きな木であった。

　(that / stood / tree / what / big / him / out / was / for).

　_____.

④ How can we affect change in the world [when only half of it is invited(or)
　　　　　　　　　　　　　　　　　　　　　　　　　　　S'　　　　V'₁

feel welcome (to participate in the conversation)]?
 V'₂　　 C'

➡ この疑問文は，話し手が自分の意見を伝えるために反語的に述べた修辞疑問文。「ど
　うやって変化をもたらすことができるのか」→「できるわけがない」という意味。

➡ 接続詞 when で導かれる副詞節内の主語は only half of it で is invited と feel という
　2 つの動詞が or でつながれている。it は主節の the world を指す。

➡ invite A to do で「A に〜するように依頼する」という意味を表す。

➡〈feel ＋形容詞〉は「〜と感じる」という意味で，第 2 文型をとる。feel welcome to
　do で「自由に〜してよいと感じる」という意味になる。

➡ to 以下は，is invited と feel welcome の両方につながっている。

⑤ Men — I would like to take this opportunity to extend your formal
　invitation.

➡ take the opportunity to do で「好機をとらえて〜する」という意味を表す。

Q2. ＿＿＿ を埋めなさい。

　私はこの好機をとらえてみなさんにお礼を言いたい。

　I would like to _____ this _____ to say thank you to everyone.

───

読解のカギ Q の解答　**Q1.** What stood out for him was that big tree(.)　　**Q2.** take, opportunity

PART ❸-2

ポイント 男性が不平等に扱われている例としてどんなことが挙げられているか。

⑦ Because to date, / I've seen my father's role as a parent / being valued less /
なぜなら今まで〜だからだ / 私は父の親としての役割を見てきた / あまり評価されていない /

by society / despite my needing his presence / as a child / as much as my mother's. //
社会で / 私が父の存在を必要としていたにもかかわらず / 子どものころ / 母のそれと同じくらい //

⑧ I've seen young men suffering from mental illness / unable to ask for help / for
私は若い男性が精神障害に苦しんでいるのを見てきた / 助けを求めることができないで /

fear / it would make them less of a man. // ⑨ In fact, / in the UK, / suicide is the
恐れて / そのことが男としての価値を下げるのを // 実は / イギリスでは/ 自殺が最大の

biggest killer / of men between 20–49, / eclipsing road accidents, / cancer and
死因である / 20〜49歳の男性の / 交通事故をしのいで / がんや

coronary heart disease. // ⑩ I've seen men made fragile and insecure / by a
冠状動脈性心臓病 // 私は男性たちが傷つきやすく不安定にされるのを見てきた / 歪んだ

distorted sense / of what constitutes male success. // ⑪ Men don't have the
感覚によって / 男性の成功を構成するものについての // 男性たちも平等の恩恵を

benefits of equality either. // ⑫ We don't often talk about men being imprisoned /
受けていない // 私たちは男性がとらわれていることについてあまり話さない /

by gender stereotypes, / but I can see / that they are. // ⑬ And that when they are
ジェンダーの固定観念に / しかし私にはわかる / 彼らがそうであると // そして彼らが解放されるとき

free, / things will change for women / as a natural consequence. //
/ 物事は女性にとっても変化するだろう / 自然な結果として //

✓ **構成&内容チェック** 本文を読んで，（ ）に合う日本語を書きなさい。

⑦〜⑨ エマが見てきた男性側の不平等について具体的に述べている。
・子どものころの(1.　　　　　)が，母のそれと同じくらい必要だったのに，父の親としての役割が社会的にあまり評価されていなかった。
・精神障害に苦しむ男性は,男としての価値が下がるのを恐れて助けを求められない。
・イギリスの男性の 20 〜 49 歳の最大の死因は自殺で交通事故などを上回っている。

⑩〜⑫ 男性もジェンダーの固定観念にとらわれていることを指摘している。
男性も(2.　　　　　)を構成するものについての歪んだ感覚によって，傷つきやすく不安定にされている。

⑬ 男性が固定観念から解放されるとどうなるかを述べている。
男性がジェンダーの固定観念から解放されれば，（3.　　　　　）として，物事は女性にとっても変化するだろう。

✓ **構成&内容チェック** の解答　1. 父の存在　2. 男性の成功　3. 自然な結果

🎵 読解のカギ　　　　　　　　　see　　　　　　O　　　　　　C（現在分詞）

⑦ **Because to date, I've seen my father's role as a parent being valued less**
　　　　　　　　　　　　　have＋過去分詞

　by society（despite my needing his presence as a child as much as my
　　　　　　　　　　　　　　　　　　　　　　　　　my needing が省略されている⌐
　mother's）.
　　　　└──presence が省略されている

→ to date は「今まで」という意味を表す。
→ I've seen は〈have＋過去分詞〉の形の現在完了形で現在までの〈継続〉を表している。
→ 〈see＋O＋現在分詞〉の形で「O が～しているのを見る」という意味。
→ being valued は〈being＋過去分詞〉の形の受動態。
→ as much as のあとには my needing が, my mother's のあとには presence が省略されている。my needing ... mother's は「子どものころ, 私が父の存在を母の存在と同じくらい必要としていた」という意味。

⑧ **I've seen young men suffering from mental illness unable to ask for help**
　　　　see　　　O　　　　現在分詞　　　　　　　　└──being の省略（分詞構文）

　for fear [it would make them less of a man].
　　　　　　　　make＋O＋C（名詞）

→ 〈see＋O＋現在分詞〉で「O が～しているのを見る」, suffer from A で「A に苦しむ」という意味。
→ unable の前には being が省略されていて,(being) unable 以下が分詞構文となっている。
→ for fear (that) ～で「～するのを恐れて」という意味を表す。
→ it は to ask for help を指す。
→ 〈make＋O＋C〉で「O を C にする」という意味を表す。ここでの less は名詞で〈less of a[an]＋単数名詞〉の形で「より重要でない人[物]」という意味。

🎵 **Q1.** ＿＿ を埋めなさい。
　　私は彼の気持ちを傷つけてしまうのを恐れて何も言えなかった。
　　I couldn't say anything ＿＿＿＿＿ ＿＿＿＿＿ I would hurt his feelings.

⑨ **In fact, in the UK, suicide is the biggest killer of men between 20–49,**
　eclipsing road accidents, cancer and coronary heart disease.
　現在分詞で始まる分詞構文

→ eclipsing から disease までは現在分詞 eclipsing で始まる分詞構文。「交通事故, がん, 冠状動脈性心臓病をしのぎつつ[しのいで]」という〈付帯状況〉を表している。

⑩ **I've seen men made fragile and insecure by a distorted sense of [what**
　　　　see＋O＋C（過去分詞）

　constitutes male success].

→ 〈see＋O＋過去分詞〉で「O が～されるのを見る」という意味を表す。
→ what は先行詞を含む関係代名詞で,「(～する)もの」という意味。what constitutes male success で「男性の成功を構成するもの」という意味になる。

PART ③-3

ポイント "HeForShe" の目的とは何か。

⑭ If men don't have to be aggressive / in order to be accepted, / women won't
もし男性が攻撃的になる必要がなければ / 認められるために / 女性は服従的で

feel compelled to be submissive. // ⑮ If men don't have to control, / women won't
なければならないと感じることはないだろう // もし男性が支配する必要がなければ / 女性が支配

have to be controlled. //
される必要はないだろう //

⑯ Both men and women / should feel free to be sensitive. // ⑰ Both men and
男性も女性も / 自由に繊細になるべきだ // 男性も女性も

women / should feel free to be strong. // ⑱ It is time / that we all perceive gender
/ 自由に強くなるべきだ // ～ときだ / 私たちすべてがジェンダーを

on a spectrum / instead of two sets of opposing ideals. // ⑲ If we stop defining
広範囲に認識する / 2対の相反する理想ではなく // 私たちがお互いを特徴

each other / by what we are not / and start defining ourselves / by who we are,
づけるのをやめたら / 自分ではないもので / 自分を特徴づけることを始めるなら / ありのままの自分で

we can all be freer. // ⑳ And this is what HeForShe is about. // ㉑ It's about
私たちはみなもっと自由になれる // そしてこれこそが"HeForShe"の目的である // その目的は自由

freedom. //
なのである //

✔ 構成&内容チェック 本文を読んで，（ ）に合う日本語を書きなさい。

⑭・⑮ 男性がどう変わると女性がどう変わるかを述べている。
・男性が男性として認められるために攻撃的になる必要がなければ，
　→女性は(1.　　　　　　　)でなければならないと感じることはないだろう。
・男性が支配する必要がなければ，
　→女性は支配される必要はないだろう。

⑯～⑲ 男性と女性がどうあるべきかを述べている。
・男性も女性も遠慮せず自由に，繊細かつ強くなるべきである。
・ジェンダーを2対の(2.　　　　　　)ではなく，広範囲に認識すべきときだ。
・自分ではないものでお互いを特徴づけるのをやめて，ありのままの自分で自分を特徴づければ，私たちはもっと自由になれる。

⑳・㉑ エマが始めたキャンペーン"(3.　　　　　　　)"の目的を述べている。
　ジェンダーを2対の(2)ではなく広範囲に認識し，ありのままの自分で自分を特徴づけて，もっと自由になることが，(3)の目的である。

✔ 構成&内容チェック の解答 1. 服従的 2. 相反する理想 3. HeForShe

🔑 **読解のカギ**

⑭ **If men don't have to be aggressive (in order <u>to be accepted</u>), women**

to be＋過去分詞

won't feel compelled to be submissive.

➡ in order to *do* は「〜するために」という〈目的〉を表す不定詞を用いた表現。

➡ accepted は過去分詞で，〈to be＋過去分詞〉は不定詞の受動態の形。

➡ feel compelled to *do* は「〜しなければならないと感じる」という意味を表す。

Q1. 並べかえなさい。

私は何か新しいことを始めなければならないと感じる。

(compelled / something / feel / to / I / start) new.

_____ new.

⑯ **Both men and women should feel free to be sensitive.**

➡ both *A* and *B* は「A も B も両方とも」という意味を表す。

➡ feel free to *do* は「自由に〜する」という意味を表す。

Q2. ＿＿＿ を埋めなさい。

私に何でも自由に聞いてください。

Please _____ _____ _____ ask me anything.

⑱ **It is time [that we all perceive gender on a spectrum instead of two sets of opposing ideals].**

➡ It is time that ... は「〜するときだ」という意味を表す。

➡ instead of *A* は「A ではなくて，A の代わりに」という意味を表す。

⑲ **If we <u>stop defining</u> each other (by what we are not) (and) start defining**

stop doing　　　　　　　　関係代名詞　　　　　　start doing

ourselves (by who we are), we can all be freer.

➡ stop *doing* は「〜するのをやめる」，start *doing* は「〜し始める」。If節の主語 we の動詞として stop と start の2つの動詞が and でつながれている。

➡ what は先行詞を含む関係代名詞で，「(〜する)もの」という意味。what we are not で「私たちではないもの」という意味になる。

➡ who we are は「ありのままの私たち，私たちという人間」といった意味。

⑳ **And <u>this</u> <u>is</u> [what HeForShe is about].**

S　V　　　　　　　C

➡ this は⑱⑲で述べられている内容全体を指している。

➡ 関係代名詞 what で導かれた名詞節が文の補語になっている。

➡ ここでの about は「(目的・意義などについて)〜のためで」という意味を表す。〈This is what *A* is about〉で「これが A の目的である」という意味になり，HeForShe の活動の目的や意義を述べている。

🔑 **読解のカギ** Q の解答　**Q1.** I feel compelled to start something　**Q2.** feel free to

PART ④-1

ポイント　男性が役割を引き受けることで，何が変わるのか。

①I want men to take up this mantle / so that their daughters, / sisters and
私は男性たちにこの役割を引き受けてもらいたい /　　彼らの娘や　/　姉妹や母親が

mothers can be free from prejudice, / but also, / so that their sons have permission /
偏見から解放されるように　　/ また / 彼らの息子たちも認めてもらえるようにするために /

to be vulnerable and human too. // ②We claim those parts of themselves / they
傷つきやすく人間らしくてよいのだと // 　私たちはそういった彼ら自身の一部分を要求し / 彼らが

abandoned / and in doing so, / be a more true and complete version of themselves. //
捨て去った / そうすることで / 　彼らはより本当の完全な自分になるだろう　//

③You might be thinking / "Who is this Harry Potter girl?" / and "What is she
みなさんは思っているかもしれない /「このハリー・ポッターの女の子は何者なの」と / 「彼女は

doing, / speaking at the UN?" // ④And it's a really good question. // ⑤I have
何をしているの / 国連でしゃべりながら」と // それはとてもよい質問だ // 私は同じ

been asking myself the same thing. //
ことを自問してきた //

✔ 構成＆内容チェック　本文を読んで，（　）に合う日本語を書きなさい。

①・② 男性の役割の重要性を述べている。
以下の目的のために，男性たちにこの役割を引き受けてもらいたい。
　・彼らの娘や姉妹や母親が(1.　　　　　)から解放されるようにする。
　・彼らの息子たちが，傷つきやすく，人間らしくてよいのだと認めてもらえるよう
　　にする。
　→彼らが捨て去った，「傷つきやすく，人間らしい」という自分の一部分を取り戻
　　すことで，彼らは本当の完全な自分になるだろう。

③～⑤ エマの自分自身への問いについて述べている。
「この『(2.　　　　　)』の女の子は何者なのか」「彼女は(3.　　　　　)で
何をしているのか」と思うかもしれない。これらは自問してきた質問でもある。

🎵 読解のカギ

①I want **men** to take **up** this mantle so that **their daughters, sisters and**
　want+人+to do　　　　　　　　so that +S+V

mothers can be free from prejudice, (but) also, so that **their sons have**
　　　　to be が省略されている┘　　　　　so that+S+V

permission to be vulnerable (and) **human too.**
➡〈want+人+to do〉で「(人)に～してほしい」という意味を表す。
➡take up this mantle で「この役割を引き受ける」という意味を表す。

➡ 〈so that＋S＋V〉は「S が V するように［ために］」という〈目的〉の意味を表す。

➡ permission to *do* で「〜する許可」という意味。and と human の間に to be が省略されており，and が to be vulnerable と (to be) human という 2 つの不定詞句をつないでいる。

Q1. ＿＿＿ を埋めなさい。

私は本を読むために電気をつけた。

I turned on the lights ＿＿＿＿＿ ＿＿＿＿＿ I could read a book.

② **We claim those parts of themselves [they abandoned] and (in doing so),**
　　　　　　　　　　　　　先行詞　　　　　　　└─ 関係代名詞 which[that] が省略されている

be a more true and complete version of themselves.
└─ they will が省略されている

➡ those parts of themselves と they abandoned の間には目的格の関係代名詞が省略されている。ここでの they は前文①の their sons を指し，「彼らの息子が捨て去ったそういった自分の一部分」とは，前文①の「傷つきやすく人間らしい」部分のこと。

➡ in *do*ing は「〜した結果」という意味を表す。so は先行する句や節を受けて「そのように」という意味で，ここでは直前の We claim those parts of themselves they abandoned を指している。

③ **You might be thinking ["Who is this Harry Potter girl?" and "What is she**
　　　　　　　 現在進行形(be 動詞＋現在分詞)

doing, (speaking at the UN)?"]
　　　　 現在分詞で始まる分詞構文

➡ be thinking は〈be 動詞＋現在分詞〉の現在進行形。助動詞 might があるので，be 動詞が原形の be になっている。

➡ "Who ... the UN?"が thinking の目的語になっている。

➡ speaking で始まる句は分詞構文。「国連でしゃべりながら」という〈付帯状況〉を表している。

⑤ **I have been asking myself the same thing.**
　 S　V(have been *do*ing)　O₁　　　O₂

➡ have been asking は動作の継続を表す現在完了進行形。

➡ 〈ask＋O₁＋O₂〉で「O₁ に O₂ を尋ねる，問う」という意味を表す。

Q2. 並べかえなさい。

彼女は昨年からずっとそのキャンペーンに取り組んでいる。

(the campaign / last / working / she / been / on / since / year / has).

_____.

PART ④-2

ポイント エドモンド・バークの言葉から，エマは何を伝えたかったのか。

⑥ All I know / is that I care about this problem. // ⑦ And I want to make it
私にわかっていることは / 私がこの問題に関心があるということだけだ // そして私はそれを改善

better. // ⑧ And having seen / what I've seen / and given the chance, / I feel / it is
したい // そして私は見てきた / 自分が目にしたことを / そしてこの機会を与えられたので / 私は感じている /

my responsibility / to say something. // ⑨ Statesman Edmund Burke said, / "All
それは自分の責務だと / 何かを口にすることが / 政治家エドモンド・バークは言った / 「必要な

that is needed / for the forces of evil to triumph / is for good men and women to do
ことは~だけだ / 悪の力が勝利するのに / 善良な男女が何もしないことで

nothing." // ⑩ In my nervousness for this speech / and in my moments of doubt, /
ある」 // このスピーチへの緊張感の中 / そして疑念がわいたとき /

I've told myself firmly— / if not me, / who? // ⑪ If not now, / when? // ⑫ If you
私は自分にかたく言い聞かせた / 私でないなら / だれが // 今でないなら / いつ // もしみなさんが

have similar doubts / when opportunities are presented to you, / I hope / those
同様の疑念を持ったなら / 機会がみなさんに与えられたときに / 私は望む / それらの

words will be helpful. // ⑬ Because the reality is / that if we do nothing / it will
言葉が役に立つことを // なぜなら現実は~だからだ / 私たちが何もしなければ / 75年

take 75 years, / or for me to be nearly a hundred / before women can expect to be
かかるだろう / つまり私が100歳近くになるまで / 同じ賃金が払われるだろうと女性が

paid the same / as men for the same work. // ⑭ 15.5 million girls will be married /
思えるまでに / 同じ仕事で男性と // 1,550万人の少女が結婚するだろう /

in the next 16 years / as children. // ⑮ And at current rates, / it won't be until 2086 /
今後16年で / 子どものうちに // そして現在のペースでは / 2086年までないだろう /

before all rural African girls / can have a secondary education. //
アフリカの農村部のすべての少女が / 中等教育を受けられるようになるのは //

✓ 構成&内容チェック 本文を読んで，（　）に合う日本語を書きなさい。

⑥~⑧ エマが自分の責務だと感じていることを述べている。
この問題を改善するために何かを言うことが自分の責務だと感じている。

↓

⑨~⑮ エドモンド・バークの言葉を引用し，何かをすることの大切さを述べている。
エドモンド・バークは「悪の力が勝利するのに必要なのは，善良な男女が
(1.　　　　　　　)ことだけである」と言った。私たちが何もしなければ，男女同賃金
が実現するのに75年かかり，アフリカの農村部のすべての少女が(2.　　　　　　)
を受けられるのは2086年のことになる。

✓ 構成&内容チェック の解答 1. 何もしない　2. 中等教育

🔑 **読解のカギ**

⑥ All [I know] is [that I care about this problem].
　　└─┘ S　　　 V　　　　　　C

➡ All と I know の間には目的格の関係代名詞が省略されている。〈All＋S'＋V'＋is that ...〉は「S'がV'するのは…だけだ」という意味を表す。

✏ **Q1. ＿＿ を埋めなさい。**

私たちが知っているのは，彼らはお互いを気づかっているということだけだ。
＿＿＿＿＿＿ we ＿＿＿＿＿ is that they care about each other.

⑧ And having seen [what I've seen] (and) given the chance, I feel [it is my
　　　　完了形の分詞構文　　　　　　　　　having been が　　　　　形式主語
　　　　　　　　　　　　　　　　　　　　　　省略されている
responsibility to say something].
　　　　　　　真の主語

➡ having seen ... chance は〈having＋過去分詞〉の完了形の分詞構文。主節の表す時よりも前の出来事であることを示す。ここでは「私は自分が目にしたことを見てきたし，この機会を与えられたので」という〈理由〉を表している。

➡ 主節は〈feel＋O(that節)〉の文。that は省略されている。that 節内は形式的に主語の位置に it を置き，真の主語である不定詞句を後ろに置いた形式主語構文。

⑨ Statesman Edmund Burke said, "All [that is needed for the forces of evil
　　　　　　　　　　　　　　　　　先行詞└─┘関係代名詞　　　　　　不定詞の
　　　　　　　　　　　　　　　　　　　　　　　　　　　　　　　　意味上の主語
to triumph] is for good men and women to do nothing."
　　　　　　　　　　不定詞の意味上の主語

➡ that は主格の関係代名詞で，that ... triumph が先行詞 All を修飾している。

➡ the forces of evil は不定詞 to triumph の意味上の主語。不定詞の意味上の主語は前置詞 for を用いて表す。good men and women は不定詞句 to do nothing の意味上の主語。意味上の主語と不定詞(句)は SV の関係になる。

⑬ Because the reality is [that if we do nothing it will take 75 years, or for
　　　　　　　　　S　　　V　　C　　　　　　　　　　　　it will take＋時間＋before
me to be nearly a hundred before women can expect to be paid the
same as men for the same work].　　　　　　　　　　to be＋過去分詞

➡ 接続詞 that で導かれた名詞節(ここでは that から文末まで)が文の補語になっている。

➡ take は it を主語として「(時間)がかかる」という意味を表し，〈it will take＋時間＋before ...〉は「…するまでには(時間)がかかる」という意味になる。

➡ paid は過去分詞で，〈to be＋過去分詞〉は不定詞の受動態の形。

PART ⑤

┌─ ポイント ─┐ よい知らせとは何か。

① If you believe in equality, / you might be one of those inadvertent feminists /
もしみなさんが平等を信じるなら / みなさんは無自覚なフェミニストの1人かもしれない /

I spoke of earlier. // ② And for this / I applaud you. // ③ We are struggling for a
私が先ほど話した // そしてこのことで / 私はみなさんを称賛する // 私たちは人々を結束させる

uniting word / but the good news / is that we have a uniting movement. // ④ It is
言葉を求めて奮闘している / しかしよい知らせは / 私たちには人々を結束させる運動があるということだ

called HeForShe. // ⑤ I am inviting you to step forward, / to be seen, / and to ask
それは HeForShe と呼ばれている // 私はみなさんに前へ踏み出すように求めている / 注目され /

yourself, / if not me, / who? // ⑥ If not now, / when? // ⑦ Thank you very very
自問し / 私でないなら / だれがと // 今でないなら / いつと // ご清聴まことにありがとう

much. //
ございました //

✔ 構成&内容チェック 本文を読んで,（ ）に合う日本語を書きなさい。

①〜⑦ エマから人々へのメッセージが述べられている。
私たちには HeForShe という人々を結束させる(1.　　　　　)がある。だから,
前へ踏み出し,注目され,私でないならだれが？今でないならいつ？と自問してほしい。

🔑 読解のカギ

① If you believe in equality, you might be one of those inadvertent
feminists [I spoke of earlier]. 　先行詞
➡ those inadvertent feminists と I spoke of earlier の間には目的格の関係代名詞が省略されている。

② And for this I applaud you.
➡ 前置詞 for は,ここでは「〜が理由で」という意味で,〈理由・原因〉を表している。

③ We are struggling for a uniting word but the good news is [that we have
a uniting movement]. 　　　　S　V　C
➡ struggle for A は「A を求めて奮闘する」という意味を表す。
➡ 2つの uniting は unite の現在分詞で,それぞれ word と movement を修飾している。
➡ but のあとの文は,接続詞 that で導かれる名詞節が補語になっている。

🖉 Q1. 並べかえなさい。
彼らは男女平等を求めて奮闘している。
(equality / are / struggling / gender / for / they).

✔ 構成&内容チェック の解答　1. 運動
🔑 読解のカギ Q の解答　**Q1.** They are struggling for gender equality (.)

定期テスト予想問題　　解答 ➡ p.304

1 日本語に合うように, ＿＿に適切な語を入れなさい。
(1) なぜあなたは科学部を退部したのですか。
Why did you ＿＿＿＿＿＿ ＿＿＿＿＿＿ of the science club?
(2) どこで息子さんを出産されたのですか。
Where did you ＿＿＿＿＿＿ ＿＿＿＿＿＿ to your son?
(3) 私たちはこの状況を変えなければならないと感じる。
We ＿＿＿＿＿＿ ＿＿＿＿＿＿ to change this situation.
(4) 彼らは自由を求めて奮闘していた。
They were ＿＿＿＿＿＿ ＿＿＿＿＿＿ freedom.

2 日本語に合うように, ( )内の語句を並べかえなさい。
(1) 私は兄が図書館でレポートを書いているのを見かけた。
(in / writing / brother / I / the library / a report / saw / my).
＿＿＿＿＿＿＿＿＿＿＿＿＿＿＿＿＿＿＿＿＿＿.
(2) 彼がそんな簡単な間違いをするはずがない。
(an / mistake / he / make / such / can't / easy).
＿＿＿＿＿＿＿＿＿＿＿＿＿＿＿＿＿＿＿＿＿＿.
(3) その政治家は個人的な質問をされるのが好きではない。
(asked / the stateman / questions / like / personal / doesn't / being).
＿＿＿＿＿＿＿＿＿＿＿＿＿＿＿＿＿＿＿＿＿＿.
(4) ここが彼女があの有名なスピーチをした場所だ。
(the place / made / is / where / famous / that / speech / she / this).
＿＿＿＿＿＿＿＿＿＿＿＿＿＿＿＿＿＿＿＿＿＿.

3 次の英語を日本語にしなさい。
(1) She didn't want to appear nervous.
(　　　　　　　　　　　　　　　　　　　　)
(2) We need to achieve gender equality, discussing many things.
(　　　　　　　　　　　　　　　　　　　　)

4 ( )内の語句を使って, 次の日本語を英語にしなさい。
(1) 私の友人たちが私を今日の私にしてくれた。(who)
＿＿＿＿＿＿＿＿＿＿＿＿＿＿＿＿＿ today.
(2) 次の試合に勝てるように毎日練習しなさい。(so that)
＿＿＿＿＿＿＿＿＿＿＿＿＿＿＿＿＿.

5 次の英文を読んで，あとの問いに答えなさい。

　Today we are launching a campaign ①(call) "HeForShe." I am reaching out to you because we need your help. We want to end gender inequality, and to do ②this we need everyone involved. This is the first campaign of its kind at the UN: ③we want to try and galvanize (　　) many men and boys (　　)(　　) to be advocates for change. And we don't just want to talk about it; we want to try to make sure that it's tangible.

　I was appointed as Goodwill Ambassador for UN women six months ago. And the more I have spoken about feminism, the more I have realized that fighting for women's rights has too often become synonymous with man-hating.

(1) 下線部①の（　）内の語を適切な形に変えなさい。　　　　　_____

(2) 下線部②が指すものを本文中から4語で抜き出しなさい。

　　_____

(3) 下線部③が「私たちはできるだけ多くの男性や男の子たちを刺激して変化の支援者になってもらいたい」という意味になるように，（　）に適切な語を入れなさい。　　　　　_____, _____ _____

(4) 次の質問に英語で答えなさい。

　　What has too often become synonymous with man-hating?

　　_____

6 次の英文を読んで，あとの問いに答えなさい。

　Because to date, I've seen my father's role as a parent being valued less by society despite my needing his presence as a child as much as my mother's. ①I've seen young men suffering from mental illness (　　) to ask for help for fear it would make them less of a man. In fact, in the UK, suicide is the biggest killer of men between 20–49, ②(eclipse) road accidents, cancer and coronary heart disease. I've seen men made fragile and insecure by a distorted sense of what constitutes male success. Men don't have the benefits of equality either. We don't often talk about men being imprisoned by gender stereotypes, but I can see that ③they are.

(1) 下線部①が「私は若い男性が助けを求めることができないで精神障害に苦しんでいるのを見てきた」という意味になるように，（　）に適切な語を入れなさい。　　　　　_____

(2) 下線部②の（　）内の語を適切な形に変えなさい。　　　　　_____

(3) 下線部③のあとに省略されている語句を4語で本文中から抜き出しなさい。

　　_____

定期テスト予想問題　解答　pp.302~303

1. (1) drop out　　(2) give birth　　(3) feel compelled　　(4) struggling for
2. (1) I saw my brother writing a report in the library(.)
   (2) He can't make such an easy mistake(.)
   (3) The stateman doesn't like being asked personal questions(.)
   (4) This is the place where she made that famous speech(.)
3. (1) 彼女は緊張しているように見えたくなかった。
   (2) 多くのことを議論しながら，私たちは男女平等を達成する必要がある。
4. (1) My friends made me who I am
   (2) Practice every day so that you can win the next game(.)
5. (1) called　　(2) to end gender inequality　　(3) as, as possible
   (4) 例 Fighting for women's rights has (too often become synonymous with man-hating).
6. (1) unable　　(2) eclipsing　　(3) imprisoned by gender stereotypes

💡 解説

1 (1) drop out of A で「A を脱退する」。　(2) give birth to A で「A を産む」。
(3) feel compelled to *do* で「〜しなければならないと感じる」。　(4) struggle for A で「A を求めて奮闘する」

2 (1)〈see＋O＋現在分詞〉の形で「O が〜しているのを見る」という意味。
(2)「はずがない」は can't。「そんな簡単な間違い」は〈such a[an]＋形容詞＋単数名詞〉の語順。　(3)「質問をされるのが好きではない」は doesn't like のあとに，「質問されること」を動名詞の受動態〈being＋過去分詞〉で表す。　(4) まず文の骨組みとなる「ここが場所だ」を This is the place とする。「彼女があの有名なスピーチをした」は関係副詞 where を使って，先行詞 the place のあとに続ける。

3 (1)〈appear＋形容詞〉は「〜のように見える」という意味を表す。　(2) コンマのあとに discussing という現在分詞が続いているので，分詞構文と判断する。ここでは「〜しながら」という〈付帯状況〉を表している。

4 (1)「私の友人たち」を主語にして，〈make＋O＋C〉「O を C にする」を用いる。
(2)「次の試合に勝てるように」という〈目的〉は，〈so that＋S＋V〉で表す。

5 (1) 直前の a campaign を修飾して「呼ばれる」という意味になるように，過去分詞 called にする。　(3)「できるだけ…」は as ... as possible で表せる。
(4)「あまりにもたびたび男性嫌悪と同義になっているものは何か」という質問。

6 (1)「できない」は unable。　(2) eclipse 以降は〈付帯状況〉を表す分詞構文と判断し，現在分詞 eclipsing にする。　(3) 文の前半に being imprisoned by gender stereotypes とあることに着目する。「男性がジェンダーの固定観念にとらわれていることについてあまり話さないが」→「彼らはそうである」と続くので，they are (imprisoned by gender stereotypes) の意味である。